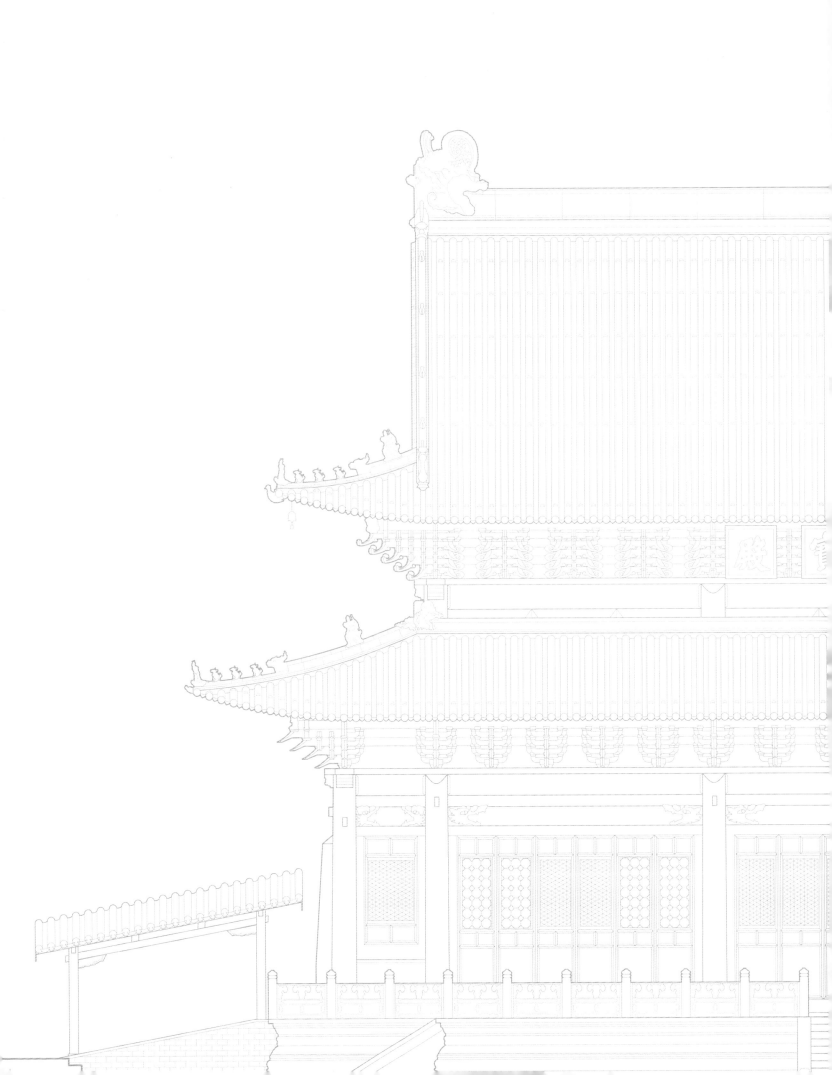

CHCC 文化遗产保护团队
平武县文物保护管理所

编著

平武报恩寺

文物修缮保护工程实录

文物出版社

图书在版编目（CIP）数据

平武报恩寺：文物修缮保护工程实录 / CHCC文化遗产保护团队，平武县文物保护管理所编著. -- 北京：文物出版社，2022.10

ISBN 978-7-5010-7231-6

Ⅰ.①平… Ⅱ.①C… ②平… Ⅲ.①寺庙—古建筑—修缮加固—绵阳—明代 Ⅳ.①K928.75②TU746.3

中国版本图书馆CIP数据核字（2021）第199288号

平武报恩寺

文物修缮保护工程实录

编　　著　CHCC文化遗产保护团队
　　　　　平武县文物保护管理所

责任编辑　王　戈
责任校对　李　薇　赵　宁
责任印制　苏　林

出版发行　文物出版社
社　　址　北京市东直门内北小街2号楼
邮　　编　100007
网　　址　http://www.wenwu.com
邮　　箱　web@wenwu.com
经　　销　新华书店
印　　刷　北京荣宝艺品印刷有限公司
开　　本　965mm×1270mm　1/16
印　　张　24.5　插页4
版　　次　2022年10月第1版
印　　次　2022年10月第1次印刷
书　　号　ISBN 978-7-5010-7231-6
定　　价　780.00元（平装）

《平武报恩寺：文物修缮保护工程实录》编辑委员会

主　　　任　吕　舟

主　　　编　刘　煜　任　银

副 主 编　孙　闯　刘海波　何　鹏　肖永强

编　　　委　惠　任　徐溯凯　毕　毅　祁　娜　边如晨　王铂涵　孙　莹
　　　　　　邱思铭　魏　青　李建芸　张光玮　赵世洲　田忠艳　王明晖
　　　　　　郑　昉　钟传凤　李诗嘉　冉姝萌　马菱梅

执　　　笔　刘　煜　孙　闯　徐溯凯　毕　毅　惠　任　祁　娜

图纸整绘　边如晨　徐溯凯　毕　毅

特别鸣谢　苏洪礼　冯安贵　谢　林　郑　宇　崔光海　舒栋强　檀　剑
　　　　　四川省文物局　四川省文物考古研究院

本书各方案编制团队

《平武报恩寺文物保护规划》

编制单位：清华大学、清华大学建筑设计研究院有限公司、北京清华同衡规划设计
　　　　　研究院有限公司

项目成员：吕舟、刘煜、张荣、魏青、李贞娥（韩国）、项瑾斐、杜凡丁、邹怡情、
　　　　　徐世超、贾玥、张光玮

《平武报恩寺文物修缮工程》（一期）

编制单位：清华大学、清华大学建筑设计研究院有限公司

项目成员：吕舟、刘煜、徐溯凯、毕毅、李建芸、王麒、李晓君、王帅

《平武报恩寺文物修缮工程》（二期）

编制单位：清华大学、清华大学建筑设计研究院有限公司

项目成员：吕舟、刘煜、毕毅、徐溯凯、龚晨曦

《平武报恩寺汶川5·12震后抢险工程》

编制单位：清华大学、清华大学建筑设计研究院有限公司、北京清华同衡规划设计
　　　　　　研究院有限公司

项目成员：吕舟、刘煜、魏青、郑宇、徐桐、徐溯凯、王麒、江霆

《平武报恩寺壁画彩塑修缮设计》

编制单位：陕西省考古研究院、西北大学、清华大学建筑设计研究院有限公司

项目成员：惠任、路智勇、周康、肖博、吴玥、杨偲、冯圆媛、吴杰、吕婉莹、
　　　　　付倩丽、王展、朱铁权、杨晋松、肖琪琪、王潇潇、蒋亚琪、汪鑫、
　　　　　姚皓杰、张锦

《平武报恩寺彩塑壁画数字化勘察测绘》

编制单位：北京国文琰信息技术有限公司

项目成员：郑宇、李博、檀剑、祁娜、王铂涵、窦彦、张遥、杨健都、李扬、
　　　　　王泽昊、潘朝辉、蔡萌萌、向鎏汇、李嘉鑫、鲁春菲、段晨星、李红

《平武报恩寺转轮藏勘察设计》

编制单位：北京国文琰文化遗产保护中心有限公司

项目成员：刘煜、孙闯、邱思铭、杨宝跃

《平武报恩寺文物库房及陈列室改造设计》

编制单位：清华大学建筑设计研究院有限公司

项目成员：崔光海、揭小凤、张光玮

《平武报恩寺周边环境保护整治规划》

编制单位：清华大学建筑设计研究院有限公司

项目成员：崔光海、揭小凤

平武报恩寺文物修缮工程（一期、二期）

施工单位：北京城建亚泰工程有限公司

监理单位：云南城成建设监理有限公司

项目成员：曾熙淼、舒栋强、杨云蔚、曹国平、杨斌、徐洪平

管理部门：平武县文化旅游局、平武县文物保护管理所

项目成员：王绍禄、任银、苏洪礼、冯安贵、向远木、何鹏、肖永强、刘海波、
　　　　　谢林、赵世洲、田忠艳、王明晖、郑昉、钟传凤、李诗嘉

目　录

插 图 目 录

表 格 目 录

实 测 图 目 录

图 版 目 录

平武报恩寺
文物修缮保护工程实录

壹

历史沿革、价值及前期规划

历史沿革

寺庙格局与建筑特点

价值综述

文物保护规划

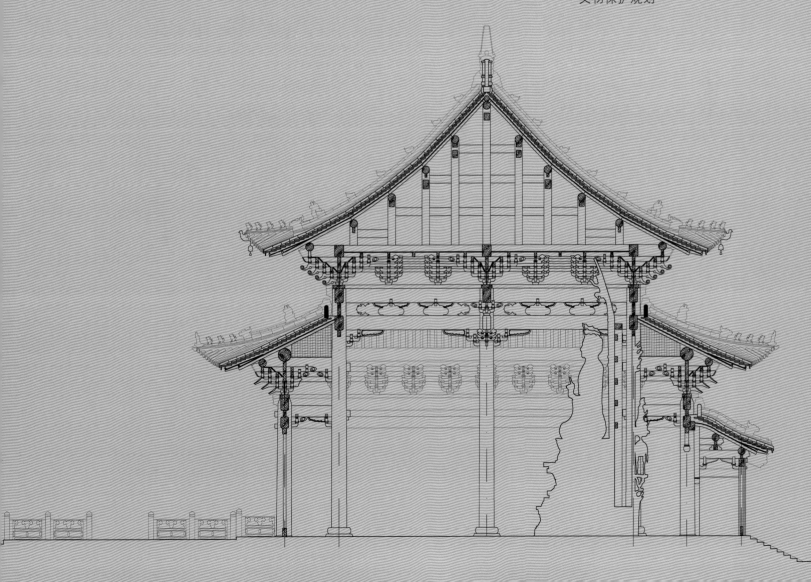

1.1 历史沿革

1.1.1 平武县与龙安府

1.1.1.1 平武县历史概况

平武县位于四川省西北部，"地处边陲，界在氐羌"，是蜀北之重镇[1]，也是兵家必争之地，顾炎武在《天下郡国利病书》中称其"地难腹果，然实粮运之咽喉矣"，《龙安府志》载府城"郡连氐羌，境带灵山。其地四塞，山川重阻。峭壁云栈，联属百里。五关设险，六阁悬崖。控扼东南，藩篱西北。地据上游，崆峒延袤而积雪。川源风洞，涪江委曲以拖蓝。夷夏襟喉，川蜀保障，关隘相接，四塞庞固"。足见其地理位置之重要。因此平武县境内历史上征战频繁，其县名即是取"天下太平，休兵罢武"[2]之意。

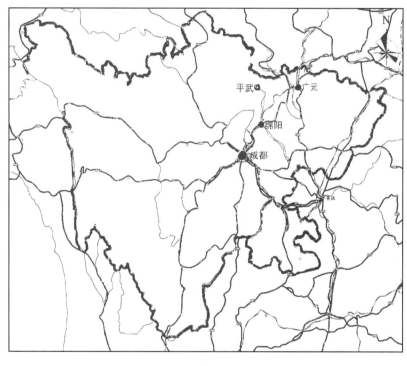

1-1-1 平武县位置示意图

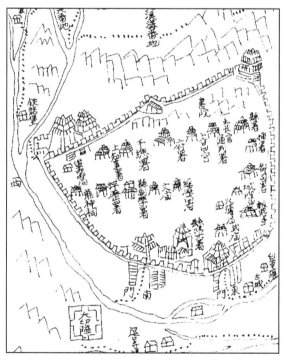

1-1-2 清道光二十年《龙安府志》载龙安府城图

平武县地域广袤，自然地理条件优越，人文历史悠久。《龙安府志》载其府城地理形式为："登高山，临流水，览平旷，僻荆榛。重险如门，华裔若堰，城市殷轸，村落寥廓。四时之气候各殊，一日之阴晴迥异，富媪产物以蕃育，地灵钟英以崛奇。其载籍易简而渊深，其词章博雅而宏备。不必访古一玉笥，无须探秘于羽陵。"

平武的历史非常悠久，早在新石器时代这里就有人类居住。先秦时期这里是氐人的聚居地，（平武）"《禹贡》梁州之域，古氐羌地，周武王伐蜀，氐羌从之，秦惠王遣司马错伐蜀，地属蜀"[3]，西汉高帝六年（前201年），始置县级政区刚氐

表1-1 平武历代县治沿革一览表

朝代	所属州、郡、县	境域
两汉	刚氐道，属广汉郡，后汉属广汉属国	汉代刚氐道辖境包括今平武、青川两县全部及江油市靠平武、青川一线的大部地区
三国蜀	刚氐道，蜀汉江油戍地，属阴平郡；广武县，蜀汉置，属阴平郡	
晋	平武县，西晋武帝太康元年（280年），合阴平古道上的阴平、广武二县为一，从县名中各取一字命名新县为平武县，县内始有平武之称	
南北朝	江油县，西魏改置属龙州；平武县，魏属龙州；马盘县，魏置兼治马盘郡	
隋	平武郡，隋炀帝大业三年（607年），改龙州为平武郡	
唐	龙门郡，唐高祖武德元年（618年）改平武郡为龙门郡；龙州，太宗贞观元年（627年）改西龙门郡为龙州；江油，玄宗天宝元年（742年）改龙州为江油郡；灵应郡，肃宗至德二年（757年）赐江油郡为灵应郡；龙州，乾元元年（758年）由灵应郡改为龙州	唐代龙州境域包括今雪宝顶以东，摩天岭以南，江彰平原以北的广大地区。江油郡境域大体包括今平武县、松潘县小河区及江油和北川县靠近平武的部分地区
宋	政州，宋徽宗正和五年（1115年）改龙州为政州；龙州，高宗绍兴元年（1135年）复为龙州	宋代龙州境域包括今平武、清川两县及江油市、北川县靠近平武的部分地区
元	龙州，归广元路节制。元顺帝至正元年（1341年），置龙州宣慰司	与宋代大体相同
明	平武县，属龙安府，洪武二十二年置；嘉靖末为府治，万历十八年置县	明代平武县大致辖有近平武、青川两县境域
清	平武县，雍正九年（1731年）置，属龙安府	清代平武县境包括今平武、青川两县级江油市、北川县部分地区
民国	平武县，1913年龙安府撤销，平武县仍置	包括今平武县全境及北川县和江油市部分地区

道[4]于今古城，属益州广汉郡。道，在当时是指边境少数民族地区设置的县级行政单位。《汉书》载："县有蛮夷曰道。"《汉旧仪》则称："内郡为县，三边为道。"直到清朝初年，平武县境内的民族构成为氐、羌、藏等。为有效的实行统治，从宋王朝开始在县境设置土司[5]。理宗宝庆二年（1226年），宋王朝始在龙州境内置三寨长官司，治地在今平武南坝乡。南宋度宗咸淳元年（1265年）赐薛严为龙州土知州[6]。以后历经元朝至明太祖洪武二十一年（1388年）的一百三十年间，平武县境内只有土司建置。明朝初年，薛文胜率众归顺朝廷被封知州，同时有功的千夫长李任广、提领官王祥分别被封为州同知和州判官，各统土兵五百，分守白马、白草、木瓜等地[7]，从此开始了薛、李、王三土司对平武地区的世袭统治[8]。后经过多次变乱，王氏土司成为平武地区最大的土司。自嘉靖

1 清康熙《龙安府志·兵制》载："按松潘乃西蜀之重镇，而龙安乃其东路，与茂威叠绵，悉属要地，故历代设重职劲兵以防之。"

2 平武县县志编纂委员会《平武县志》，四川科学技术出版社，1997年，第64页。

3 清康熙《龙安府志》。

4 《汉书·卷二十八上·地理志第八上》：广汉郡，高帝置。莽曰就都。属益州。户十六万七千四百九十九，口六十六万二千二百四十九。有工官。县十三：梓潼，五妇山……阴平道，北部都尉治，莽曰摧虏。

5 土司制度是"以土官治土民"的一种亚封建性质的制度，土司是由中央政府设置、分封、认可的少数民族地区地方首领充任并世袭的一种官职。《元史》载设置土司的目的是"因其俗而柔其人"，朱元璋则说："顺俗施化，因人授权，是为的上下相安。"

6 《天下郡国利病书》载："宋景定间临邛人薛严以进士来守是州，捍卫有功得世袭焉。"土司包括文职与武职两种，文职土司称土官，含土知府、土知州、土知县、土知事等；武职土司称土司，含宣慰司、宣抚司、安抚司、长官司等。

7 指三个当地少数民族聚居区。

8 《天下郡国利病书》载："国初，其（薛严）裔薛文胜归附乃授知州，时千夫长陇西李任广，提领官高邮王祥给我饷馈，蜀平，赐李州同知，王州判官。"

1-1-3　从北山南望平武老城区（图片中靠下为平武报恩寺，2006年）

图　例

1　报恩寺
2　北岳殿
3　城墙及城门
4　平江公路纪念碑
5　回族苏维埃遗址
6　苏维埃遗址
7　松平地震纪念碑
8　红军碑林
9　宋北海故居
10　王玺公衙遗址
11　平江公路
12　涪江

1-1-4　平武县老城区主要文物遗迹分布示意图
（据2005年资料标注，苏维埃遗址、宋北海故居现已不存）

四十五年（1566年）实行改土归流政策开始，平武地区土司的权力便开始衰落，至民国时期已名存实亡。1956年后，平武土司被废置。

1.1.1.2　明龙安府城营建

龙安府故城奏建于明洪武二十三年（1390年）[9]，历史上古龙州城曾多次迁徙。北朝西魏设州，唐宋五代因之，州城皆在南坝，并筑有土城。宋末州治徙迁江油雍村，元州城治江油武都。明洪武六年（1374年），因龙州土司率先归附大明王朝而立功，又将龙州世袭土知州的治地徙至青川。明洪武二十二年改州为府。

明洪武二十三年，薛氏父子"率士兵征剿达寇有功"，因龙州治地在青川，便以"军民相犯"、"以便民业"、扼控西番东进等为由奏请朝廷，再次从青川的青溪镇迁徙"今治"至今平武县城所在地。自此，龙安府、平武县等衙署均置于此，未再迁徙，至今已有六百余年的历史[10]。

龙安府城地势东低西高，平面呈椭圆形，东、南、西三面临涪江，江水自西向东而下，江面宽广，水流湍急。整个城市背山面水，地势险峻。

20世纪50年代初期，龙安府城的城墙、城门、城楼、城内衙署、官舍、民宅及宗教寺观等部分古代建筑保存较为完好。1956～1974年间，由于自然灾害及人为破坏，大部分古建筑相继损毁。

1.1.1.3 龙安府城布局特点和建筑类型

从明朝初期开始，平武旧城既是龙安府（龙州）首府又是平武县城所在地，再加上平武地区特殊的土司、官府、驻军三重管理模式，这就形成官衙众多、公署林立的城市格局。清道光年间的《龙安府志》中记载，城内共有各类公署二十五处，分布城中各处。其中城西以军事、司法类建筑较多，而城东则以文教、民政类公署为主。寺庙建筑也主要集中在城东，如报恩寺、文庙、武庙、城隍庙等。

龙安府城地处战略要地，城市布局也以加强军事防御为主要目的。全城环以背山濒水修筑的城墙，城门紧邻涪江河畔，利用高低陡峭的地势，门道斜转，构成险固的要塞。北门设在箭楼山上，与南门互不相对，东、西两门也不在一条轴线上。

9 《明史·地理志》载："龙安府，领县三。平武：倚。本名宁武，万历十八年四月置，后更名。州旧治在江油县界之雍村。洪武六年徙于青川所。二十二年徙于盘龙坝箭楼山之麓，即今治也。"

10 本段文字引自向远木《平武文物大观》，中国三峡出版社，2002年，第20页。

1-1-5 龙安府西城门　　　　　　　1-1-6 龙安府城墙（北山段）

城内的街道规划也是从城防建设着眼规划的，南北路多，东西路少，贯穿全城东西的一条大干道，从迎恩门至通远门，成为全城的中轴线。南北方向贯穿全城的道路有两条，均可直通南门与北门。其余道路均为穿半城的丁头路，共六条。另有小型斜路和巷道五条。

平武城依山临水，地势由南至北逐渐升高，北段城墙及北门都位于城北箭楼山的山腰上，非常利于防守。而城内的公署及寺庙也多建于北侧地势较高的地方，既利于防备外敌及洪灾，又在视觉上显得坚固壮观。

《龙安府志》的舆图中并没有标明道路，民国时期，平武旧城街道主要有正街（分为东街、中街、西街三段），南街，小南街，把总街（后改草市街），五显街，营盘街（又称城隍庙街），文庙街，大学街，柴市街，醒醐井街等十余条，另有四条小巷。街巷狭窄破旧，皆为泥土路面，部分间以石板。衙门口、武庙口两处坡道为石板梯级，后拓宽部分街道改筑三合土路面。

平武地区传统房屋多为穿斗式木架青瓦平房，有少数二层或三层的木楼，部分房屋建成四合院的形式。1949年以后，随着城市建设的逐步展开，平武旧城内的传统房屋及公署、庙宇等大部分被拆除，城市面貌有了极大的变化。

1.1.2　王玺与报恩寺营建

平武报恩寺是从明英宗正统四年（1439年）开始由龙州宣抚司土官佥事王玺、王鉴父子奉旨主持修建的[1]。

据《龙阳郡节判王氏宗亲墓志》《敕修大报恩寺碑铭》《敕修大报恩寺继葺碑铭》及《敕修大报恩寺功德记》等记载：王玺是宋代时龙州地方长官王坤厚之玄孙。明王朝建立后，太祖洪武四年（1371年），大军伐蜀，龙州地方长官薛文胜率众归降，王玺的祖父王祥一同归顺，并为大军供应给养立有功勋。成祖洪武七年（1409年），改设龙州衙门，王祥被授予判官之职，世代相传。至宣德三年（1428年），王玺承袭父职。至宣德九年（1434年）升龙州为龙州宣抚司，王玺提升为龙州宣抚司土官佥事，并赐封为昭信校尉。

王玺出身世家，"貌异而才优，行高而智广，崇儒奉释，凤植善根，且乐善不倦，好谋而成"。在他及宣抚使薛忠义、副使李爵在任期间，龙州地区政权稳定、边陲安宁、经济繁荣。他们也为此多次受到朝廷的嘉奖。据《敕修大报恩寺继葺

1-1-7　王玺像（王玺墓内3号墓棺室北壁壁龛）

11 清康熙《龙安府志》载："报恩寺在其东，明正统四年，佥事王玺奏建。"

12 现报恩寺内文物中有"当今皇帝乃岁万岁万万岁"牌位。

13 据平武当地文史工作人员考证，报恩寺旧有《大藏经》一部，系明洪武年间薛文胜率众归附时，明太祖朱元璋所赐。

14 《天下郡国利病书》载："（龙州）其生番号黑人，延绵数百里，碉房不计，有名色可举者凡十八寨，寨多不过四五百人少可百人而已。设有散牌、总牌等名目，以约束之。"

15 《明实录·英宗实录》载："正统三年十二月癸亥（1438年12月29日），松潘、白马路长官司土官舍人兴布道，舍人岑祀等来朝，贡马。此彩币等物有差。"

16 引自《敕修大报恩寺继葺碑》，现报恩寺内碑亭内"九重天命"石碑碑身上刻有明英宗朱祁镇圣旨一道，全文为"奉圣旨，既是土官不为例，准他这遭。钦此钦遵，修理报恩寺一所，转轮藏一座，完备安放藏经，祝延圣寿，具本谢恩外，大明正统十一年十一月吉旦，土官佥事王玺立。"经平武当地文史人员考证"碑文中的上谕并非诏书而是英宗皇帝的口谕。

17 《敕修大报恩寺功德记》记载：宣抚使薛忠义、薛公傅，副宣抚使李爵共同装塑了正殿内三尊大佛像；百夫长薛忠信及其子薛志冕捐资装塑了大悲殿内的圣父圣母（即千手观音的父母）；舍人薛忠恩出资装塑了千手大悲观音及殿内的观音得道壁塑。李爵还捐献了山地四亩作为庙产常住。其余贵游、宦达、士民、商贾各捐资产继续装塑修葺。

碑铭》记载：（王玺）"知佛法慈悲，普化颛蒙而耆残暴。其五戒十善，可以辅行王化，可以祝延圣寿，但未有壮丽梵刹兴像教，而启昏昧，使一州之人无所信向，靡沾佛道之利益。因旧有大藏全文一部，无所收贮。乃以己之园地一区，深广如度。"

由此可知，修建报恩寺是由王玺提出，并捐献自家园地作为基地。由碑文看来，王玺修建报恩寺的原因主要有以下四点：第一，王玺感恩太祖赐封其家族世袭龙州土官，并提升自己为龙州宣抚司土官佥事之职，且浩封昭信校尉；第二，他希望通过弘扬佛法来教化当地民众，从而达到"保国护民"的目的，但认为当地的观音院"规制湫隘，无以容众"，因此需要修建新的寺庙；第三，他也要利用这座寺庙给皇帝"祝延圣寿"[12]；第四，王玺还需要建立寺庙来存放当年太祖皇帝敕赐的一部《大藏经》[13]。

王玺遂向当地土僧正知建议："吾受命于朝，世守斯土，与国同休，恩至渥也。未遑莫报涓埃，维欲建一刹，令尔等朝夕祝延圣寿，以表丹诚，古遗藏经而有所安放，一举两得，不亦可乎？"正知"以手加额，赞叹未有"。

正统三年（1438年），王玺称带领龙州宣抚司番牌头人[14]赴京朝贡时向皇上奏请，准备在龙州治地修建一座为皇上祝延圣寿的寺庙[15]，"以例朝贡京师，乃具本以闻"。"皇上可其奏，赐敕而归"。

正统四年，王玺再次携奏章进京，正式向皇帝奏请其事，"时廷臣以例执之，皇上嘉其土官，能以保障遐方，祝延圣寿为请，故不为例而允之"[16]。

正统五年（1440年），王玺捐己资，与土僧正知、普恩、海祥等僧侣一道，正式大兴土木，开始建造。

至正统十一年（1446年），历时七载，报恩寺的主体工程基本完成。"殿宇深峻，阶墀轩敞。殿之前，则有天王殿、三桥、山门、二狮、二幢、钟楼，而极其华美。殿之后，则有七佛楼、二亭、戒台、龙神祖师之堂，而极其壮丽。殿之南北，峙以大悲殿、轮藏殿，而翼以廊庑。楼之后，则环以方丈、僧寮、斋厨、库舍，悉完整清洁"。随后，王玺再赴京师，延请翰林院检讨李本撰写了《敕修大报恩寺碑铭》，将其带回刻石。

报恩寺主体工程完工后，王玺已经没有财力继续施工了。景泰三年（1452年），王玺去世。其子王鉴，字景昭，继承父职，并以先父未竟之志，再次前往京师，奏于帝廷，获得皇帝"准从"。归来后与宣抚使薛忠义、副使李爵等人共同出资，一并装塑佛像、彩绘楼阁、雕造藏经函具、铸造钟磬法器等。平武地方的其他官员士绅商贾也纷纷出资出力。天顺四年（1460年），报恩寺工程全部完成，前后历经二十载[17]。

报恩寺建成后直至1949年前，除道光四年（1823年）补塑过大雄宝殿的佛

1-1-8 南、北碑亭内碑刻

像外，并未进行过修葺。1955年，四川省文化局拨款对报恩寺进行了修整，1956年报恩寺被列为四川省文物保护单位。

20世纪六七十年代，负责管理报恩寺的文物保护工作者冒险将寺内各种文物隐藏起来，在碑石上涂抹水泥，并在寺内刷满各类语录标语。后来又将该寺开辟为"三忠于"展览馆，展出毛主席的丰功伟绩及"文化大革命"（后文简称"文革"）的成果，这使得报恩寺在当时未受到重大冲击，比较完整地保存了下来。

1.1.3　报恩寺修建、修缮历史沿革

自建成以后，报恩寺作为官家寺庙一直受到历代官府明令保护。清光绪二十年（1895年），龙州府正堂专门谕示民众保护报恩寺并刻石：

报恩古寺，朝贺重地，宵小得窃，案几酿巨，本府垂慈，保全非细，谕尔军民，不准盘踞，闲杂人等，禁止游戏，倘敢故违，立拿惩治，枷示庙门，以为敬惧，自谕之后，遵守勿替。

光绪二十年三月二十八日饬刊寺门。

道光四年，大雄宝殿中座大佛起火被毁，时有三篝山僧人广清、广昌出钱延工补修复旧，这是报恩寺在明清以来唯

——次有记载的修葺，其他均无记载。

1911年以后，因军阀割据、盗匪横行。报恩寺一度成为关押壮丁、驻扎军队的场所，各殿的塑像、壁画、天花板、栏杆、门窗等，皆遭受到不同程度的破坏。加之年久失修，寺庙已破败不堪。

50～60年代中期，为保护报恩寺内的建筑及文物共进行了三次维修工程。

1956年，报恩寺被列为四川省文物保护单位。

1976年至今，有关部门对报恩寺进行了大量的修缮、保护工作，并建立了比较完备的消防、安防体系，成立了报恩寺文物管理委员会。

1987年，将王玺公衙大堂由平武城西北山脚下，迁至报恩寺第一进院南侧。

1995年，依据消防安全工作的需要，拆除了钟楼后边的僧房。

1996年，报恩寺被列为全国重点文物保护单位。

1999年，大悲殿修缮。

2000年，消防设施建设，转轮藏内部结构进行了加固，心柱顶部约束及底部藏针转轴均经过维修，心柱与下层横枋增加了铁箍和钢筋拉杆。

2002年，报恩寺实施监控防盗报警、烟感报警系统、亮化工程、灯光球场拆除工程、保坎修筑工程、石雕龙和花岗石栏杆工程、广场铺贴花岗石石板工程。

2007年，对华严藏殿进行了屋面维修，主要是墙体砌筑、斗栱构件归安、屋面保养，且对木构件进行防虫处理。

2008年5月12日汶川地震，针对震损进行了抢险加固工程。

2009～2012年，报恩寺建筑整体大修。

1.2　寺庙格局与建筑特点

1.2.1　布局特点

报恩寺与青海瞿昙寺、北京智化寺等皆是我国迄今保存最为完整的明代早期建筑群，始建于明正统五年（1440年），至英宗天顺四年（1460年）全部竣工。报恩寺东西长278米，南北宽100米，现占地面积27800平方米，建筑面积3518平方米，是一座相当宏伟的寺院。寺院主轴线建筑包括山门（含南北影壁墙）、天王殿、大雄宝殿（两侧设斜廊）、万佛阁（两侧设耳房）；一进院北侧为钟楼；二进院南侧为华严藏，北侧为大悲殿；三进院院内建两座碑亭，万佛阁两侧以南北廊围合。除建筑物外，寺内尚存经幢、狻猊、香炉等大量石质文物。华严藏内存有转轮藏一座。各殿内存有大量雕塑、壁画、彩绘等，文物资源丰富。

在选址和布局上，它既遵循了中国传统寺庙建筑的一般规律，又受到了一些当地风俗及地理环境的影响。报恩寺坐西朝东，与我国古建筑坐北朝南的传统做法相异。这一方面是因为平武地处边陲，境内氐、羌等少数民族以东为尊，有崇日而东拜的习俗；另一方面则是因为当初修建寺院的目的是为皇上"祝延圣寿"，北京在平武之东，王玺所设的"龙位"也正朝东方，有向东而拜之意。当然，寺庙选址的地形条件也与其朝向存在一定关系。报恩寺山门坐落于高台之上，进入寺院后地势趋于平缓，可以推测是利用了一块东低西高的自然地形而规划设计的。整座寺院建筑建于高地上，寺前的低地在山门前形成宽阔的广场，登上多级台阶方到山门之前，更显山门高敞。

在平面布局上，报恩寺与明代官式建筑格局类似，均由一条轴线组织进深方向的主要殿堂，沿轴线两侧又对称布置各类配殿廊庑。主轴线上依次排列山门、天王殿、大雄宝殿和万佛阁，中轴线左右排列有钟楼、大悲殿、华严藏殿、南北廊、碑亭等建筑，从而呈现出庄严方正、井然有序的气氛。主体建筑之外原有方丈、斋房、库舍、龙神祖师之堂[18]等建筑围绕。整个建筑群相互烘托，浑然一体。

报恩寺整体格局虽然符合明代官式建筑一般平面布置，但也具有其自身的特色，与其时代和地域性息息相关。比如前院内仅设钟楼一座，就与我们通常看到的明清寺院钟鼓楼相对的格局并不一样。从寺院格局的整个发展历程来看，确实存在早期寺院只设钟楼的情况（禅刹伽蓝以中轴线为中心，两边建筑形成对称关系。明清之前的寺院布局中，山门内外地区中轴线右侧置钟楼，钟楼往往单独建造或与轮藏殿对置，形成"东钟西藏"的格局，至明清时期寺院普遍有钟、鼓楼对置的现象[19]）。寺院格局中经常提到"伽蓝七堂"这一规制，即一所伽蓝（僧院）须具备七种建筑物。七堂的名称和配置因时代或宗派的差异有所不同，在早期格局中即有"塔、金堂、讲堂、钟楼、藏经楼、僧房、斋堂"的说法，其中钟楼已独立占有一席之地。然而在历史的流变中，其制度多有更替，到明清时期又有"山门、天王殿、大雄殿、后殿、法堂、罗汉堂、观音殿"等七堂说法，但并不限于此。通过七堂的演变，或可推测早期寺院格局中钟楼具有独立的建制地位，明清以后才与鼓楼并置，且退居附属地位。虽然在一些明代寺院（如北京智化寺）已经出现钟、鼓楼并置，但考虑到平武县与中

1-2-1 报恩寺总平面图

原相距较远，寺院格局保持一定的早期特征还是有可能的。这种地方做法与官式做法在同时期出现差别的情况，无论在整体布局还是在单体细部上都是较为常见的。

报恩寺天王殿之后为大雄宝殿院落，两侧配房并不是按普通的配殿设置，而是建造了重檐的华严藏与大悲殿，这一布局原则也体现出宋元到明清过渡的特征。如建于北宋的河北正定隆兴寺，主殿大悲阁前两侧即有转轮藏与慈氏阁并立，与报恩寺的布局如出一辙。建于明正统时期的北京智化寺在智化殿前两侧也设立了藏殿和大智殿，且这两例均将转轮藏设于正殿的右前方，菩萨殿设在左前方。江油云岩寺的飞天藏也处于同样的院落格局中。

1-2-2 报恩寺独立的钟楼

1-2-3 正定开元寺钟楼佛塔并置（未设对称鼓楼）

18 部分附属建筑位置不详，尚待进一步考证研究。

19 参见朴沼衍《禅刹山门内外建筑类型演变》，《中国建筑史论汇刊》第壹拾柒辑，中国建筑工业出版社，2019年

报恩寺院落由南北两道回廊围合，大雄宝殿两山也做了两小段斜廊，示意性分隔出前后院。这两道斜廊虽较为简易，但其平面布局上的初衷或与明以前的宫殿建筑有些渊源。早期宫殿建筑在正殿两侧往往建有廊庑，由于正殿与配殿尊卑之间的差异，正殿两山的廊庑经常呈现斜廊做法。这种布局早在唐大明宫含元殿的复原中即已出现，并贯穿宋元宫殿风格。较晚的一个实例应该是北京故宫太和殿的前身奉天殿，在明故宫营建之初，正殿两侧也是存在斜廊的，只是在后代重建时才予以裁撤。青海乐都瞿昙寺建于明初宣德年间，主殿隆国殿也设置了两山斜廊，且隆国殿无论建制形象还是尺度上都更接近北京故宫，公认是北京故宫做法在青海地区的缩小翻版。相对而言，报恩寺的大雄宝殿已经显得较为谦逊，斜廊也相对简陋，传其斜廊的设置与王玺进京请旨建寺的历史有所关联，甚至让人隐隐联想起王玺僭越宫殿的传说。

1-2-4　报恩寺大雄宝殿院落　　　　　　　　　　　1-2-5　正定隆兴寺大悲阁院落

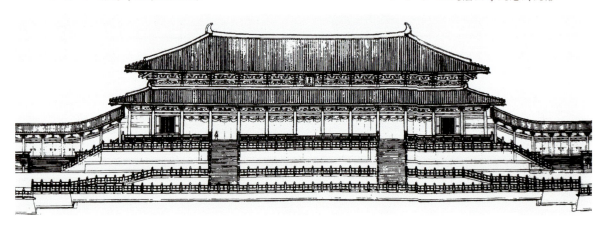

1-2-6　唐大明宫含元殿复原图（来源:《杨鸿勋建筑考古学论文集》，清华大学出版社，2008年）

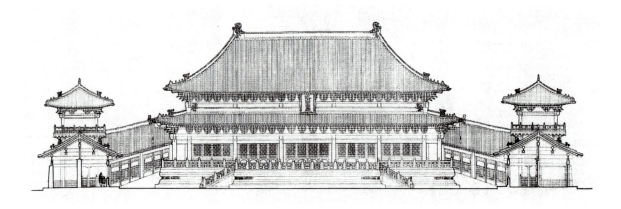

1-2-7　瞿昙寺隆国殿正立面图（来源:《上栋下宇——历史建筑测绘五校联展》，天津大学出版社，2006年）

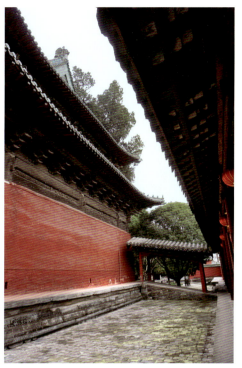

1-2-8 瞿昙寺隆国殿斜廊　　　　　　　　　1-2-9 报恩寺大雄宝殿斜廊

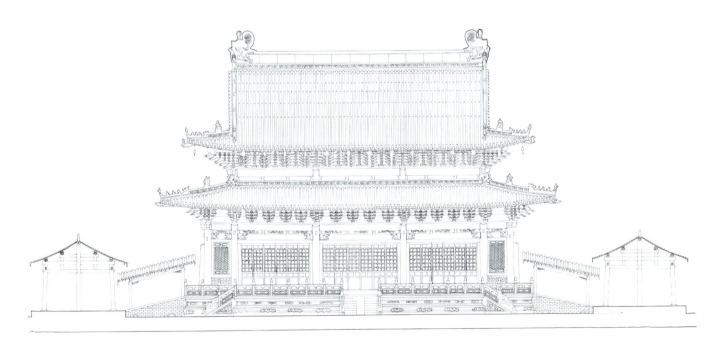

1-2-10 报恩寺大雄宝殿正立面图（来源：重庆建筑工程学院测图）

1.2.2 建筑概况

　　报恩寺整体坐西朝东，寺门前有八字琉璃墙、台阶、狻猊，寺前广场上置经幢。第一院落起于山门，止于天王殿，中有三桥相连，北置钟楼一座。山门位于中轴线前端，是报恩寺的正门。门上悬横匾一方，上书"敕修报恩寺"五字，据传为四川明代状元杨升庵所书，匾额镂空透雕云龙图案，极为精美。

1-2-11　报恩寺山门　　　　　　　　　　　　　1-2-12　山门前狻猊

1-2-13　"敕修报恩寺"匾额　　　　　　　　　　1-2-14　天王殿及金水桥

1-2-15　从山门北望钟楼　　　　　　　　　　　1-2-16　天王殿天王像

1-2-17 大悲殿

1-2-18 大悲殿千手观音像

1-2-19 华严藏殿

1-2-20 华严藏殿转轮藏

1-2-21 大雄宝殿

1-2-22 大雄宝殿内景

　　钟楼位于一进院北侧，面阔、进深各三间，平面呈正方形，重檐歇山顶。楼分上下两层，中设平坐，四周复设木制栏杆。屋面覆黑色琉璃筒瓦。钟楼内现存铸铁大钟两口，为明正统十一年（1446年）及明成化八年（1472年）铸造。

　　天王殿建在近1米高的台基上，面阔五间，进深两间。檐下"天王殿"横匾周匝饰透雕云龙纹，并圆雕托匾力士，造型极为生动。屋顶覆盖黑色琉璃瓦面，绿琉璃剪边。殿内塑四大天王像，造型精美。

　　大悲殿与华严藏殿分别位于二进院落两侧，建筑形象相同，面阔三间，进深三间，重檐歇山顶。大悲殿内石质须弥座上，供奉一尊高约9米的千手观音立像，两侧各有胁侍一尊。两侧内壁上有壁

1-2-23 碑亭（俯视）

1-2-24 南碑亭

1-2-25 南廊

1-2-26 南廊内景

1-2-27 万佛阁

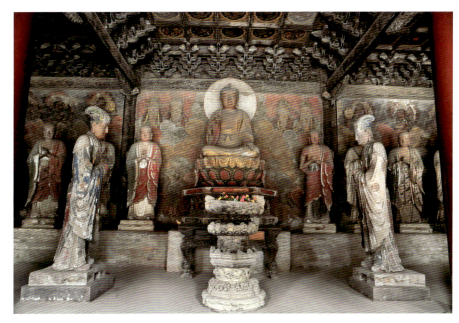

1-2-28　万佛阁一层内景

塑。华严藏殿内置转轮藏一座，殿内置有石香炉一座，四根金柱上塑有长约7米的泥塑蟠龙。

正殿为大雄宝殿，面阔五间，进深四间，重檐歇山顶，屋面覆盖绿色琉璃瓦。殿内供奉三世佛像，神态生动，造型优美。像前供有"当今皇帝万万岁"的九龙牌位，高约2米，金丝楠木雕琢而成。殿内墙壁满绘壁画，面积达117.8平方米。明间后檐金柱间绘有观音、文殊、普贤三大士悬塑雕像，为明初壁画雕饰精品之作。

碑亭位于第三进院落南北两侧，造型新颖，下层为方亭，上层为八角攒尖造型。亭顶覆盖绿色琉璃瓦。亭中各立有一石碑，镌刻着皇上御笔圣旨及《敕修大报恩寺记》。

南北廊位于第三进院南北两侧。东起华严藏殿、大悲殿，西至万佛阁，面阔十七间，进深两间，单檐悬山顶。廊内原祀十八罗汉群像，内壁绘有壁画，现均已损毁无存。

万佛阁在报恩寺中轴线末端，面阔五间，进深三间，两层，三重檐，歇山式屋顶。一层正中彩塑如来佛祖讲经说法像一尊，左右为十大弟子像及报恩寺修造者王玺、王鉴父子像；二层供七世佛造像。殿内存有石雕香炉一座，高约2米，镂空透雕。内壁绘300多平方米的精美壁画，是我国明代壁画中的精品。

1.2.3　建筑特色

报恩寺是不可多得的明代寺庙建筑群，主体建筑均为明代原构，具有极高的历史价值。从外观上，报恩寺的建筑尽可能的追求官式建筑效果，以体现地方土官遥奉皇权的归附态度，并彰显土官势力在地方的权威。在具体的结构做法上，报恩寺又必须依靠当地的匠作传承，无法完全复制北京官式，从而呈现出官式与地方做法混合兼容的建筑风格，这一点从外貌和细部做法上都能得到充分的反映。

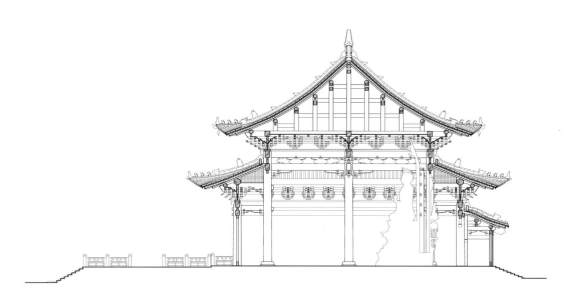

1-2-29　大雄宝殿剖面图

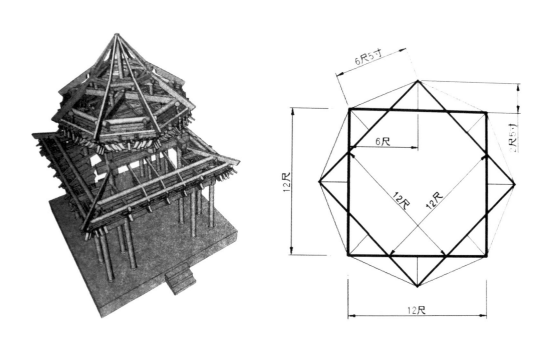

1-2-30　碑亭平面尺度设计示意图
（来源：刘畅《雕虫故事》，清华大学出版社，2014年）

1. 结构设计

报恩寺各建筑在外观上体现了明显的官式风格，无论建筑体量还是屋面曲线、翼角起翘都与明代官式建筑较为接近，其下部梁架也呈现出抬梁建筑常见的柱、额、枋等构架特征。但上屋架的内部结构则又为穿斗做法，有效地减小了用料尺度，且结构方式灵活多变。报恩寺内主要建筑基本都按官式殿堂型构架设计，即从下到上按柱网层、斗栱层、屋架层叠垒而成。这种结构使得顶部屋架层具有一定灵活性，不必受限于下部柱网布局，通过斗栱铺作层达到了结构转换，从而保证了穿斗屋架和抬梁柱网的有效结合。

报恩寺后院的两座碑亭可以说是寺内最具特色的建筑，而且富含设计机巧。碑亭为重檐八角亭，金柱落地，下檐以副阶的形式环绕金柱，其结构所异之处在于下檐为四方形而上檐为八方形。除去下檐副阶檐柱十二根不论，其四根金柱直通上檐，将四根金柱所围合成的四方形再旋转八分之一周，就形成了另一个八方形。从外观上来看，碑亭造型奇特，八方屋檐灵动飘逸，从内部结构来看，上檐的八方形脱胎于下檐的四方形，其几何关系和尺度权变极为巧妙。

报恩寺内各建筑均带有较为明显的侧脚，不单外檐柱，连内柱也存在侧脚，这一做法也反映了报恩寺的时代特征。虽然从常规上说，明清建筑已不存在明显的侧脚设计，或只在外檐柱做侧脚，而内柱直立，但在明代建筑实例中还是

1-2-31 报恩寺斗拱

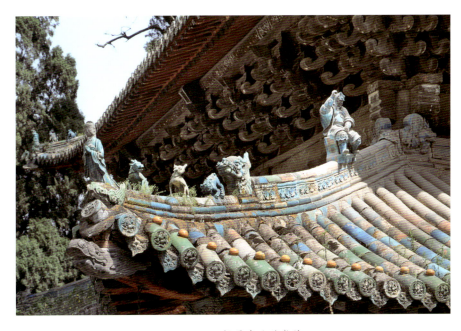

1-2-32 报恩寺琉璃脊兽

能看到内外柱均做侧脚的情况，如北京故宫神武门城楼的内外两圈柱木就存在侧脚。重檐建筑侧脚的存在无疑会增加上部梁枋平面尺度的设计难度，这也就给报恩寺的建造工匠提出了更高的技术要求，需要更缜密的算术口诀和实操权变经验。

混搭的风格并不仅仅体现在结构上，在装饰上也凸显了地方匠作特征。报恩寺建筑斗栱大量使用了卷云昂头、斜栱等做法，极富装饰性的造型并未局限于官式斗栱惯例。屋面的吻兽、跑兽更是花样翻新，龙、凤、神兽、力士，或蹲或站，甚至有躺卧翻滚的姿势，显示出地方建筑追求喜庆吉祥的乡土特色，做法上不拘一格，活灵活现。

2．营造尺长

营造尺长是建筑尺度研究的基础，报恩寺建筑均建于明初，主体大木结构均为原物，故应保持着统一的营造尺长。已有学者在碑亭构造设计的研究中推定出报恩寺尺长为319毫米，与部分明代官式建筑（故宫神武门、英华殿、先农坛拜殿、井亭、青海瞿昙寺隆国殿尺长均推定为316.5毫米）尺长存在差异[20]，或可再次说明报恩寺建筑虽在外观上模仿官式，但在具体的设计施工中还是

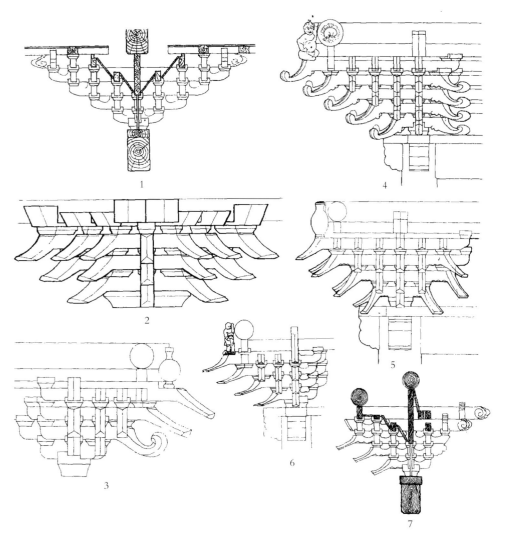

1、4、6、7.大雄宝殿　2、3.碑亭　5.大悲殿

1-2-33　报恩寺建筑斗栱（来源：向远木《四川平武明报恩寺勘察报告》）

依赖于地方工匠的技术传承。

3. 斗栱特色

报恩寺主体建筑均带有斗栱，根据建筑体量不同而造型各异，这些斗栱在明官式斗栱造型的基础上又有所变化和发展，呈现出明显的地域特点。

从整体造型上看，报恩寺建筑斗栱应用了大量斜栱，使得斗栱形成扇形立面，最大限度增加了其装饰效果。斗栱出昂处甚多，除了传统的琴面昂做法外，还往往在昂头做卷云造型，各攒斗栱斜昂闪转腾挪，体现了地域性做法灵活多变的一面。当然，追求官式效果的寺院建筑必然本着官式建筑的基本法则，剥去外观上的技法炫耀，其内核又与官式做法联系紧密。如斗栱普遍尺度较小，攒当较密，外跳虽多用斜昂，但均为假昂，横栱均为计心造，整体上呈现出明清斗栱的普遍特征。其斜昂不从斗口直接斜出，而是平出一段做假华头子，符合明代官式斗栱惯用做法。角科斗栱均出搭角闹昂和搭角闹耍头，与北京明代官式常见的交首栱做法不同。斗欹处带有内凹弧度和偶尔出现的单栱造做法又明显带有宋元遗制。

斗栱里跳也同样有使用减跳的情况，而且在柱头位置并不是用挑尖梁头与厢栱相交，而是按平身科样式做出完整的耍头，再在耍头上另出挑尖梁头，形成外观上类似两层耍头的造型，而内部则将梁底皮抬高了一个足材，从而减小了大梁的高度，这与上屋架整体采用穿斗结构而使用小料的思路显然也是有所关联的。另外，在栱长、出跳距离上都在官式的基础上有所调整，体现出其地域性的一面。

4. 楠木用料

楠木的使用是报恩寺的一大特点。寺院建筑乃至陈设造像等，基本全部使用楠木建造，所用木材多取自当地。楠木为名贵树种，木质坚硬，纹理匀称，抗蛀蚀性强，这也是报恩寺经历数百年仍能完好保存的重要原因之一。楠木是古代皇家建筑中的优选材料，但因其成材日久，材种珍贵，只能用于高等级的宫殿建筑中。清代初期，楠木已出现枯竭的趋势，康熙朝重修太和殿时已开始大量使用松木，且使用了拼镶料。报恩寺楠木的普遍使用，即便在明代无疑也属一项耗费巨资的工程。

经木材检测，报恩寺使用的木材为桢楠 *P. zhennan* S. Lee et F. N. Wei，别名楠木（通称）、雅楠、光叶楠、巴楠（中国树木分类学）、细叶润楠（四川野生经济植物志）、小叶楠（成都）。常绿大乔木，树冠可达40米，胸径达1米。树皮浅灰黄或浅灰褐色，平滑，具有明显的褐色皮孔。其产于四川、贵州和湖北，木材材性良好，纹理斜或交错；结构甚细，均匀；重量及硬度中；干缩小；强度低；冲击韧性中。此种木材最为四川民众所喜用，评价为该省所有阔叶树材

20 刘畅、郑凯竞《平武报恩寺碑亭大木结构设计浅析》，《建筑史》第34辑，清华大学出版社，2014年。

1-2-34　大悲殿琉璃瓦顶

1-2-35　大悲殿山花琉璃

之冠。

5. 琉璃装饰

报恩寺的琉璃瓦也是一大特色。明清两朝敕建的地方寺院能像报恩寺这样大量采用琉璃装饰的情况并不多见。其琉璃颜色之绚丽、样式之繁复、类型之广泛，确实罕有出其右者。

报恩寺建筑的琉璃瓦主要是黑色和绿色。山门、天王殿、华严藏、大悲阁和碑亭几座建筑采用黑瓦绿剪边做法；大雄宝殿则采用绿瓦蓝剪边做法，蓝色为湖蓝色，相较官

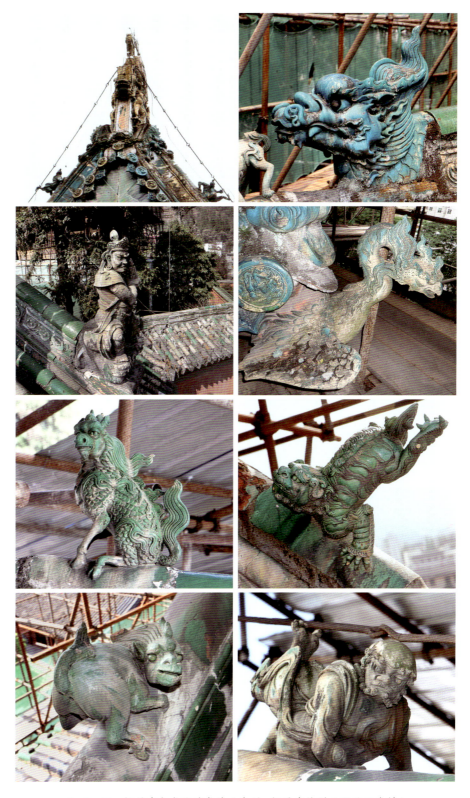

1—2—36 报恩寺各式琉璃脊兽（来源：报恩寺修缮工程施工资料）

式常用的深蓝色更显色调明快；最后一进院子中的万佛阁则全部采用绿色琉璃瓦。从等级序列来看，黄色高于绿色，绿色高于黑色。限于等级上的约束，报恩寺无法大量使用黄色琉璃，只在碑亭的宝顶和建筑山花上有所体现，各个建筑则在绿色和黑色的主色调下拉开了微妙的等级序列。色彩绚丽是地域性建筑显著的特征之一，报恩寺在黑、绿、蓝、黄之间搭配精巧，既符合等级要求，

1-2-37　报恩寺各式琉璃遮朽（来源：报恩寺修缮工程施工资料）

又在等级中求变，形成了自身繁复华丽的色彩效果。如大部分建筑均用剪边做法，有效打破了单色琉璃的严肃感，华严藏和大悲殿又在屋顶中央用绿琉璃拼出菱形瓦心，使色彩构成又多了一个层次。很多建筑的山花部分也用琉璃装饰，在这个不太关乎等级的地方选用了黄色琉璃，最大化的彰显了色彩的魅力。

除了色彩，报恩寺琉璃瓦件的形制也颇有特色，虽然在整体造型上较为贴近官式，但具体刻画则不拘一格。琉璃件如正吻、吞脊兽、垂兽、戗兽、角梁套兽等多用龙形，但造型更为夸张狰狞，不受程式化做法约束。如正吻身上的行龙动感十足，雕刻繁密；吞脊兽牙角分明；垂戗兽则突出龙头造型而将龙身完美嵌入脊中。角梁套兽则除了龙头形还有凤鸟形，大雄宝殿前檐翼角端部就是两只展翅欲飞的凤凰，极具特色。报恩寺瓦件中的小跑兽算得上是琉璃中的神品，不单类型多样，而且动作灵动，顾盼神飞。在戗脊上排列的小跑兽有龙、狮、海马、斗牛等等，虽然与官式做法大体同类，但四肢多做透雕，起落蹲坐无常。一般来说，除了昂首向前的造型，凡侧身回首的造型都面向建筑面阔明间，颇有场景气氛。小跑领头的仙人并不骑凤，而是以脚踩祥云为多。垂脊上也安置小跑，造型就更为夸张了，小兽或作攀登状，或作下山状，甚至有力士作跌倒或翻滚的姿势，动感十足。

1-2-38　大悲殿东山花　　　　　　　　　　　1-2-39　大悲殿西山花

1-2-40　华严藏殿东山花　　　　　　　　　　1-2-41　华严藏殿西山花

1-2-42　天王殿梁枋彩画

报恩寺琉璃不仅用于屋面，前文所说的建筑山花板也是琉璃做成，且其造型并不雷同。如大悲殿两面山花均为狮子滚绣球题材，但狮子形态各异；相对而建的华严藏采用稍简素的云纹、绶带山花图案，而东西两面仍有区别；大雄宝殿两山花也不相同。报恩寺琉璃的另一个特点就是遮朽瓦的使用，所有建筑的椽头、飞头、交角槫的出头处都用琉璃遮朽瓦遮盖，这应该是针对四川地区潮湿多雨气候的一种措施。

遮朽瓦有黄、绿之分，绿色琉璃居多。其造型十分丰富，圆形的椽头遮朽瓦题材有佛八宝、飞天、瑞兽、佛像、羽人、童子、龙凤、降魔杵等多种。方形的飞椽头遮朽瓦则多以变体梵文为主。甚至在老角梁端头与子角梁相交处也安设了遮朽琉璃瓦，可谓匠心独道。

6. 彩画遗存

现存报恩寺建筑外檐彩画剥落较严重，据传有些建筑原在下架柱木上也绘有彩画，但经过历代修缮，这些遗迹已较难勘察。但就诸多建筑的内檐梁架来看，还是保留了很多原始彩画遗存。其彩画细部虽与官式画法相距尚远，但整体构图也同样采取箍头、找头、方心的分段式格局，且找头部分多使用"如意"造型，似与元代以来，包括明早期官式彩画形制具有一定联系。

1.2.4　主要附属文物

报恩寺历史悠久，保存完整，附属文物非常丰富，主要可以分为壁画、泥塑、石质文物和木雕文物四种。

1. 壁画

报恩寺内的壁画完成于天顺四年（1460年），目前寺内所遗存的壁画主要集中在大雄宝殿和万佛阁内，分别为"佛祖弟子十二圆觉像"及"礼佛图"。这些壁画具有明显的明代中期典型的官式壁画风格，并带有一定的四川省地方特征。壁画色彩华丽，构图饱满，尤其沥粉贴金运用很多，表现出传统技法和藏画相互融合的艺术特色。壁画的题材则反映出密宗、显宗并存，宗教主题与世俗人物并立的特点。

2. 石质文物

寺内的石刻文物以石碑为主，主要集中在大雄宝殿檐下、殿后碑亭及南廊中。其中既有记录报恩寺修建过程的碑记题刻，还有从其他地方收集来的名人碑刻、石像及石匾额等。石雕包括寺前广场上的陀罗尼经幢、山门前的狻猊及

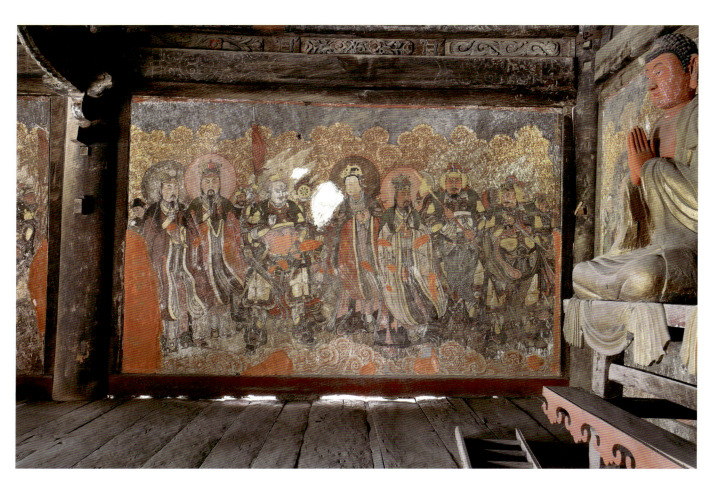

1-2-43　万佛阁壁画

1-2-44　山门石狻猊

1-2-45　大雄宝殿后壁悬塑

1-2-46　大悲殿千手观音像

华严殿、大雄宝殿和万佛阁内的石香炉。特别是三处石香炉，造型各异，做工精细，是明代石雕艺术中的珍品。

3．泥塑文物

泥塑文物是报恩寺附属文物中非常重要的组成部分，主要分布在山门、天王殿、大悲殿、华严殿以及大雄宝殿和万佛阁内。泥塑内容主要有佛、菩萨、金刚、明王、天王以及弟子、蟠龙等等。泥塑技法采用木制泥胎，外形采用小圆雕、浮雕、高浮雕等多种技法，表面装饰采用施彩、沥粉、贴金相互结合。这些泥塑基本上是明代作品，造型生动，技法娴熟，塑工精湛，堪称同期泥塑中的精品。

4．木雕文物

报恩寺中的木雕文物包括山门上匾额、大雄宝殿内九龙牌、大悲殿内楠木千手观音及两侧立像、万佛阁内七佛像和华严藏殿内的转轮藏。其中华严殿内的转轮藏的构造，自地面起，通高11米，直径7米，占地面积22.6平方米，系楠木制作，横截面为八角形，外观八棱四层，实际七层，逐层向内递收，下大上小，形似七级佛塔。转轮藏主要由藏轴、藏针、梁枋框架、板壁和天宫楼阁构成，是国内罕见的明代转轮藏之一，文物价值极高。

1.2.5　历史地位

报恩寺是罕见的明初遗构，从中国佛寺的纵向发展脉络来看，其正处在宋元向明清过度的节点。如果笼统的将宋元时期的建筑归类为宋《营造法式》的类型，将明清建筑归类为清《工程则例》的类型的话，报恩寺显然具有承上启下、前后兼顾的历史特征。平面关系上，报恩寺还保留着宋元以前的廊院式格局，寺院也还只有一座单独的钟楼，但其成熟的中轴线设计又与明清以来的寺院布局趋于一致。

报恩寺以其规模庞大，遗存完整而著称。就明初官式和类官式寺院实例来看，存留完整至今的北京智化寺、青海瞿昙寺可与报恩寺齐名。然而报恩寺因地处偏远，形成了官式做法与地方工艺交相辉映的特点。又因地方土司的竭力营建，使报恩寺在规模、形制、材料、装饰、佛像、壁画、法器陈设等多方面都尽其奢华，集明代寺院建造工艺之大成，成为同时期敕建寺院中的佼佼者。该寺是我国仅有的保存完整的明代早期官式寺庙建筑实例之一，而文物自身的原真性、不可复制性，更凸显了其价值的弥足珍贵。

1.3　价值综述

平武报恩寺是全国重点文物保护单位，和青海瞿昙寺、北京智化寺及武当山遇真宫等同为国内保存完整的明代早期官式寺庙建筑实例。同时，报恩寺还是国内罕见的在少数民族地区采用汉式风格建造的宗教建筑群落，是明朝时期由汉人充任的地方土司奏请建筑的，是多民族化相互整合发展

1-3-1　报恩寺全景（摄于20世纪80年代）

的典型代表。寺院鲜明的布局特点，官式与地方做法相互交织的建筑形制，土司制度的营建背景，丰富精美的各类文物遗存及其在地方生活及城市文化中的重要标识作用，均说明平武报恩寺具有极高的历史、艺术、科学、社会及文化价值。

1.3.1 历史价值

报恩寺建筑群为罕见的明初官式寺庙遗物，完整地保存了明代始建时的布局，各建筑单体只做过局部修缮，也基本保持了始建时的原状。寺内转轮藏，与北京智化寺藏殿的转轮藏同为国内罕见的明代转轮藏。

寺内附属文物是文物建筑建造活动的重要证据，现存壁画、泥塑、装饰琉璃及室内陈设等大多制作于建寺之始，其中大部分都基本保存完好，尤其是大雄宝殿内的"当今皇帝万万岁"供牌与山门的"敕修报恩寺"匾额，直接反映出由明代正统皇帝下令敕修报恩寺的史实。

由于寺内部分建筑于近代有所拆改，南廊和北廊内的壁画和塑像，以及钟楼内后壁上的壁画已损毁不存，大悲殿内的壁塑及万佛阁二层的泥塑因近代不当修复，也已改变了历史上的原状，这些因素一定程度上影响了报恩寺的历史价值体现。但是从现存的内容来看，丰富多彩的古代建筑壁画、彩塑依然蕴含着宗教史、美术史、服饰史、建筑史等多方面的文化内涵，极大地弥补了古代文献之不足，为研究古代社会形态与社会发展提供了珍贵资料。

另外，1987年由平武城西的北山脚下迁至报恩寺内的王玺公衙大堂，对于自明代遗存下来的报恩寺布局的真实性与完整性，产生了一定的负面影响，但从单个建筑来讲，大堂体现了作为报恩寺始建者王玺活动的历史背景。

1.3.2 艺术价值

报恩寺建筑的体量、屋顶形式、斗栱等造型变化多样，主次协调。从山门广场，经第一进天王殿院落，第二进大雄宝殿院落，到第三进万佛阁院落，前低后高的空间处理，加上寺内的碑亭、月台、石桥、狻猊、经幢等附属文物，赋予报恩寺丰富的空间艺术价值。

除建筑本身之外，寺内壁画、泥塑、木雕、石刻以及内部陈设等附属文物，都具有当时鲜明的时代及地域特征，具有极高的价值。大雄宝殿和万佛阁内壁画，为明代中期典型的官式壁画，并具有一定的四川地方特征。壁画色彩华丽，构图饱满，尤其沥粉贴金运用很多，在技法和保存状态上，都具有很高的艺术

1-3-2 敕修大报恩寺石碑

1-3-3 敕修大报恩寺继葺碑

1-3-4 大雄宝殿九龙牌

1-3-5　万佛阁壁画

价值。报恩寺内泥塑端庄肃穆、神态安详，尤其是大雄宝殿后壁的观音壁塑以及华严藏殿内的四条泥塑蟠龙更是不可多得的艺术品。大悲殿内的千手观音由整根楠木雕刻而成，高9.05米，反映出当地工匠的高超技术水平和艺术手法。风格独特的琉璃走兽、琉璃壁砖以及大雄宝殿内的琉璃铺地等，这些年代、工艺独特的艺术品，都具有很高的艺术价值。

1.3.3　科学价值

1-3-6　转轮藏

报恩寺大悲殿、华严藏殿、大雄宝殿及万佛阁的抬梁穿斗结构：天花以下明栿为抬梁式做法，而天花以上草栿为穿斗式做法，这种结构结合了明代官式及地方做法，类型独特，具有一定科学研究价值。寺内建筑选料优良，所有殿堂的柱、梁、檩、额、枋、斗栱、门窗以及天花、藻井、栏杆等木构件，均以优质的楠木制成，国内罕见。寺内转轮藏，自地面起通高11米，外观八楼四层，中设一立轴，为国内罕见的整体转动式转轮藏，结构复杂，制造奇特，工艺精巧，都反映了当时地方科技工艺水平。另外，大雄宝殿南北两侧的斜廊结构比较独特，均有较高的科学价值。

报恩寺古建筑群在历史上经历了多次自然灾害的考验，其中包括数次地震灾害。2008年，在5·12汶川大地震中，报恩寺古建筑再一次经受住了强烈的地震波冲击，虽然部分构件遭到了严重的破坏，但建筑主体仍然屹立不倒，有效地保护了其中重要的附属文物，用事实证明了其优越的抗震、减震性能。

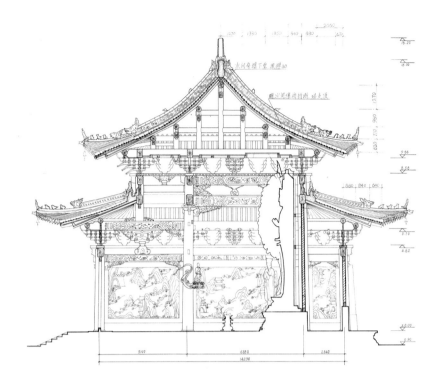

1-3-7 大悲殿穿斗抬梁结构图
（来源：重庆建筑工程学院测图）

1.3.4 社会价值及文化价值

报恩寺是国内文物价值较高、保存最为完整、规模较大的纯楠木古建筑寺院杰作，是重要文化遗产资源和标志古建筑物，是地方传统文化最为杰出的典范。近代战乱的破坏，现代化城市建设的改造，使原龙安府城的格局与风貌遭到了一定程度的破坏。报恩寺完整的保存状态，对于平武县县城区域城市历史格局完整性的维护具有极为重要的作用，是地方文化文脉延续重要的实物例证。报恩寺对于民众有着特殊的意义，对当地汉族和少数民族的融合起到了积极的作用，体现了很高的社会文化价值。报恩寺前广场是平武县老城区最大的城市广场空间，是周边市民日常生活休闲的重要场所和公共安全疏散空间，5·12汶川大地震时期，这里是平武县城最重要的集中安置点，对于抗震救灾发挥了至关重要的作用。

1.4 文物保护规划

1.4.1 编制背景及概况

2004年，国家文物局正式公布了《全国重点文物保护单位保护规划编制要求》及《全国重点文物保护单位保护规划审批办法》等文件，保护规划作为以文物保护单位为核心对象的专项规划，通过对文物保护各要素资源的系统梳理评估，认定保护对象，制定保护策略，对管理、利用工作提出简易性策略，统筹文物保护单位保护、研究、管理、利用等工作。

平武报恩寺保护规划工作于2005年启动，2006年，经国家文物局批复同意立项（文物保函〔2006〕1109号《关于平武报恩寺文物保护规划编制工作立项的批复》），开始保护规划的实施编制工作。2007年，保护规划获得国家文物局批复通过

（文物保函〔2007〕152号《关于平武报恩寺文物保护规划批复》），2010年经四川省人民政府正式公布生效（川府函〔2010〕45号《四川省人民政府关于公布广元皇泽寺等26处全国重点文物保护单位文物保护规划的通知》）。

规划以全国重点文物保护单位平武报恩寺为规划对象，将研究对象分为文物本体及文物环境两部分，强调价值评估及现状评估自身的系统性与其对修缮实施的指导性的作用，并尝试探讨评估内容与评估方式的更新。规划运用 Arc GIS 系统组建专项数据库，将数据库与图形、图像关联，本项目也是最早将 GIS 系统应用于文化遗产保护专业的实践项目之一。

规划将报恩寺保护工作与其环境 —— 平武县老城区（龙安府城）的保护工作紧密结合。鉴于报恩寺主要建筑及附属文物现状残损严重的情况，针对建筑物各主要构件层进行了分层评估，并详细记录了各构件层的残损状况，针对壁画残损及虫害邀请相关专家进行了专项研究。同时，将报恩寺周边环境研究区域扩展到平武县旧城区，重点分析旧城区风貌与文物本体的相互关系，并根据与报恩寺的空间关系，采取不同深度的数据统计及分析，对区域道路、用地等制定了规划措施。评估过程中，采取了加权打分的评估方式，对各类文物保护的相关因素的价值及危害程度等依照分数的不同划定等级，并作为指导文物修缮改造措施的主要条件。强调街道、建筑物体量、色彩、材质等对于文物环境风貌的影响，运用三维模型进行模拟分析。

在上述评估和研究的基础上，规划划定了平武报恩寺的文物保护区划，对主要文物要素包括建筑、壁画彩画、石质文物、古树名木等分项制订修缮策略及要求，对纳入保护区划范围的各环境要素制定建设策略要求，并提出管理、展陈利用方面的措施。

规划对于报恩寺有序保护工作的开展具有积极的指导意义。

1.4.2　规划对于文物修缮工程的指导

1. 从规划层面对于历史沿革的梳理，对价值进行了初步归纳

规划工作前期，通过对历史资料、文献、老旧照片、维修档案及地方老人的口述调查，尽可能准确把握报恩寺及龙安府城历史沿革的脉络，掌握寺院格局及主要文物要素的变迁状况。在此基础上，客观、全面地归纳总结平武报恩寺的文物价值、文化价值及社会价值。

在认定价值的基础上，通过对报恩寺历史的梳理，构建报恩寺文化遗产保护的体系，力争尽可能全面、完善涵盖各相关要素，形成系统的文化线索。

2. 梳理遗产体系，认定文物保护对象

报恩寺是我国保存最为完整的明代早中期建筑群落之一，除去建筑本体外，还保存有大量的壁画、彩塑、小木装修、附属陈设等，均具有极高的价值。报恩寺整体遗存丰富，类型多样，因此，规划的主要任务之一，是在认定价值的基础上，通过对报恩寺历史的梳理，构建报恩寺文化遗产保护的体系，力争尽可能全面、完善涵盖各相关要素，形成系统的文化线索。

表1-2 报恩寺文物体系构成

报恩寺	
佛教建筑	山门、天王殿、大雄宝殿、万佛阁、钟楼、华严藏殿、大悲阁、南斜廊、北斜廊、南廊、北廊、南碑亭、北碑亭、南耳房、北耳房
附属文物	转轮藏和泥塑蟠龙、大雄宝殿与万佛阁内的壁画、大雄宝殿壁塑、大雄宝殿三世佛及其他塑像、石经幢和石狮子以及殿内陈列设施等
历史环境	金水桥、范公井、古树等不可移动的历史环境组成要素、整个院落格局
相关历史建筑	奉明正统皇帝旨意主持修建报恩寺的龙安土司王玺的公衙大堂
其他附属文物	报恩寺收藏陈列的碑刻、器皿等，后期从其他地方收集到的文物
周边环境——与报恩寺关系密切，是其价值完整性的补充	
文物遗存	报恩寺、西城门及城墙、北岳殿、苏维埃遗址、平江公路纪念碑、松平地震纪念碑、红军碑林
历史环境	现有旧城区街巷格局，南山公园、北山公园、龙池坪森林公园、涪江构成的自然地理环境
历史建筑及构筑物	宋北海故居、龙安府城墙遗址（北山段）、龙安府城墙遗址（平武医院段）、王玺公衙遗址
相关附属文物	现北山小学操场内四株古柏及清真寺内六株古柏

3. 对主要遗存进行分类评估

规划对涉及同类型且数量较大的要素，尝试采用加权评分的方式，如对文物本体、附属可移动文物、寺院内附属建筑、周边现状建筑等。下面以文物建筑的评估为例：

对文物建筑的残损评估采用分构件统计残损打分的方式，评估构件包括基础、大木、小木、墙体、瓦顶，每项为10分制，对每构件项残损得分乘以相应加权系数，总分为各构件得分累加之合，除以项目数（加权后），再换算为百分制便是该建筑综合残损评估。结果如下：

表1-3 文物建筑本体残损量化评估标准

基础残损	基础残损＝（"基础各分件残损"分加合）/分件数 "基础各分件残损"＝（沉陷＋开裂＋磨损＋槽朽）/4 （该项加权系数为1.5）
大木残损	大式大木残损＝（柱残损×2＋斗栱残损＋梁檩残损×1.5＋椽望残损）/5.5 大木各构件残损＝（"大木各构件内分件残损"分加合）/分件数［"构件"指柱、斗栱、梁檩、椽望］ "大木各构件内分件残损"＝（虫害＋形变＋位移＋槽朽）/4（该项加权系数为2）
	小式大木残损＝（柱残损×2＋梁檩残损×1.5＋椽望残损）/4.5 大木各构件残损＝（"大木各构件内分件残损"分加合）/构件数［"构件"指柱、梁檩、椽望］ "大木各构件内分件残损"＝（虫害＋形变＋位移＋槽朽）/4（该项加权系数为2）
小木残损	小木残损＝（"小木各分件残损"分加合）/分件数 "小木各分件残损"＝（虫害＋形变＋缺失＋槽朽）/4
墙体残损	墙体残损＝（"墙体各分件残损"分加合）/分件数 "墙体各分件残损"＝（开裂＋酥碱＋剥落）/3
瓦顶残损	瓦顶残损＝（"瓦顶各分件残损"分加合）/分件数 "瓦顶各分件残损"＝（开裂＋缺失＋剥落）/3

表1-4　文物建筑本体残损量化评估

建筑名称	建筑编号	构件残损					建筑残损
		基础残损	大木残损	小木残损	墙体残损	瓦顶残损	
山门	01W01	3.8	7.2	3.1	3.4	3.3	46
天王殿	02W01	3.1	5.2	3.8	2.2	3.3	37
钟楼	02W02	5	7.9	4.1	β	3.8	51
王玺公衙大堂	02W03	2.5	4.3	3.1	0.6	3.8	31
大雄宝殿	03W01	3.8	4.5	3.9	2.9	3.3	38
华严殿	03W02	5.6	6	3	3.5	3.8	47
大悲殿	03W03	5.6	5.7	3.4	1.4	4.2	44
南斜廊	03W04	3.8	6.3	α	β	3.8	43
北斜廊	03W05	3.8	7.2	α	β	3.8	46
万佛阁	04W01	3.8	4.2	4.6	2.3	2.8	36
南碑亭	04W02	3.1	5.3	6.9	β	4.6	45
北碑亭	04W03	3.1	5.7	6.2	β	4.6	45
南廊	04W04	2.5	6.0	α	2.5	3.8	40
北廊	04W05	1.9	5	α	2.5	2.5	33
南耳房	04W06	3.8	6.1	5.6	3.3	3.8	47
北耳房	04W07	2.5	5.4	1.9	1.5	3.8	33

1-4-1　报恩寺建筑残损总评图——文物建筑残损评估（2005年绘制）

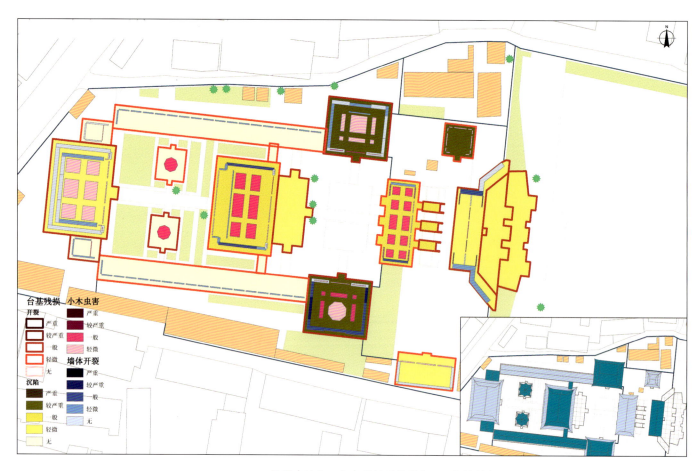

台基残损　小木虫害
开裂
☐ 严重　　■ 严重
☐ 较严重　■ 较严重
☐ 一般　　■ 一般
☐ 轻微　　■ 轻微
☐ 无　　　墙体开裂
沉陷
■ 严重　　■ 严重
■ 较严重　■ 较严重
■ 一般　　■ 一般
■ 轻微　　■ 轻微
☐ 无

1-4-2　报恩寺墙体、小木残损现状图（2005年绘制）

4．制定保护策略，明确各文物保护对象维修策略

规划明确了勘察维修的几个原则：坚持文物保护十六字方针的原则、坚持最小干预的原则、坚持可逆性的原则、坚持真实性完整性的原则。同时，基于地方自然灾害频发的状况，应加强持续监测和预防性保护的要求，对于人为破坏问题应加强管理。

规划对于勘察维修工作，提出了以研究和价值为出发点的保护工作框架：研究（历史资料研究、考古工作研究等）→数据采集（监测、数字化采集等）→勘察→修缮，对于工程的开展，应建立在充分研究和对维修对象充分认知的前提下。

对平武报恩寺的勘察修缮工作，规划建议分三部分开展。第一，对于文物建筑本体；第二，对于文物保护单位三防工程，包括安防、消防、防雷以及虫害防治等；第三，对于附属文物，包括壁画、彩画、彩塑、部分小木装修如转轮藏等。

对于文物本体的勘察修缮工作，应基于文物建筑保存现状及病害状况开展，工程分为日常保养、原状修整、重点修复三类。

（1）日常保养工程

系指实施经常性保养维护工程，其目的是及时排除隐患，避免更多干预。日常保养应分类、定期、按规范进行，保养与监测结合，重点保养灾害和损伤的多发、易发部位。该类建筑需要在基本保持现状的前提下进行一般性保护措施。需要管理单位对这类建筑的质量状况进行监控，在日后的维护勘查过程中，一旦发现比较明显的残损问题，经相关部门审批后按照有关的规范实施保养修整工程。

（2）原状修整工程

包括两类：一是将有险情的结构和构件恢复到原来稳定安全的状态，二是去除近代添加的无保留价值的建筑和杂乱构件。该类工程以不减不加或多减少加为原则，即在不扰动整体结构的前提下，把歪闪、坍塌、错乱的构件恢复到原来的状态。在恢复原来安全稳定的状态时，可以修补和少量添配残损缺失的构件，但不得更换旧构件，大量添加新构件。

（3）重点修复工程

是指允许增添加固结构、使用补强材料、更换残损构件、局部或全部解体等措施，达到结构整体安全稳定的效果。进行这类保护工程的建筑在进行维修前，需要进行严密的勘查测量，制定保护修缮设计方案，严格地按程序论证审批。重点修复应尽量避免使用全部解体的方法，对增添的结构置于隐蔽部位，更换的构件应有年代标志。

表1-5　文物建筑保护技术措施类别

技术类别			编码
加固技术	木构件加固	落架大修	ML
		打牮拨正	MD
		修整加固	MJ
	木构件防腐防虫		MF
	小木修缮		MX
	地基基础加固		QJ
	墙壁修整和加固		QB
	瓦顶维修		QW
局部复原	—		F
经常性保养	—		B

5. 与展陈利用的衔接

近年来，随着社会对文物保护工作的日益关注，文物保护单位在保护的同时，其活化利用也日益被重视。对于文物建筑及主要附属文物该如何合理的展示和利用，在文物勘察修缮工程中应统筹考虑，在加强保护的同时，也应为其后续的展示利用提供必要的衔接，避免多次工程对文物形成破坏。

贰

文物建筑勘察
及修缮实践

文物建筑详勘研究

保护修缮工程

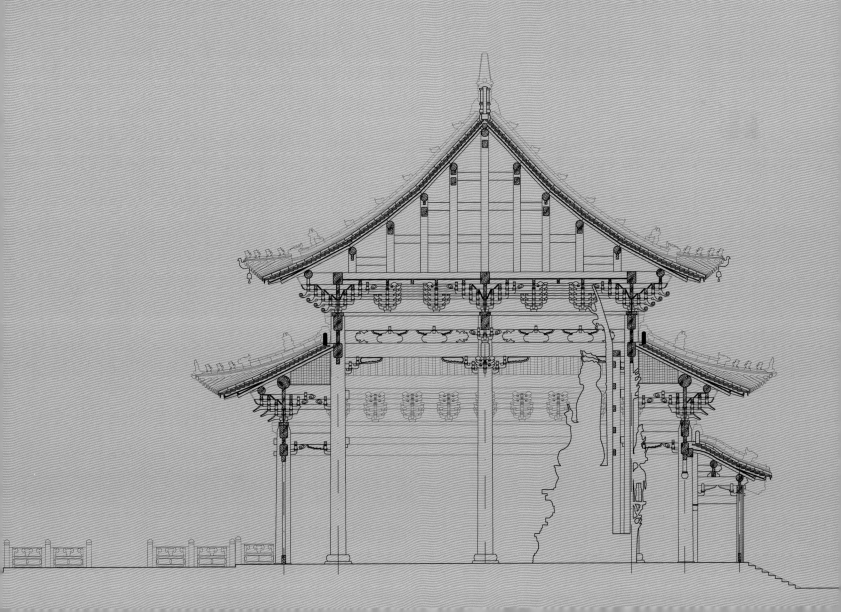

2.1 文物建筑详勘研究

2.1.1 详勘综述

2.1.1.1 概况及对象

平武报恩寺保存至今数百年，建筑自身病害情况普遍，加之近代以来功能管理上的更迭变迁，亟待维修。为确保报恩寺文物保护工作顺利有序进行，受平武县报恩寺博物馆委托，清华大学建筑设计研究院文化遗产保护研究所对报恩寺内文物建筑进行了现状勘察及文物保护修缮设计。在方案编制过程中，2008年5月12日的汶川特大地震，使报恩寺遭受了一定程度的破坏。为确保文物的安全性，遵循国家对于抗震工作的安排，灾后对报恩寺进行了抗震抢险的专项勘查。

综合上述情况，平武报恩寺文物建筑的详勘工作分为以下五个阶段，详见表2-1。

表2-1 文物建筑详勘工作分期

	工作阶段	时间	工程分期	对象
1	5·12震前建筑详细勘察	2005年	保护规划编制	全部文物建筑
2		2007年	一期工程	钟楼、南北碑亭、南北廊
3	5·12震后震损详细勘察	2008年7月	震后抢险工程	全部文物建筑
4	震后部分建筑详细勘察补充	2008年9月	一期工程	钟楼、南北碑亭、南北廊、王玺公衙
5	震后部分建筑详细勘察	2009年	二期工程	山门（及影壁）、天王殿、大悲殿、华严藏殿、大雄宝殿、万佛阁

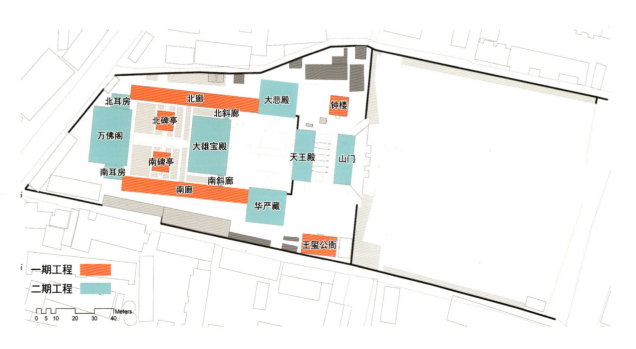

2-1-1 勘察分期示意图（2005年绘制）

2.1.1.2　详勘重点建筑

由于报恩寺内建筑众多，本报告仅摘取代表性的四座建筑物展开叙述。

① 大雄宝殿：作为报恩寺内主要建筑，集建筑、彩绘、壁画、佛像于一身，勘察修缮更侧重其作为报恩寺重要价值载体的价值点体现及维修策略的确定。

② 华严藏殿：维修及病害问题频现，建筑修缮与重要小木经藏的统筹问题显得尤为突出。

③ 钟楼：寺院整体格局沿革的重要节点，病害较严重，修缮力度较大。

④ 碑亭：形制特殊，构造最具匠心的建筑，体现干预度的把握问题。

2.1.1.3　详勘标准及要求

勘察主要分为建筑实测与现状勘察两部分。

建筑实测主要采用了钢卷尺、激光测距仪、全站仪等工具。现状图以建筑残损前的理想形象为表现形式。实测工作主要在建筑揭顶前完成，揭顶后对部分天花以上的梁架进行了补充测绘。对于建筑某些无法观察和测量的部分，则根据已有资料进行推测，并随后续施工补勘修正。

现状勘察一方面对报恩寺文物建筑现状残损进行勘察、分析病害原因并做描述记录；另一方面则针对地震造成的建筑残损进行分析记录，判断文物建筑的结构安全性与震损状况。除此之外，调研人员还走访了当地知情人，参考相关资料对建筑原貌与现状的差别进行了对比分析。

在此之前，平武县文物保护管理所保存有重庆建筑工程学院测绘的寺院主体建筑图纸一套，作为与现状建筑情况的对比资料，十分重要，而且其中对于一些隐蔽部位的图示也对本次勘察起到了提示作用。另外，向远木老师提供的报恩寺历史照片也直观反映了历史上报恩寺建筑的保存状态，包括一些今天已不存在的附属建筑，一些历史上的拆改情况，这些都加深了我们对报恩寺历史沿革的了解。

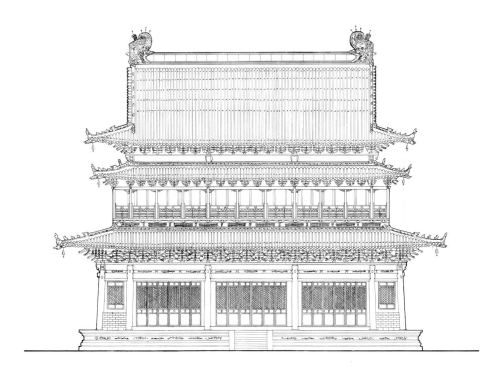

2-1-2　万佛阁东立面图（来源：重庆建筑工程学院测绘图）

2-1-3 报恩寺老照片（向远木提供）

1. 山门及经幢（左图摄于20世纪80年代，右图摄于2021年）

2. 山门及钟楼（左图摄于20世纪80年代，右图摄于2021年）

2-1-4 报恩寺主体建筑今昔对照之一

1. 天王殿（左图摄于20世纪80年代，右图摄于2021年）

2. 大雄宝殿（左图摄于20世纪80年代，右图摄于2021年）

3. 华严藏殿（左图摄于20世纪80年代，右图摄于2017年）

2-1-5 报恩寺主体建筑今昔对照之二

1. 大悲殿（左图摄于20世纪80年代，右图摄于2021年）

2. 北碑亭（左图摄于20世纪80年代，右图摄于2021年）

3. 万佛阁（左图摄于20世纪80年代，右图摄于2017年）

2-1-6　报恩寺主体建筑今昔对照之三

2.1.2　勘察研究整体技术要点

2.1.2.1　形制特征

1. 官式做法与地方工艺结合

平武报恩寺是目前国内罕有的保存完整的明代早期官式寺庙建筑群，院落的排列布局具有明代特点，而建筑风格则保存宋代向明清过渡的明显特征，并开清代建筑风格先河。

整个建筑群宏伟壮观，建筑规格很高，并有明显的模仿宫殿建筑的痕迹。典型官式建筑与地方建筑手法交相辉映是报恩寺建筑的另一大特点。如报恩寺内的主体建筑大雄宝殿从举架到斗栱均很大程度上按照官式做法建造，但其左右各设置了一座造型独特的斜廊且与周围其他建筑都不相连，使得整组建筑显得雄伟堂皇而又不失灵巧活泼。又如万佛阁前的两座碑亭，上檐为八角攒尖，下檐则为四角，造型别致，构思精巧，在明代建筑中非常少见。报恩寺的斗栱造型式样繁多，很好地结合了官式做法和地方工艺，极具特色。

2. 重视选材用料

报恩寺建筑在选料上极为重视，寺内所有主要殿堂的柱、额、梁、枋、椽、檩、斗栱、门窗等木构件，以及大型木雕均采用楠木建造。楠木质地坚固，且有特殊的化学成分，不易为虫蚁所蛀。地方寺庙全用楠木建造在国内也较为罕见。

3. 抗震性能优异

报恩寺建筑具有优异的抗震性能。平武地处我国南北地震带中部的松潘、龙门山地震带上。自古以来，地震极为频繁，为此报恩寺建造时在台基砌筑、柱网布置、梁架用材、斗栱组合、屋顶构造等方面均做了防震方面的考虑，并采用了中心通柱、套筒式柱梁结构等特殊构造，再加上选用了坚固耐久的优质木材使得报恩寺成为了一组"独具匠心的抗震建筑"，历经多次地震而安然无恙。5·12汶川地震，报恩寺震损多发生于墙体、屋面瓦件、脊饰、塑像等部位，建筑主体的大木结构整体状况较好。

2.1.2.2　工艺做法

台明地面做法：台基使用三合土或方砖做面层、外圈采用条石铺墁，室内地面一般铺砌方砖。在后来的维修过程中，则使用了水泥或水泥砖修补破损的三合土及方砖地面。

主体结构：在二期修缮工程所涉及的几个建筑中，除山门为抬梁式结构外，其余均为穿斗—抬梁混合式，即天花以下为抬梁式结构，天花以上则采用穿斗式。

墙体做法：在天王殿墙体碎裂处发现，天王殿墙体为砖砌夹心墙，即建筑墙体里外皮为整砖十字缝砌筑，且勾缝；里外皮砖体内用黄土与碎石填心糙砌。由此判断，寺内其他建筑主要墙体原砌筑方式可能也为砖砌夹心墙。另外，在大雄宝殿后金柱间、万佛阁等处尚有编壁墙做法。

屋面做法：寺内各主要建筑均采用传统的草泥苦背，琉璃瓦铺面。一般使用蓝色或绿色琉璃剪边，黑色、绿色琉璃做心，部分建筑屋面上还设有菱形拼花图案。

油饰做法：柱子表面均为大红色油漆饰面，油饰与木料之间无任何地仗或包布做法，个别柱的油饰下可见白灰痕迹，可判断在20世纪70年代维修时曾在漆面下施白灰一道。在除山门外的其余建筑中，额枋下无装饰构件的柱子一般把油饰做到额枋底皮部分停止，柱头不做油饰，但可见彩绘痕迹；额枋下有雀替等装饰构件的柱子，则一般把油饰做到装饰构件下部，未施油饰部分则施彩绘。其中万佛阁在20世纪六七十年代前柱身通施彩绘，后期被油成红色，但现仍有柱子保留了彩绘。山门的柱子油饰大多涂刷到双步梁下方的丁头栱底部，未做油饰部分亦施彩绘。各建筑中梁枋均施彩绘，用色多为青、黄、灰、白。

2.1.2.3 残损病害

1. 建筑自身病害残损

平武报恩寺自建成以来极少进行大规模的重修及修缮，数百年的风雨在古建筑上留下了许多无情的痕迹，在5·12汶川大地震以前，报恩寺古建筑群本身就已经存在诸多残损，亟待进行修缮。

虫害是对报恩寺危害最严重的因素，报恩寺受到白蚁、蠹虫和木蜂等主要木材害虫的共同危害，这在我国众多的古建筑中很少见。大量报恩寺古建筑外檐木构件被木蜂蛀孔，孔穴众多，尤其钟楼、山门和万佛阁南耳房及北斜廊虫害最为严重。

大部分建筑结构及墙角都存在不同程度的腐朽和酥碱问题，尤其以钟楼、山门、北斜廊、南耳房木结构腐朽严重，部分墙体整体歪闪、垮塌。

在钟楼、华严藏殿等发现基础沉陷导致的木构件挠曲变形、构件劈裂、拔榫严重、檐部构件潮湿糟朽严重、部分构件缺失。

报恩寺壁画主要残损原因有自然破坏、人为破坏两大类。自然破坏可以分为墙体泥层剥落、地仗层剥落、颜料层剥落、墙体空鼓、开裂、酥碱、变色；人为破坏可以分为修补、人为凿眼、刻划、题字、涂刷。

钟楼、大悲殿、南北廊等油漆彩绘污损、褪色严重。

屋面瓦件、脊饰、脱釉、松脱、构件缺失严重，屋面檐口变形严重。

表2-2　残损病害类型

白蚁、蠹虫和木蜂等虫害	
木结构腐朽及墙体酥碱歪闪	
木构变形、劈裂、糟朽	
壁画自然和人为损坏	
彩画污损褪色	
瓦件脱釉、松脱	

2．汶川地震震损

2008年5月12日14时28分04秒，四川地区发生地震。根据中国地震局的数据，此次地震的面波震级里氏震级达8.0Ms，地震烈度达到11度，是1949年以来破坏力最大的地震，也是唐山大地震后伤亡最严重的一次地震。地震破坏地区超过10万平方公里，极重灾区共10个县（市），平武县即是其中之一。本次地震中，报恩寺虽未发生文物建筑的垮塌情况，但建筑屋面、墙体、台基及小木装修等均不同程度受到破坏，特别是屋面及墙体损毁现象普遍。附属文物包括壁画、彩画、泥塑、彩塑及石质和木质文物等，在本次地震中也遭受到不同程度损伤。

表2-3 文物建筑损毁情况评估

屋顶严重受损。脊饰脱落、正脊震断、屋面垮塌、露出椽望	屋顶一般受损。脊饰破裂、正脊震断、屋面瓦件碎裂	屋顶轻微受损。脊饰正脊轻微受损、屋面瓦件松动开裂

墙体发生垮塌。墙体结构全部被震酥，局部发生垮塌	墙体结构受损。墙体结构基本被震酥，出现面层脱落、结构性裂缝现象，与木构架脱离	墙体构造受损。墙体整体结构轻微受损，与木构件交接处出现裂缝，与木构架基本脱离

表2-4　附属文物损毁情况评估

山门	
四尊泥塑严重受损，臂肢大部分被震毁。墙体的垮塌掩埋了泥塑基部，泥塑各处均出现裂缝、脱落等现象，其中尤以哼将受损最为严重。山门内墙体彩绘全部损毁	
天王殿	
四大天王泥塑各处出现不同程度的裂缝、空洞、脱落等现象，墙体的垮塌使殿内大部分壁画遭到损毁	
大悲殿	
壁塑出现大量裂缝，千手观音手持法器物脱落，石香炉部分损毁脱落，石质基座局部出现崩裂	
碑亭	
南北碑亭内的碑身与碑座之间均出现整体裂缝，石碑稳定状况不明	
大雄宝殿	
地震对殿内壁画造成了严重损坏，部分壁画脱落，壁画所在墙体与木构架的分离使壁画都处在危险状态。壁塑、碑刻等也遭到严重损毁	
万佛阁	
壁画出现了空鼓、脱落等现象，裂缝到处可见。部分泥塑被震裂，如来神像右手食指断裂下坠，十大弟子手掌裂缝四条	

（1）文物建筑损毁情况评估

报恩寺文物建筑在地震中受损严重，是建寺以来最为严重的一次。现勘察直接可见的残损主要集中在屋顶和墙体，所有的屋顶和墙体都受到不同程度的损害，尤其是墙体，几乎所有墙体都与木构架发生构造性脱离，局部墙体垮塌。

对文物建筑威胁最大的是屋顶的损害，地震中所有屋面瓦件都出现了松动、裂缝等现象，部分屋顶几乎垮塌。而震后平武地区经常发生的阴雨将对屋顶覆盖下的大木结构造成直接威胁，防止雨水渗漏破坏木结构是报恩寺文物建筑抢修最为紧迫的工作。

文物建筑的大木结构在此次大地震中显示出其优越的抗震减震性能，除局部出现可见的裂缝及侧倾外，大木结构未发生垮塌现象。针对险情，制定并实施了抢险措施，主要包括屋面、墙体、木结构、泥塑壁画、可移动文物和基础设施附属用房等内容。

① 屋面

震前屋面年久失修，地震将本来已经比较脆弱的屋顶层变得更为松散，部分建筑存在脊饰脱落、瓦件碎裂、落瓦等情况。钟楼一层东侧屋檐中部原状已糟朽严重，本次地震中局部震塌，因先期支护网架，未发生大面积塌毁现象。同时，屋面泥背层开裂普遍，加剧了其下保护的大木构架漏雨侵蚀的程度。

② 墙体

报恩寺建筑的墙体构造类型比较多，主要有土石砌体、砖砌体、土坯砌体、混合砌体等。墙体应为维修较多部位，多处做法不一，部分墙体如山门两山墙体地震中基本全部坍塌，墙体乱石堆砌，应为不同时期补砌。地震以后，墙体是报恩寺受损最严重的部位，大部分墙体整体与木构架裂缝脱离，局部发生垮塌。垮塌的墙体还对附属文物造成破坏，寺内大量的泥塑、彩绘、壁画、壁塑多以墙壁为载体绘制，山门的墙体垮塌埋压了殿内的泥塑；大雄宝殿的墙体与木构架脱离，严重危及其上的壁画；大悲殿墙体的裂缝危及其上的壁塑。建筑墙体的抢险，直接牵涉到木构架以及各类附属文物的保护问题。

③ 大木结构

报恩寺古建筑所采用的大木结构为明代官式的抬梁式建筑构架，木构件之间以榫卯相互连接，主要建筑均施斗栱，这种相对柔性的主体结构具有有效的减震抗震性能。5·12地震中，报恩寺古建筑的大木构架均较为完好，从现状目测情况看，未发生明显偏移、歪闪等现象，除大悲殿东西次间后加柱发生破裂外，其他柱体情况良好。然而，仅此并不代表大木构架在如此大的地震中丝毫未损，由于上部梁架勘察未及，构架主要部分的残损情况仍不明确。从震前的勘察情况来看，报恩寺主要建筑的大木构架已经存在局部腐朽、虫蛀、压裂、松动、移位等病害现象，因此，对于大木构架，应结合后续系统修缮工程而尽快实施。

（2）附属文物损毁情况评估

附属文物受损最严重的是壁画和泥塑，石质文物也受到了较大损害，木雕文物由于其材质的相对柔性受损较为轻微。

地震中受损的泥塑可以分为两类，一类是有独立底座的泥塑，一类是与墙体联系紧密的壁塑。前者的修复工作相对较为独立，多数塑像自身体量较大，地震中受到严重的损毁，特别是山门内四大天王塑像。同时，此类塑像自身结构已较为脆弱，后续余震及次生灾害造成隐患的可能性较大，因而加强防护加固工作是泥塑修复的前提。后者由于与墙体相连，在进行墙体修复时必须一同考虑，协同进行，例如大悲殿两侧山墙的悬塑，大雄宝殿主像背面的壁塑菩萨像等。

壁画比较集中的大雄宝殿和万佛阁，由于墙体受到震害与木构架之间出现裂缝、分离现象，靠近边缘的壁画出现了开裂、空鼓、脱落等残损，墙体能否安全渡过余震期及是否及时加固决定了壁画的安全。

石质文物中部分碑刻被震裂断开，部分石质基座崩裂，报恩寺前广场南经幢幢顶脱落移位。

其他可移动文物主要包括文物库房内集中存放的可移动文物。震前，报恩寺未有符合标准的文物库房，主要可移动文物集中存放于南廊西端三间，简单置于搁架上，未有其他防护。地震中，不少器物被震倒，但所幸未曾跌落。对于可移动文物的保存设施亟待升级改造。

（3）寺内附属建筑及其他设施损毁情况评估

地震致使寺内其他遗存也遭到破坏。报恩寺前广场地面石板损坏多处，山门前台阶及围墙多处裂缝，山门前北围墙地面下沉，墙体倾斜。天王殿与华严殿之间的围墙全部倒塌，天王殿与大悲殿之间的围墙墙脊垮塌，墙体横竖多条裂缝，已成危墙。寺院周围仿古围墙90%受损，大部分已成为危墙。文物库房、录像监控室、值班室等严重受损，内部设备设施已基本无法继续使用。寺内已有的消防、安防、避雷等设施90%损毁。

报恩寺内其他附属建筑受损严重。游客中心严重受损，已成为重度危房，其中的服务设施、设备，景区的标识标牌等基本损坏；办公用房、旅游公厕、其他服务用房已停止使用，其中的设施设备严重损坏；职工宿舍楼屋面全部震毁，墙体多处震裂，已无法继续使用。

表2-5　附属建筑及其他设施损毁情况评估

内围墙	消防设施
北平房	原办公室

2.1.3　主要单体建筑详勘及技术要点阐释

2.1.3.1　钟楼详勘及技术要点阐释

钟楼虽小，但却是寺院整体格局的重要节点，且病害较严重，修缮力度较大，作为一期工程的主要建筑在此做如下展开介绍。

1. 建筑样式及典型做法

钟楼位于山门以里，金水桥北侧，坐北朝南，为一座歇山顶二层建筑。楠木建造，首层通面阔8.45m，通进深7.7m，楼高约13m，建筑面积152㎡。平面略成长方形，上下层屋身均只一间，四面出廊，形成面阔、进深均显三间的外观。上层屋架七檩，单檐歇山顶，上覆琉璃瓦。上下层均开敞，内悬铜钟，南面二层挂"天音醒世"匾额。

2-1-7　钟楼

从结构上说，钟楼首层类似明清官式做法，而二层无论整体还是细部，都更多的显示出地方做法的特征。如首层檐下用五踩重翘斗栱，挑尖梁头，梁上承檩，斗栱以下垫平板枋，檐柱间施阑额，虽在斗栱细部和大木尺度权衡上并非标准官式，但大体构造逻辑还是较为规范的，但二层部分就大不相同了。首先，四根金柱为通柱做法，直托上层下金檩，五架梁亦梁亦枋的嵌入柱头，柱、檩、梁节点形成互相咬合的交接关系，到三架梁以上才又恢复了官式做法。其次较为特殊的是上层檐步架，檐檩下无梁，檐柱仅靠穿插枋与金柱组成平面框架。檐柱头托额枋，额枋不在柱头侧面穿入，而是嵌入柱头形成承托的关系。额枋上不设平板枋，但在柱头和补间位置安设大斗，斗上只安实拍栱一支，形成类似"单斗只替"的样式，只是后部无梁，栱上直接承檩，构造较为特别，虽然逻辑自成一体，但结构整体性略显薄弱。

钟楼的这种结构形式，应该是官式和地方做法相结合的结果。与报恩寺内其他建筑类似，都是把仿官式的构造用在明处，把相对简洁灵活的结构隐在暗处。应用于钟楼，则是在首层近地面处更多的模仿官式，而在二层则大胆发挥不拘一格。同时，也应看到，钟楼首层明间平身科四攒，而廊间则无斗栱，立面看斗栱分布很不均匀，这也反映出钟楼可能还没以攒当为模数来定平面的设计逻辑，这点还是比较符合清以前的建筑特征的。另外，钟楼下层五踩斗栱，而上层只设单斗只替的做法，虽然与宋法式"上屋减下屋一铺"尚有差距，但这种下繁而上简的处理手法恐怕还是早有渊源。如果质疑上层是否经过后世的重建和改造，还有待更多资料和材料检验方面的佐证。

平武报恩寺是目前国内罕有的保存完整的明代早期官式寺庙建筑群，其院落的排列布局具有明代特点，而建筑风格则保存宋代向明清过渡的明显特征，

平武报恩寺
文物修缮保护工程实录

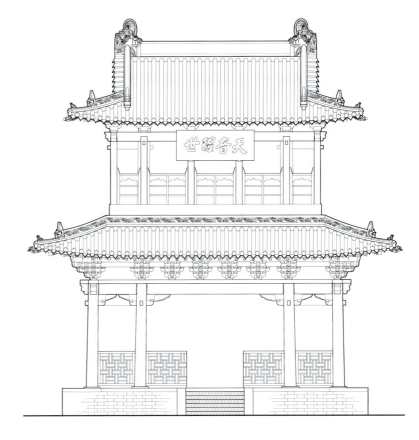

2-1-8 钟楼南立面图

2-1-9 钟楼柱子

并开清代建筑风格先河。钟楼及院区其他建筑宏伟壮观，建筑规格很高，并有明显的模仿宫殿建筑的痕迹。典型官式建筑与地方建筑手法交相辉映是此建筑群的另一大特点。

（1）台基及柱础

十字缝砖砌台帮（砖为310mm×90mm），上压阶条石；台基面阔与进深分别为10.45m、9.7m；台基总高度为0.9m；台基前明间处设踏跺一组，踏跺共五步，总长1.8m，总宽2.61m，总高0.9m；后期维修用水泥补砌台阶；台帮内侧均为三合土夯实，无其他面层。

檐柱柱础为Φ520mm石质圆形柱础，鼓镜高40mm；金柱柱础为Φ560mm石质圆形柱础，鼓镜高50mm。由于多次维修，重新铺墁地面，致使地坪增高，将部分柱础鼓镜部分掩埋。个别柱础用水泥修补，做工较粗糙。

（2）柱子

一层檐柱柱径均为Φ400mm，柱头Φ340mm；侧脚约80mm，二层外檐柱为方形220mm×220mm梅花柱，金柱为通柱，柱径为Φ440mm；柱头

2-1-10 钟楼斗栱

2-1-11 钟楼椽望

2-1-12 钟楼屋顶

Φ410mm；侧脚约140mm。据分析，柱子是直接放置在柱础上的，下方无管脚榫等结构连接。

　　所有柱子表面为传统红色油漆饰面，油饰与木料之间无任何地仗或包布做法。一般油饰做到额枋底皮部分停止，柱头部分无任何油饰，但可见彩绘痕迹。经当地管理部门介绍，该建筑在"文革"前通柱身施彩绘，后期因历史原因油成红色。

　　（3）梁架、斗栱

　　该建筑首层为抬梁式结构，一层为五踩重翘斗栱，斗口实测105mm。按营造尺核算，约合三寸三分；跳距245mm，约合2.3斗口；头跳跳高185mm，约合1.7斗口；二跳跳高165mm，约合1.6斗口。

跳距、跳高均小于清官式做法，所以斗栱整体造型显得粗壮敦实，当然也有失灵巧。

正心位置为重栱造，而里外头跳上则为单栱托挑枋做法，第二跳上的厢栱则与瓜栱等长，可以认为钟楼斗栱只有瓜栱、万栱两种栱长，这种做法在报恩寺其他建筑中也多有出现。最为特别的是外跳厢栱上通过垫板承托橑檐枋，是为报恩寺内孤例柱头科为桃尖梁后尾插金造，桃尖梁置于刷头之上。其"桃尖"与刷头重叠放置，在正心处随举架高度做出檩碗，但正心以内的梁身高度则减矮，较为省料。

二层斗栱做法较简单，直接坐斗上置实拍栱一支，直接承托檐檩，形成类似宋法式"单栱只替"的造型。然而斗上无梁，且实拍栱尺度一如瓜栱，也不宜归入替木，整体做法十分简洁随意。

斗栱分槽形式详见后附实测图"钟楼一层梁架仰视平面图"。就首层而言，廊步无平身科，面阔明间平身科四攒，进深明间三攒，开间内均匀分布而已。

檐柱柱头、金柱穿插枋以上至楼板处、金柱柱头及斗栱梁枋等大木构架均施有彩画，现彩绘褪色、污损严重，部分构件后期涂刷成黑色。

（4）椽望

所有屋面椽子均为圆椽方飞，椽子直径平均为 Φ90mm，飞椽出连檐后作梭形处理，造型古朴，飞头尺寸为50mm×5mm。所有椽头、飞头均未做琉璃椽帽装饰椽头。椽上设木望板。椽望、角梁均未做任何油饰。

一层檐檐出（撩檐檩中线至飞子头中线水平距离）1050mm，其中椽出700mm，飞出350mm，翼角生起270mm，冲出280mm，椽径90mm，飞子直径90mm×50mm；二层檐檐出（檐檩中线至飞子头中线水平距离）1215mm，其中椽出810mm，飞出405mm，翼角生起230mm，冲出230mm，椽径60mm，飞子直径60mm×40mm，望板厚约20mm。

（5）屋顶

二层屋面，一层檐步周围廊屋面，二层金柱间歇山屋面。时为素灰筒板瓦覆盖，与寺内其他建筑用瓦不同，应为后期更换。一层外檐南坡共板瓦44垄，北坡45垄，东坡40垄，西坡39垄，均为滴水座中。二层檐南北坡各板瓦37垄，东西坡各筒瓦35垄，均为滴水座中。

屋脊为黄绿琉璃脊筒对接而成，正脊脊身两侧无纹样，应为后期更换。其余屋脊脊身两侧烧有卷草纹样，线条古朴简洁，垂脊、戗脊脊下端设抿嘴垂兽，戗脊前端设坐兽。

2．病害及残损状况

本次病害及残损勘察实施于2007年，2008年5·12汶川地震后补勘。

表2-6 钟楼残损病害勘察表

项目名称		残损现状	原因分析
台基	台明	阶条石长度不一，石材未经细致加工，表面凹凸不平，南侧设台阶为水泥抹面，现状较好，但材质风貌均与建筑本身不符，台明保存状况较好，为20世纪80年代补砌	自然、人为
	地面	地面为三合土面层，面层略高，将柱顶石遮盖，部分面层松动，外檐四周地面潮湿，表面覆有青苔；二层地面木板尺寸规格不一，铺砌无规则	自然、人为
大木	柱	建筑整体向东向北歪闪，一层西南角三颗檐柱及东侧明间南檐柱柱身向东向北倾斜明显；柱身普遍虫蛀严重，柱身敲击空鼓声明显，已严重影响构件结构强度；一层东南角檐柱因柱身空蚀失去承重能力，在柱内打入钢筋，并浇灌水泥；一层西侧明间南檐柱曾进行过墩接处理；一层北侧檐柱柱础为后配，制作较原柱础粗糙；柱身表面红漆有起甲剥落现象，柱头有轻微开裂，5mm ≤缝宽≤ 20mm	水渍侵蚀、通风不畅、虫害
	梁枋	现状残损程度严重。构件虫害普遍，一层檐梁枋为白蚁蛀空，部分梁枋已完全丧失承重及结构连接能力，梁枋表面有顺纹开裂，部分缝宽≥ 25mm；构件表面水渍严重；局部出现拔榫现象，一层檐南侧金柱间缺少间枋一根；二层地栿缝隙过大，缝宽≥ 40mm	水渍侵蚀、通风不畅、虫害
	檩枋	檩枋虫蛀糟朽严重，部分自身开裂现象严重，5mm ≤缝宽≤ 20mm，外檐随檩枋底皮木蜂虫眼多；一层檐挑檐檩及垫枋用料较粗糙，应为修缮时更换；二层檩枋水渍、盐渍严重，应为历史上大面积水浸导致	通风不畅、虫害
	平座	平座层沿边木糟朽、开裂现象普遍，局部木料扭曲变形；角部拼接处松动，有拔榫现象	自然、人为
斗栱		斗栱残损较为严重。现状一层檐斗栱均有外倾现象，部分散斗缺失，斗耳缺失；斗栱内构件间连接松动，构件出现裂缝、歪闪，个别瓜子栱及慢栱断裂；斗栱虫害严重，部分斗栱构件结构强度因空蚀下降，导致构件碎裂，斗栱底皮遍布木蜂虫眼，现状用药填实；一层东侧、北侧斗栱普遍存在水渍、盐渍，栱眼壁水渍较严重	通风不畅、虫害、自然
屋顶	椽望	椽望普遍糟朽虫蛀严重，一层檐东侧因下层木结构糟朽严重，瓦面中部约3m²范围塌陷，约1.5m²范围椽望缺失，现状用脚手架临时支撑，并覆以石棉瓦临时遮蔽，约50%以上椽望糟朽严重，部分椽子缺失；椽望水渍普遍较严重	自然、虫害、人为
	瓦面	屋面大面积覆有青苔及杂草，瓦件勾头滴水形式、规格均不统一，瓦件无明显破损、酥碱、风化现象（约20%），东侧及北侧一层檐因屋面塌陷导致瓦面破损缺损严重	人为、自然
	脊、兽	正脊应为后期更换，各脊现存状况基本较好，一层檐东北侧屋脊因屋面塌陷，脊身出现数道裂缝；翼角套兽有缺失，且形制、规格不一，应为不同时期维修遗留	人为、自然
小木		一层枋下雀替板，现状外观保存基本完整，构件虫蛀严重，个别雀替板与额枋及柱子间连接有拔榫现象；一层围栏、二层檐外檐平座层下枋及栏杆现存状况较好，用料加工粗糙，应为维修时更换	自然、人为
彩画		外檐彩画剥落、起皮现象严重，构件表面裸露地仗白灰，画面已基本无法辨认；内檐梁枋彩画保存较好，沿外檐构件因水渍侵蚀，画面基本不可辨认；二层檐因构件水渍较重，部分檐部彩画及檩枋彩画基本不可辨认；部分外檐彩画与一层檐相较内容、形式上均不相同，画工较粗糙，应为维修时补画	自然

1. 钟楼（南—北）　　　　2. 钟楼（北—南）　　　　3. 一层檐东北侧屋脊　　　　4. 钟楼一层檐内檐

5. 单步梁下穿插枋虫蛀空蚀　　6. 一层檐井字梁上的顺纹开裂及虫蛀　　7. 一层檐斗栱麻叶云上虫蛀现象严重　　8. 一层斗栱内檐水渍严重

9. 斗栱构件歪闪　　10. 斗栱构件被压裂　　11. 斗栱构件走闪　　12. 斗栱构件潮湿　　13. 斗栱构件糟朽

14. 角科斗栱拔榫、虫蛀严重　　15. 东侧外檐现用脚手架临时支撑　　16. 新配柱础、柱顶石被地面覆盖　　17. 地面潮湿、被覆青苔

18. 椽望糟朽　　19. 椽子开裂虫蛀　　20. 楼板糟朽　　21. 屋面塌陷

22. 台明为新砌　　23. 阶条石残损现状　　24. 屋面青苔滋生　　25. 东侧一层檐屋面中段塌陷

2-1-13　钟楼残损状况

2-1-14 南、北碑亭

2.1.3.2 碑亭详勘及技术要点阐释

碑亭建筑造型别致，下檐四方形，上檐八方形，巧用了八角容方的歌诀比例，可以说是报恩寺中最具匠心的两个建筑。因其大木构架较为珍贵，干预程度需要严格控制，以保留其精妙的算法信息。

1. 建筑样式及典型做法

位于大雄宝殿后的院内，左右各一，分南、北碑亭，皆为十六柱重檐八角（下层四角）攒尖顶式建筑，顶覆蓝、绿色琉璃瓦。一层檐下斗栱出昂，二层檐下斗栱出斜昂，飞檐翘角，柱体有明显卷刹与侧脚。南、北碑亭内各有御笔圣旨石碑一座。南、北碑亭高约13.68m，面阔、进深各三间，平面呈正方形，总面积82.81m²。

2-1-15 碑亭台基

两建筑均为正方形重檐建筑。一层皆面阔三间，进深三间，无墙，抬梁式大木结构。通面阔、通进深均为9.1m，其中明间面阔4m，次间面阔1.35m。一层檐口高度为5.78m，二层檐口高度为8.18m；建筑总高度为14.57m。

2-1-16 碑亭柱础

（1）台基及柱础

砖砌台帮（砖为310mm×90mm），上压阶条石，台基面阔与进深分别为11.2m、9.1m。台基总高度为0.895m。台基明间处前后均设踏跺一组，踏跺共4步，总长1.05m，总宽1.4m，总高0.895m。砖砌踏跺，后期维修用水泥为踏跺抹面。台帮内侧均为三合土夯实，无其他面层。局部风化破损处用水泥修补；部分阶条石风化碎裂残缺，后期用水泥修补。

檐柱柱础为Φ490mm石质圆形柱础，鼓镜高40mm。金柱柱础为Φ510mm石质圆形柱础，鼓镜高50mm。由于多次维修，重新铺墁地面，致使地坪增高，将部分柱础鼓镜部分掩埋。个别柱础用水泥修补，做工较粗。

2-1-17 碑亭柱根   2-1-18 碑亭柱子

（2）柱子

碑亭檐柱柱径均为Φ370mm，柱头Φ340mm，侧脚约90mm。金柱为通柱，柱径Φ390mm，柱

2-1-19 碑亭天花

2-1-20 碑亭天花局部

2-1-21 碑亭天花局部图

头 Φ 340mm，侧脚约 115mm。

经勘察，柱子应是直接放置在柱础上的，下方无任何结构连接，且柱根潮湿糟朽，曾进行过简单挖补。

所有柱子以 2.78m 高度为界（穿插枋下雀替下皮），以下为红色油漆饰面，油饰做到额枋底皮部分停止。以上为地方做法的彩绘。油漆、彩绘与木料之间无任何地仗或包布做法。

经当地管理部门介绍，该建筑在 20 世纪六七十年代前通柱身施彩绘，后期改成红色。

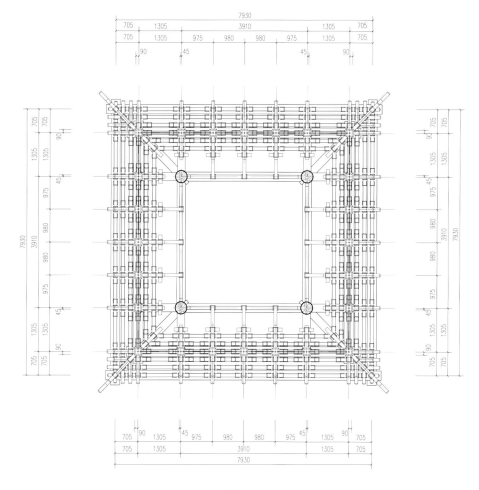

2-1-22 碑亭下檐斗栱平面图

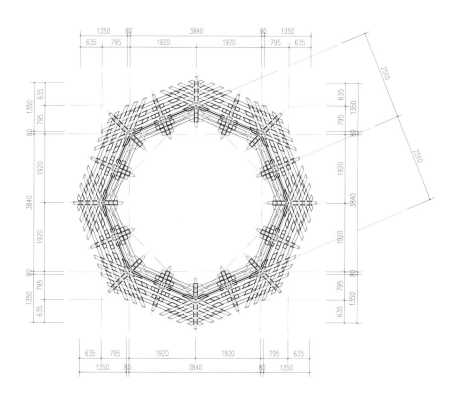

2-1-23 碑亭上檐斗栱平面图

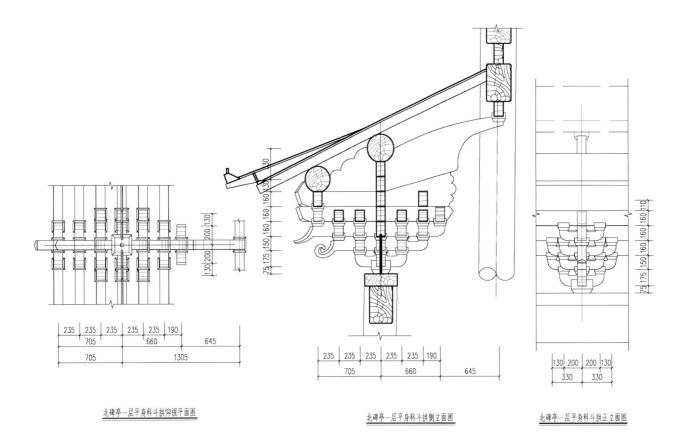

235 235 235 235 235 190
705 660 645
705 1305

75 175 150 160 160 30

北碑亭一层平身科斗拱仰视平面图

75 175 150 160 160 130

235 235 235 235 235 190
705 660 645

北碑亭一层平身科斗拱侧立面图

130 200 200 130
330 330

75 175 150 160 160 110

北碑亭一层平身科斗拱正立面图

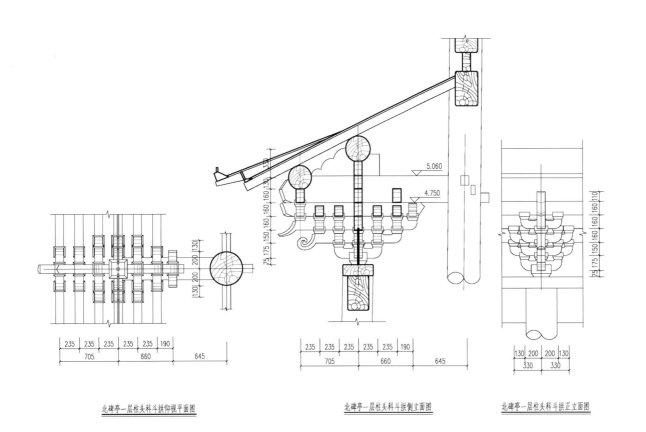

235 235 235 235 235 190
705 660 645

北碑亭一层柱头科斗拱仰视平面图

5.060
4.750

235 235 235 235 235 190
705 660 645

北碑亭一层柱头科斗拱侧立面图

130 200 200 130
330 330

75 175 150 160 160 110

北碑亭一层柱头科斗拱正立面图

2-1-24 碑亭下檐斗拱详图之一

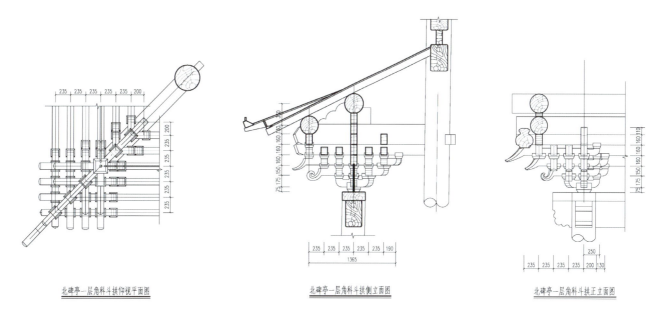

北碑亭一层角科斗栱仰视平面图　　　　北碑亭一层角科斗栱侧立面图　　　　北碑亭一层角科斗栱正立面图

2-1-25　碑亭下檐斗栱详图之二

2-1-26　碑亭斗栱

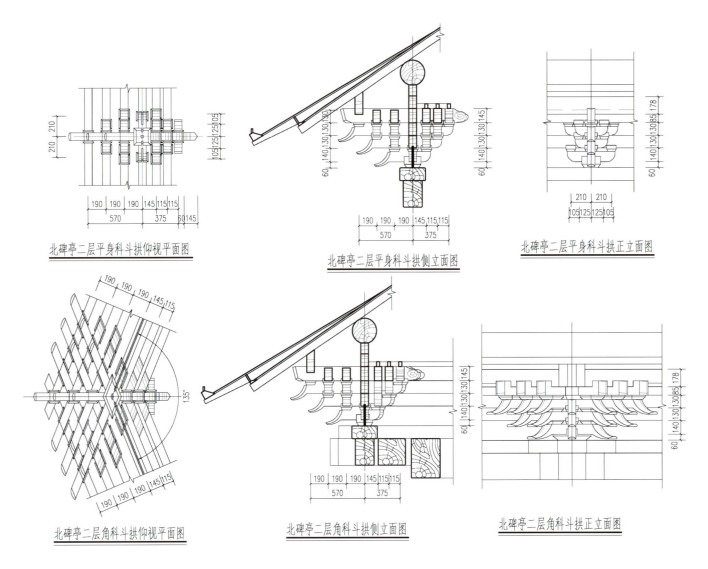

北碑亭二层平身科斗拱仰视平面图 北碑亭二层平身科斗拱侧立面图 北碑亭二层平身科斗拱正立面图

北碑亭二层角科斗拱仰视平面图 北碑亭二层角科斗拱侧立面图 北碑亭二层角科斗拱正立面图

2—1—27 碑亭上檐斗拱详图

2—1—28 碑亭斗拱

碑亭为重檐建筑，一、二层檐之间设彩绘天花，部分天花板缺失，彩绘斑驳褪色，不过能大体看出天花彩绘的图案、纹路和用色。

（3）梁架、斗栱

此建筑为抬梁式结构，下檐为方形柱网及斗栱分槽。

下檐斗栱里外三跳，为七踩斗栱，每一出跳约为235mm，里跳最后一个出跳尺寸约为190mm。上置麻叶云构件，平身科和柱头科檐柱与金柱间为挑金做法，角科檐柱和金柱之间为插金做法。

上檐为八边形，斗栱分槽为抹角做法，斗栱坐在抹角梁上，抹角梁搭坐在金枋上。

（4）椽望

所有屋面椽子均为圆椽方飞，椽子直径平均为 Φ100mm，飞椽出连檐后作梭形处理，飞头尺寸为60mm×60mm。

一层每面椽飞36根，二层每面椽飞15根。

所有椽头、飞头均置琉璃椽帽装饰椽头。

椽上设木望板。

椽望大部分潮湿严重，部分构件糟朽严重。

2-1-29 碑亭椽头

（5）屋顶

二层屋面，一层檐步方形屋面，二层为八边形屋面。一、二层屋面均覆蓝绿色及黄色琉璃瓦，退釉严重。

屋面筒、板瓦铺设数量不统一。一层屋面南、西方向筒瓦为50垄，板瓦49垄；而北、东方向筒瓦为51垄，板瓦50垄。二层屋面八个方向中多数方向的筒瓦为19垄，板瓦18垄；而个别方向筒瓦为18垄或20垄，板瓦为17垄或19垄。

碑亭最大特点在于小兽、套兽及仙人异于清代规制、顺序及做法。其样式种类繁多，形象各异，生动活泼，排列顺序也无规律，随意设置。部分小兽、仙人脱釉、破损、缺失。

角脊、围脊皆系琉璃构件，为卷草纹案。

勾头上设钉帽，勾头、滴水及钉帽脱釉严重。

2-1-30 碑亭瓦面

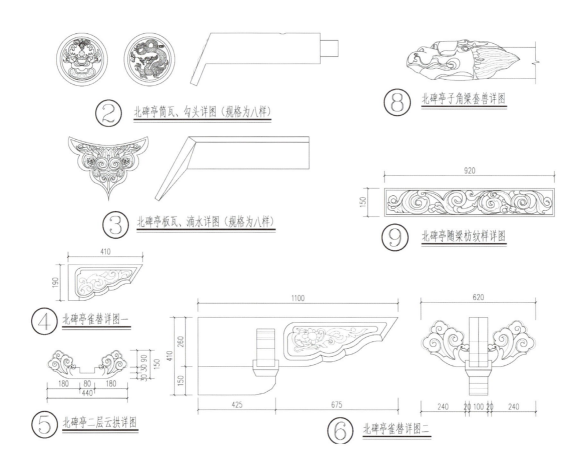

② 北碑亭筒瓦、勾头详图（规格为八样）

③ 北碑亭板瓦、滴水详图（规格为八样）

④ 北碑亭雀替详图一

⑤ 北碑亭二层云拱详图

⑧ 北碑亭子角梁套兽详图

⑨ 北碑亭随梁枋纹样详图

⑥ 北碑亭雀替详图二

2-1-31 碑亭构件详图之一

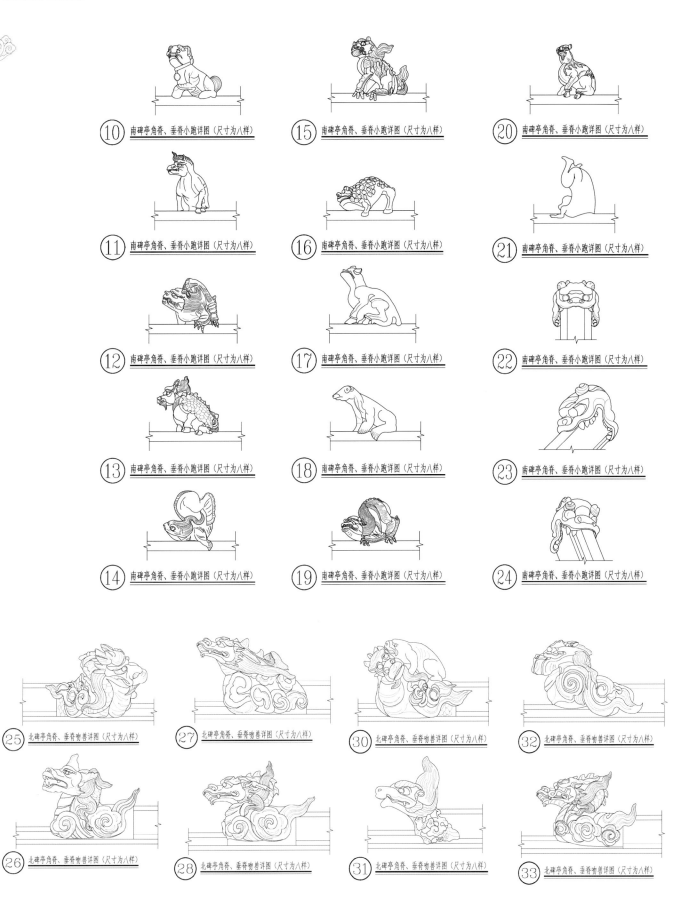

⑩ 南碑亭角脊、垂脊小跑详图 (尺寸为八样)

⑪ 南碑亭角脊、垂脊小跑详图 (尺寸为八样)

⑫ 南碑亭角脊、垂脊小跑详图 (尺寸为八样)

⑬ 南碑亭角脊、垂脊小跑详图 (尺寸为八样)

⑭ 南碑亭角脊、垂脊小跑详图 (尺寸为八样)

⑮ 南碑亭角脊、垂脊小跑详图 (尺寸为八样)

⑯ 南碑亭角脊、垂脊小跑详图 (尺寸为八样)

⑰ 南碑亭角脊、垂脊小跑详图 (尺寸为八样)

⑱ 南碑亭角脊、垂脊小跑详图 (尺寸为八样)

⑲ 南碑亭角脊、垂脊小跑详图 (尺寸为八样)

⑳ 南碑亭角脊、垂脊小跑详图 (尺寸为八样)

㉑ 南碑亭角脊、垂脊小跑详图 (尺寸为八样)

㉒ 南碑亭角脊、垂脊小跑详图 (尺寸为八样)

㉓ 南碑亭角脊、垂脊小跑详图 (尺寸为八样)

㉔ 南碑亭角脊、垂脊小跑详图 (尺寸为八样)

㉕ 北碑亭角脊、垂脊吻兽详图 (尺寸为八样)

㉖ 北碑亭角脊、垂脊吻兽详图 (尺寸为八样)

㉗ 北碑亭角脊、垂脊吻兽详图 (尺寸为八样)

㉘ 北碑亭角脊、垂脊吻兽详图 (尺寸为八样)

㉚ 北碑亭角脊、垂脊吻兽详图 (尺寸为八样)

㉛ 北碑亭角脊、垂脊吻兽详图 (尺寸为八样)

㉜ 北碑亭角脊、垂脊吻兽详图 (尺寸为八样)

㉝ 北碑亭角脊、垂脊吻兽详图 (尺寸为八样)

2-1-32 碑亭构件详图之二

2-1-33　碑亭脊兽

2. 病害及残损状况

本次病害及残损勘察于2007年，2008年5·12汶川地震后补勘。

表2-7　碑亭残损病害勘察表

项目名称		残损现状	原因分析
台基	台明	阶条石长度不一，石材未经细致加工，缝隙大；台基南北两侧台阶为水泥抹面，现状部分剥落，且材质风貌均与建筑本身不符；台明青砖铺砌不齐，部分砖体表面风化明显	自然、人为
	地面	面层现状铺装为水泥面层，现状剥落严重，材料与建筑本身风貌不符；地面较高，部分区域将阶条石及柱顶石覆盖	自然、人为
大木	柱	柱子现存整体状况较好，部分木柱柱根及柱头存在糟朽、虫蛀、开裂现象，个别柱根糟朽较严重，部分柱身有轻微裂缝，缝宽≤10mm；柱身上端有虫蛀现象，以白蚁居多，个别柱身有木蜂虫眼	材料自身、水渍侵蚀、通风不畅（主要指柱头部分）
	梁枋	风化性及材料自身干缩性开裂现象严重，梁枋部分裂缝横贯材料，5mm≤缝宽≤20mm，梁枋虫蛀现象明显，枋底皮木蜂虫眼多，现状用药填实，部分构件为白蚁蛀空；部分平板枋劈裂缝宽超过10mm，深度大于材料截面高度一半；内侧枋身遍布虫眼，材料虫蛀严重，部分已危害到构件结构强度，部分构件连接处由拔榫现象	材料自身（裂缝）、水渍、虫害
	檩枋	檩枋自身开裂现象严重，5mm≤缝宽≤20mm；虫蛀现象明显，外檐随檩枋底皮木蜂虫眼多；二层通风不畅，材料湿度较大，部分檩枋上水渍、盐渍较严重	通风不畅，虫害
斗栱		部分散斗缺失，一层檐斗栱存在水渍现象，栱眼壁水渍较普遍，且程度较为严重，部分斗栱及栱眼壁有糟朽。斗栱现状虫害严重，外檐下皮木蜂虫眼多，现状用药填实，白蚁虫蛀严重，部分已影响到构件结构强度；个别斗有劈裂及斗耳缺失现象，约50%斗栱整攒外倾或扭曲；二层斗栱在历次修缮中有较多增补替换，现存状况较好，鸟粪、灰尘淤积较多，不利于构件的通风	通风不畅，虫害，自然
屋顶	椽望	现状水渍较为严重，约20%椽子椽体糟朽、虫蛀明显；望板存在部分糟朽，约50%板面有水渍、盐渍痕迹	自然、虫害
	瓦面	一层主体瓦面状况较好，主要残损状况集中在翼角及檐口处，瓦件破损、酥碱、风化较严重（约30%），釉面剥落现象常见，瓦面潮湿，覆有青苔，瓦垄间杂草丛生；二层檐瓦件破损、酥碱现象普遍（约60%），釉面剥落现象严重（约90%以上瓦件），瓦件连接松散，屋面檐口处存在不同程度的塌陷（纵向位移约100~200mm），屋面瓦垄间淤积大量尘土，瓦面覆有青苔，瓦垄间杂草丛生	人为、自然
	脊、兽	各脊现存状况较好，脊面部分琉璃面层褪色、剥落，一层檐翼角处脊身附着青苔，脊体较为潮湿，脊兽保存基本完整，一层檐东南、西南两脊上各有一小兽缺失	人为、自然
小木		主要指一层枋下雀替板，现状保存状况基本完整，个别雀替板与额枋及柱子间连接有拔榫现象	自然
彩画		外檐彩画剥落、起皮现象严重，尤以一层檐平板枋以下部分为最，构件表面裸露地仗白灰，画面已基本无法辨认；一层檐斗栱及二层檐外檐彩画保存相对较好；内檐一层斗栱、彩画保存相对较好；斗栱以上檩枋彩画及二层檐内檐彩画因构件表面潮湿，基本不可辨	自然

2.1.3.3 华严藏殿详勘及技术要点阐释

华严藏殿与其他建筑不同之处主要在内部经藏的安设，建筑内部贮藏转轮藏一座，其建筑结构与小木互相连接，成为结构共同体。在本次维修后又遭遇多次地震，致使经藏倾侧，并追踪到建筑本体问题（具体内容见后文"转轮藏勘察与保护实践"一节），维修及病害问题频现和与重要小木经藏的统筹问题显得尤为突出。

1. 建筑样式及典型做法

华严藏殿位于大雄宝殿院落，坐南朝北，因室内贮存大型转轮藏而得名。藏殿通面阔16.9m，通进深14.2m（柱脚尺寸），通高约17.5m，台基占地面积367.7m²。建筑面阔三间，屋身进深九檩，重檐歇山屋顶，上覆琉璃瓦。结构形式为抬梁式与穿斗式的复合体，因内部转轮藏占据较大空间，其柱网排布较为灵活，并在顶部结构内安设转轮藏藏轴。其建筑的设计显然是与转轮藏整体考虑的。

为安设转轮藏和经藏的朝拜空间，该殿上檐前檐柱采用了童柱的做法，另设两根通高金柱与上檐后檐柱作为围合转轮藏的四个角点。除后檐下檐柱为单步梁的廊间外，其余两山面均为童柱做法，使得转轮藏的前、左、右朝拜观瞻空间均较开敞。这一结构设计虽不甚复杂，但显示出明代工匠对功能和空间的追求，相对于满堂红的标准柱网，显然更具匠心。

华严藏殿上、下檐均设有斗栱，下檐七踩三翘，上檐七踩三昂。下檐三面围墙，前檐明间开隔扇，次间槛窗，后檐明

2-1-34 华严藏殿（北—南）

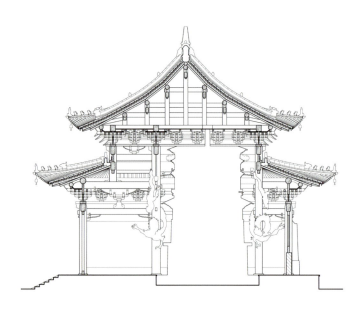

2-1-35 华严藏殿横剖面图

2-1-36 华严藏殿内景

间槛窗。砖石台基，前檐垂带踏步。屋面绿琉璃瓦，施正吻，翼角跑兽造型较为独特，不类官式做法。内、外檐均有老彩画遗存。很多被当代维修涂刷成黑色，殊为可惜。

建筑正中心设转轮藏，保存较完好。2007 年对华严藏殿进行过局部维修，主要是墙体砌筑、斗栱构件归安、屋面保养，且对木构件涂刷过黑色药水进行防虫处理。维修后斗栱等构件彩绘有些被覆盖。5·12 汶川地震导致新砌墙体歪闪、倾斜，甚至垮塌。因其与大悲殿为南北对应式，由此推测华严藏殿两山墙及后檐墙的次间墙面上原来可能塑有泥塑，但经后期重修、重砌，现已无迹可寻。

（1）台基及地面

台基在前檐部分为雕花条石砌筑须弥座，后檐及两山部分为砖砌台帮，条石压面。台基面阔与进深分别为 18.08 m、20.33 m，由于建筑南面的场地自西向东放坡，致使建筑台基在西南角部分仅高出其南侧地面 350 mm 左右，其余部分台基高出其周边地面约 930 mm。前檐明间处设条石踏跺，总高为 0.93 m，总宽 2.95 m，总长 1.97 m。后期为了方便游客，在条石踏跺两侧增设木质踏跺，尺寸与条石踏跺相同。台基下出为 1.7 m，台基外圈采用宽 500 mm、厚 60 mm、长度不一的条石铺墁。条石内侧为水泥砖地面，经调查，最初为三合土地面，在后期维修时用水泥砖重新铺墁。室内地面在上一次维修时将方砖地面改为水泥砖地面，水泥砖规格为 300 mm×300 mm×40 mm。柱础为 Φ700 mm 石质圆形柱础，由于多次维修，重新铺墁地面，致使地坪增高，将柱础石、鼓镜部分掩埋，柱础鼓镜目前平均高出地面约 80 mm。经分析，该建筑柱础下方无任何墩、拦土等基础做法，而是直接将柱础放置在夯土层上。

（2）大木构架

檐柱柱径均为 Φ500 mm；金柱为通柱，柱径为 Φ590 mm；柱子直接放置在柱础上，下方无任何结构连接。所有柱子表面为大红色油漆饰面，油饰与木料之间无任何地仗或包布做法，个别柱的油饰下可见白灰痕迹，可判断在 20 世纪 70 年代维修时曾在漆面下施白灰一道。金柱柱身上有木雕盘龙四只，构件及颜色保存完好。经当地管理部门介绍，殿内各柱原先通身施彩绘，后在 20 世纪六七十年代被改成红色。

该建筑为穿斗—抬梁式混合结构。一层天花以下为抬梁式结构，天花以上，经分析应为穿斗式结构。整个建筑共有两层斗栱，均为里外三跳七踩斗栱，具体出跳形式及尺寸详见斗栱大样图，建筑斗栱分槽形式详见仰视平面图。斗栱从外观上可分五大类，一类为传统类型的十字交叉型斗栱，如第一、二层两山斗栱及一、二层后檐斗栱；另一类斗栱是外拽为斜向 45° 交叉搭交的"蝴蝶形"斗栱，转里跳后为十字交叉型斗栱，如一、二层前檐斗栱；再一类斗栱类似清官式品字斗栱，一般置于室内柱头、枋上；再一类斗栱为丁头栱，这种斗栱一般用来承托雀替等装饰构件；最后一类斗栱为隔架科斗栱，一般置于上下两枋之间。以上五大类斗栱在做法上大致与清官式做法近似，但在出跳方式及尺寸方面又不尽相同，具体详见斗栱大样图。搭交挑檐檩檩头、角梁头均未见琉璃件封头，是历史上就未安装还是后期缺失未补上，暂不详。

（3）墙体

建筑在后檐柱间及两山均有砖砌墙体，根据墙体垮塌处推断，墙体为砖砌夹心墙，即建筑墙体里外皮为整砖十字缝砌筑，且勾缝。里外皮砖体内用黄土与碎石填心糙砌，但墙体里皮与柱之间砌筑设八字，与其他建筑不同。明间为槛墙，上置直棂窗，墙厚510mm，次间墙厚1100mm，室外一侧在檐部角柱为包砌，在明间柱子处做八字处理。外墙在包砌柱子的位置上设多个柱子通风孔。墙体室内一侧无泥塑墙，仅为白灰饰面。前檐槛墙及后檐墙、两山墙的面层做法不同，前檐槛墙外墙均为砖砌墙体，上做砂浆找平层，再施砖红面层，而两山墙、后檐墙外墙则无任何找平层，而是直接施砖红面层。震后，墙体多处酥松、碎裂，东山墙垮塌。

（4）门窗装修

前檐明间设隔扇，次间设槛窗。槛窗的心屉为四椀菱花做法，隔扇的心屉为六椀菱花做法。所有门窗均施红色油饰。

除外檐柱的梁枋以外，所有的梁枋下均设有雀替，雀替靠斗栱承托。雀替端头雕有卷草等纹案。檐部垫板上施卷草等纹案。梁枋均施彩绘，上次维修时在构件上涂刷黑色防腐涂料，导致彩绘颜色大多被覆盖，且彩绘纹样模糊暗淡、难以辨别。

（5）椽望

所有屋面椽子均为圆椽方飞，直径平均为Φ100mm，飞椽出连檐后作梭形处理，飞头尺寸为50mm×50mm。所有椽头、飞头均无琉璃封盖。椽上铺木望板。椽望、角梁均未做任何油饰。

（6）屋顶

本建筑为重檐歇山屋面。屋面均为绿色剪边，黑、绿心琉璃拼花屋面。由于年代过久，退釉严重。均施黄琉璃钉帽。角脊、围脊及二层屋面戗脊上有卷草纹案，二层屋面的垂脊、正脊、无任何纹案。所有屋脊（正脊、围脊、角脊、垂脊、戗脊）均为绿色琉璃构件。脊上设有正吻、小兽、仙人等脊饰构件，也以绿色琉璃件为主，部分脊饰缺失、破损。

2．病害及残损状况

本次病害及残损勘察于2009年。

表2-8　华严藏殿残损病害勘查表

项目名称		残损现状	原因分析
台基	台明柱础	后期维修时用水泥砖铺墁台明地面；使用水泥修补条石；后期补配阶条石机械加工痕迹过重；后期维修室内地面时改为水泥砖地面；后期维修时抬高室内地坪，将柱顶石及部分鼓镜覆盖	自然、人为
屋顶	脊瓦	围脊、角脊交接处断裂；部分琉璃脊构件在后期维修时更换为水泥构件；琉璃瓦件酥松、灰浆开裂；仙人、小兽破损；瓦件与钉帽均有不同程度釉面缺失；屋面沉降变形	人为、自然
	椽	椽头未见琉璃封盖；椽望糟朽、潮湿霉变；望板糟朽，有漏雨点	自然、虫害、人为
大木	柱	前檐柱糟朽、虫蛀较重；后檐柱子未施红色油饰	自然
	梁、檩、枋、斗栱	上次维修时将所有构件刷黑；斗栱整攒扭曲变形，斗栱构件移位缺失；梁、檩等沉降，导致构件拔榫且斗栱整攒扭曲；后配小斗做法与传统做法不统一；构件拔榫；构件缺失；构件开裂、劈裂；构件糟朽	材料自身老化、水渍、人为
	楼板天花	个别天花板彩绘轻微污损	通风不畅、人为
小木	门窗	门窗局部漆饰轻微龟裂	自然老化
	装饰	构件在上次维修时被刷成黑色；个别构件倾斜移位、拔榫	材料老化、人为干预
墙体	砖墙	震后，墙体开裂、碎落严重；东山墙部分倒塌；墙体倾斜，与枋脱离	自然、人为

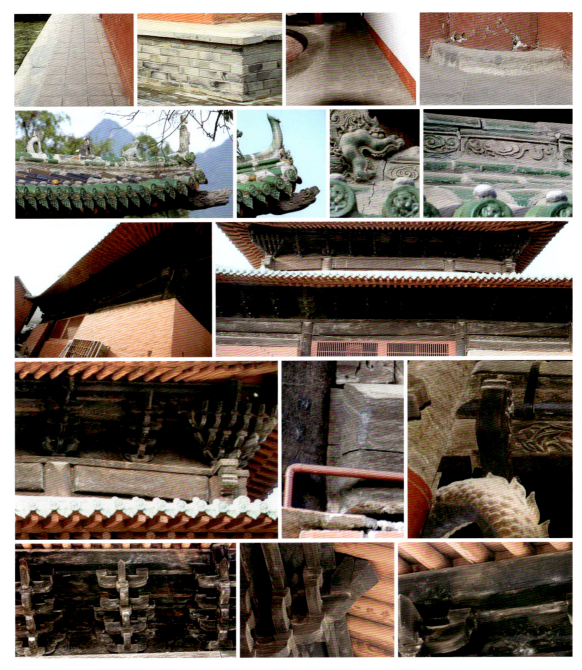

2-1-37　华严藏殿残损细部

2.1.3.4　大雄宝殿详勘及技术要点阐释

作为报恩寺内主要建筑，大雄宝殿集建筑、彩绘、壁画、佛像于一身，勘察修缮更侧重其作为报恩寺重要价值载体的价值点体现及维修策略的确定。

大雄宝殿是报恩寺最重要的主体建筑之一。根据史料描述可知，该殿于正统五年（1440年）开始修造，至正统十一年（1446年），建筑主体工程基本完成。内部佛像及彩绘等可能在此后景泰三年（1452年）至天顺四年（1460年）间陆续完成，由于缺乏详细历史资料，具体起止时间无从考证。

道光四年（1824年），大雄宝殿中座大佛起火被毁，时有三簟山僧人广清、广昌出钱延工补修复旧，这是报恩寺在明清以来唯一一次有记载的修葺，其他均无记载。

在1976年松潘、平武大地震中，大雄宝殿部分墙体出现裂缝，部分梁枋断裂下沉，少量屋顶脊

2-1-38 大雄宝殿

2-1-39 大雄宝殿后檐

2-1-40 大雄宝殿内景

2-1-41 大雄宝殿天花

饰吻兽、山花、檐角铎铃移位或脱落。

20世纪50年代至60年代中期，为保护报恩寺内的建筑及文物共进行了三次维修工程。但从现存情况判断，大雄宝殿在本次工程前，未进行过大规模维修，仅台明等局部位置有过少量改动。

1. 建筑样式及典型做法

大雄宝殿坐西朝东，重檐歇山顶，殿身面阔三间加周围廊，其廊封入室内，形成显五间格局。进深十一檩，后檐后接三间卷棚抱厦，均做琉璃屋面。下檐斗栱七踩，上檐斗栱九踩，逐跳出斜栱。殿前设有月台，两山有斜廊。殿内供奉三世佛，背后抱厦内面北为悬塑倒座菩萨像。大殿下檐通面阔24m，通进深15.9m，后抱厦进深2.2m，总高（月台前院落地坪至大殿吻兽顶）21.05m，建筑面积（台基轮廓）约564m²，月台181.5m²。

大雄宝殿构造设计也为官式与地方穿斗相结合的模式，上檐天花以下及外檐部分均类似北方抬梁做法，而天花以上巨大的屋架层则全部采用穿斗做法，避免了大截面的梁、枋木料的负荷，使屋架结构更趋简明轻巧。下檐斗栱七踩三昂，上檐斗栱九踩九昂，昂头做卷云装饰，再加之逐跳出45°斜昂，使得斗栱繁密有加。

后檐抱厦的始建年代不详，但推测应晚于大殿初建时间（一说为清代）。其梁枋与大殿的插接关系以及抱厦与台基的位置关系，都明显带有后期增补的痕迹。究其始建原因，当是为扩大倒座菩萨像的礼拜观瞻空间而设。这种在正殿后身增加抱厦的做法在明清佛寺建筑中屡见不鲜，是一种出于功能需求的空间设置。

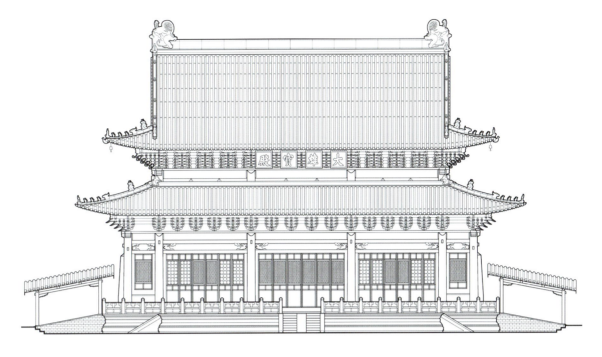

2-1-42　大雄宝殿正立面图

2-1-43　大雄宝殿倒座观音悬塑

大殿两山建有斜廊，虽不算精致，功能意义也有限，但这种正殿两侧带有围廊的格局并非偶然。明代紫禁城的奉天殿（即后来的太和殿）据传即是两侧带有回廊，而建于明初的青海乐都瞿昙寺正殿也沿袭了这一回廊做法。瞿昙寺当地号称"小故宫"，比之报恩寺，都具有敕建并效法中原的建造规制。所以，报恩寺大殿的这两段斜廊或许即带有模仿北京宫殿做法的意味，至少应是明代官式建筑常用的一种平面处理手法，与巨大体量的屋顶和繁密的斗栱同样带有明代官式建筑的基因。

（1）台基及地面

该殿台基为雕花条石砌筑须弥座。台基面阔与进深分别为28.16m，20.3m。根据院落地坪找坡情况，台基总高度分别为：西侧总高1m，东侧总高1.4m。建筑台基前设须弥座月台，总长18.91m，总宽9.16m，总高1.3m，由500mm×500mm的方形和400mm×250mm的矩形石块砌筑而成，中间则由条石铺成宽约2.2m的甬道。在月台的东、南、北侧分别设条石踏跺各一组，分别为东侧踏跺八步，总长2.1m，总宽3.23m，总高1.4m；南侧踏跺8步，总长2.1m，总宽3.08m，总高1m；北侧踏跺8步，总长2.2m，总宽2.7m，总高1.3m。

2-1-44　青海乐都瞿昙寺隆国殿两侧斜廊（来源：网络）

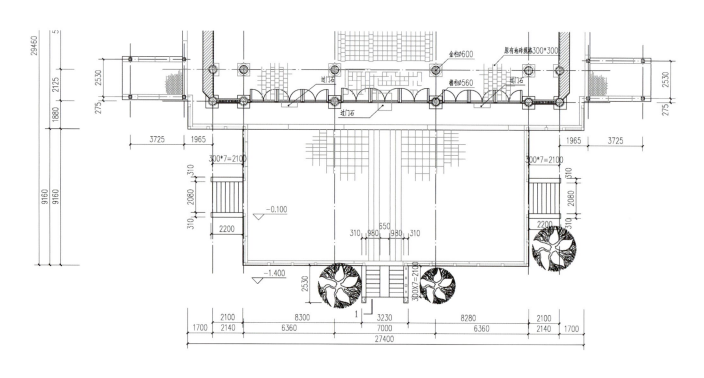

2-1-45　大雄宝殿台基平面图

台基前檐下出为1.88m，台基外圈采用宽330mm，厚100mm，长度不一的条石铺墁；条石内侧分别有三合土地面、水泥地面。经勘察，最初为三合土地面，在后期维修时用水泥修补损坏的三合土地面。

室内地面在往次维修时将部分方砖地面改为水泥砖地面，水泥砖规格为300mm×300mm×40mm。大雄宝殿明间部分地面仍保留两部分原始地面材料。一部分为殿内中心铺设的雕花方砖，横铺5块，纵铺8块，共三组，约120块砖，规格为300mm×300mm到350mm×350mm不等，平铺通缝，保存完好。另一部分为明间一进门处的琉璃砖，有方形和条形两种规格，方形铺心，条形签边，规格分别为300mm×300mm，250mm×70mm，颜色为黄色和绿色两种。建筑在前檐明间及两次间门下设有过门石，明间的在门外、门内各露出约500mm宽，次间的只在门外露出，宽约300mm。

室内其他地面材料部分为深灰色方砖，规格为300mm×300mm，还有一部分为后期更换补配的深灰色水泥砖，规格同前。

柱础样式分两类，一类为檐柱下的Φ660mm石质圆形柱础，鼓镜高出地面约30mm；另一类为室内柱下的Φ800mm石质圆形柱础，鼓镜高约350mm。

（2）大木构架

① 柱

大雄宝殿檐柱柱径均为Φ560mm，收分约为1%，侧脚约为1%。室内金柱为通柱，柱径为Φ600mm，中柱柱径为Φ600mm。山面柱柱径为Φ560mm，收分约为1%。柱子直接放置在柱础上，下方未设管脚榫。

所有柱子原通柱身施彩绘，20世纪70年代后期改为大红色油漆饰面。油饰与木料之间无任何地仗或包布做法，个别柱的油饰下可见白灰痕迹，可判断在20世纪70年代维修时曾在漆面下施白灰一

2-1-46 大雄宝殿室内墁地

道。柱子的红色油饰一般做到该柱从下向上数第一个装饰构件（如雀替）处止，油饰以上部分可见原有彩画。

大殿后檐接有三间卷棚抱厦，面阔三间，方柱四根，柱径265mm×265mm，红色油饰饰面。

② 斗栱

整个建筑共有两层斗栱，分别为一层檐七踩斗栱，二层檐九踩斗栱，柱头科和平身科做法相同。

斗栱从外形上可分五大类，一类为传统类型的十字交叉型斗栱，如第一层檐斗栱，但具体到出跳方式及尺寸又稍异于传统的宋、清式做法；一类斗栱是外拽为斜向45°交叉搭交的"蝴蝶形"斗栱，转里跳后为十字交叉型斗栱，如第二层檐栱，里外拽斗栱的出跳方式及尺寸非对称式，在传统宋清官式做法中未见；再一类斗栱为类似清官式品字科斗栱，一般置于室内柱头、枋上，出跳方式及尺寸也与宋清做法有所差异；再一类斗栱为丁头栱，这种斗栱一般用来承托雀替等装饰构件；最后一类斗栱为隔架科斗栱，一般置于上下两枋之间。

据实测值，大殿上、下檐斗栱用材一致，斗口96mm，按营造尺核算[21]，合三寸；跳距均为288mm，即九寸；跳高192mm，即六寸。其用材和出跳比例与清官式建筑吻合。虽然就造型而言，斗栱云头昂嘴和45°斜昂颇具地方特色，但其尺度权衡设计却与官式建筑高度一致，或许这才是报恩寺所谓"官式做法"的基因密码。

后抱厦无斗栱，只增加了檩、枋、穿插枋等构件。

2-1-47　大雄宝殿前檐斗栱

③ 梁架

该建筑为穿斗—抬梁式混合结构，一层天花以下为抬梁式结构，天花以上为穿斗式结构。上屋架为十一檩，各步举高总和5.4m。

搭交挑檐檩檩头、角梁头均装有琉璃件封头，但大多数已缺失，后期维修时定制安装部分水泥封头。

（3）墙体

建筑在檐柱间有砖砌墙体，砌筑方式可能为砖砌夹心墙。

檐柱间墙厚为360mm，室外一侧在檐部角柱处做八字处理。被墙体包住的柱子位置，墙面上设柱子通风孔。墙体外侧一面，在地面以上九层砖（城砖规格360mm×170mm×90mm）砌筑墙体下碱，以上用砖（规格同前）砌筑墙体上身，墙面未做任何找平层处理，直接在砖上涂刷红色饰面。

南北两山墙下碱以上位置在20世纪六七十年代用水泥砂浆筑造大字报墙各一面，面积与墙体上身面积一致，涂刷成红色（与墙体颜色一致）。

墙体室内一侧为壁画墙，即砖墙面施草泥面层，草泥上施彩绘。

后檐两排金柱间设佛像背墙一道，可见墙体冲向佛像一面为土砖砌筑的墙身，上至枋下皮处做竹泥墙一道。墙体向后檐一侧，用十一层城砖砌筑泥塑墙基座。基座以上至枋皮下为整面的立体泥塑墙，内容为观音、文殊、普贤菩萨像。每开间一尊，并辅以罗汉、护法若干。泥塑墙与金柱之间可见似抱框一样的木料，应为编壁墙抱框。

后檐柱外增设的外廊柱间设条形板壁墙，红色油饰饰面。

前檐柱两稍间处用13层砖砌筑槛墙，墙面未做任何找平层处理，直接在砖上涂刷橘红色饰面。

（4）门窗装修

前檐明间、次间均设隔扇，稍间处设槛窗。槛窗的心屉为三交六椀菱花做法，明间隔扇也全部为三交六椀菱花心屉，次间隔扇则有两种，一种三交六椀菱花心屉的，另一心屉做法为龟背锦与菱花窗的混合变体，造型更为繁复。后檐板壁墙上，在明间处设2460mm×2400mm一道门，在两次间处设1300mm×1000mm楞条窗各一扇。所有门窗均施红色油饰。

除外檐柱的梁枋以外，所有的梁枋下均设有雀替，雀替靠斗栱承托，雀替端头雕有卷草等纹饰。一层檐部额枋及枋间垫板上施龙头、卷草等纹饰。梁枋均施彩画，形式为旋子彩画，基本为"一整两破"布局，旋花较大，具有明前期官式与地方做法相结合的特征。

21 关于报恩寺营造尺长，可参照刘畅、郑凯竟《平武报恩寺碑亭大木结构设计浅析》，文章通过对碑亭实测数据和屋架几何约束的讨论研究，得出营造尺长为319mm，与目前得到推断的明代早期宫廷用尺存在差异。如故宫神武门、英华殿、紫禁城总平面设计、先农坛太岁殿之拜殿、先农坛神厨井亭、青海乐都瞿昙寺隆国殿，营造尺长均推断为316.5mm。

2-1-48　大雄宝殿门窗

2-1-49　大雄宝殿翼角

2-1-50　大雄宝殿屋面瓦

（5）椽望

所有屋面椽子均为圆椽方飞，直径平均为 Φ100mm，飞椽出连檐后作梭形处理，飞头尺寸为 50mm×50mm。所有椽头、飞头均做琉璃椽帽装饰椽头，已有部分缺失。椽上设木望板。椽望、角梁均未做任何油饰。

值得一提的是，大殿翼角使用了放射式布椽。川渝明清时期建筑翼角多采用平行布椽（此为前代较古老的一种建筑特征，与当地建筑技术发展节奏稍滞后于中原有关），而非北方古建筑惯用的放射式布椽，而报恩寺使用放射式布椽方式，体现了当时北方官式做法的特征。另外，大殿翼角做有"角神"，该做法载于宋《营造法式》，但在明清北方建筑中已消失，在川渝明清建筑中却不少见。

（6）屋顶

大雄宝殿为二层屋面，第一层为檐步周围廊屋面，第二层殿身歇山屋面，后抱厦屋面为单坡，半卷棚屋面。屋面均为蓝色剪边，黑、绿心琉璃拼花屋面。由于年代过久，退釉严重，很难看出图案形状，但根据其他建筑的屋面图案判断，应该为菱形几何图案。后廊屋面也以蓝、绿、黑琉璃瓦件铺设，由于污损与退釉原因，暂不能判断图案样式。上檐设瓦钉6排，下檐于檐口设1排，均施黄琉璃钉帽。角脊、围脊上有卷草纹饰，但是歇山部分的正脊、垂脊及戗脊无任何纹饰。所有屋脊（正脊、围脊、角脊、垂脊、戗脊）均为蓝色琉璃构件；脊上均设有正吻、小兽、仙人等脊饰构件，也以蓝色琉璃件为主。

2．病害及残损状况

本次病害及残损勘察于2009年。

表2-9　大雄宝殿残损病害勘察表

项目名称		残损现状	原因分析
台基	台明柱础	月台石材残损部分用水泥修补；后期维修时将月台两侧的条石踏跺改为水泥踏跺，月台正前方的踏跺垂带被改为水泥制；月台正前方老树树根挤压踏跺及须弥座，使其局部破裂；月台栏板95%缺失	自然、人为
屋顶	脊	脊构件、脊饰缺失；脊饰破损，变形、断裂；屋面沉降变形	人为、自然
	瓦	20%琉璃瓦件缺损	人为、自然
	椽	椽望潮湿、霉变、糟朽；连檐沉降变形、缺失	自然、虫害、人为
大木	柱	柱头顺纹开裂	自然
	梁、檩、枋、斗栱	斗栱整攒扭曲变形，斗栱构件移位缺失；斗栱构件断裂脱落；构件拔榫；檩件潮湿霉变，弯曲变形；额枋等构件开裂；构件弯垂变形	材料自身老化、水渍、人为
	楼板天花	天花板缺失，或已补板，无彩画；天花板彩画污损	通风不畅、人为
小木	门窗	个别门扇轻微歪闪	自然老化
	装饰	装饰构件移位、拔榫；彩绘缺损；整个建筑在梁、枋下部均安雀替一对，只有一层前檐金柱间金枋下部安装木枋各一根，年代不详；壁画污损、剥落及后期人为用水泥修补	材料老化，缺乏维护
墙体	砖墙	墙体被震裂、碎落；后增外廊板壁墙油饰龟裂严重；墙体震后移位，倾斜；内墙鼓闪；后增外廊山面墙体为碎砖、石头糙砌，局部开裂，面层多处酥碱脱落	自然，人为

2-1-51 大雄宝殿残损状况

2.1.4 详勘总结与思考

2.1.4.1 残损量化评估

对文物建筑的残损评估采用分构件统计残损打分的方式，评估构件包括基础、大木、小木、墙体、瓦顶，每项为10分制，对每构件项残损得分乘以相应加权系数，总分为各构件得分累加之合，除以项目数（加权后），再换算为百分制便是该建筑综合残损评估。结果如下：

表2-10 残损量化评估标准

台基地面残损	台基地面残损＝（"台基地面各分件残损"分加合）/分件数 "台基地面各分件残损"＝（沉陷＋开裂＋磨损＋糟朽）/4 （该项加权系数为：1.5）
大木残损	大式大木残损＝（柱残损×2＋斗栱残损＋梁檩残损×1.5＋椽望残损）/5.5 大木各构件残损＝（"大木各构件内分件残损"分加合）/分件数 ["构件"指柱、斗栱、梁檩、椽望] "大木各构件内分件残损"＝（虫害＋形变＋位移＋糟朽）/4 （该项加权系数为：2）
	小式大木残损＝（柱残损×2＋梁檩残损×1.5＋椽望残损）/4.5 大木各构件残损＝（"大木各构件内分件残损"分加合）/构件数 ["构件"指柱、梁檩、椽望] "大木各构件内分件残损"＝（虫害＋形变＋位移＋糟朽）/4 （该项加权系数为：2）
小木残损	小木残损＝（"小木各分件残损"分加合）/分件数 "小木各分件残损"＝（虫害＋形变＋缺失＋糟朽）/4
墙体残损	墙体残损＝（"墙体各分件残损"分加合）/分件数 "墙体各分件残损"＝（开裂＋酥碱＋剥落）/3
瓦顶残损	瓦顶残损＝（"瓦顶各分件残损"分加合）/分件数 "瓦顶各分件残损"＝（开裂＋缺失＋剥落）/3

报恩寺文物建筑残损项有完全、严重、一般、轻微、不详和无，各项分定为10、7.5、5、2.5、0

表2-11 修缮文物建筑残损评估

建筑名称	构件残损					建筑残损	结构可靠等级
	台基地面	大木	小木	墙体	瓦顶		
钟楼	5	7.9	4.1	β	3.8	51	IV
王玺公衙	2.5	4.3	3.1	0.6	3.8	31	I
南碑亭	3.1	5.3	6.9	β	4.6	45	II
北碑亭	3.1	5.7	6.2	β	4.6	45	II
南廊	2.5	6.0	α	2.5	3.8	40	II
北廊	1.9	5	α	2.5	2.5	33	II
万佛阁	3.8	4.2	4.6	2.3	2.8	36	II
大雄宝殿	3.8	4.5	3.9	2.9	3.3	38	II
大悲殿	5.6	5.7	3.4	1.4	4.2	44	II
华严藏	5.6	6	3	3.5	3.8	47	III
天王殿	3.1	5.2	3.8	2.2	3.3	37	II
山门	3.8	7.2	3.1	3.4	3.3	46	III
南斜廊	3.8	6.3	α	β	3.8	43	II
北斜廊	3.8	7.2	α	β	3.8	46	II
南耳房	3.8	6.1	5.6	3.3	3.8	47	III
北耳房	2.5	5.4	1.9	1.5	3.8	33	II

小木残损平均 α＝4.0,墙体残损平均 β＝2.3

定性评估：在量化打分基础上，对报恩寺二期文物建筑进行结构可靠性评估，根据《古建筑木结构维护与加固技术规范》4.1.4条，文物建筑结构可靠性分为四类。

Ⅰ类建筑：是指承重结构中原有的残损点均已得到正确处理，尚未发现新的残损点或残损征兆的建筑。王玺公衙大堂鉴定为此类建筑。

Ⅱ类建筑：是指承重结构中原先已修补加固的残损点，有个别需要重新处理；新近发现的若干残损现象需要进一步观察和处理，但不影响建筑的安全和使用的建筑。南廊、北廊、南碑亭、北碑亭、万佛阁、大雄宝殿、大悲殿、天王殿、南斜廊、北斜廊、北耳房鉴定为此类建筑。

Ⅲ类建筑：是指承重结构中关键部位的残损点或其组合已影响结构安全和正常使用，有必要采取加固或修理措施，但尚不致立即发生危险的建筑。华严藏殿、山门、南耳房鉴定为此类建筑。

Ⅳ类建筑：是指承重结构的局部或整体已处于危险状态，随时可能发生意外事故，必须立即采取抢修措施。钟楼被鉴定为此类建筑。

2.1.4.2 残损原因分析

1. 年久失修

报恩寺内建筑历史上曾进行过数次修缮，但距离现在已有较长时间。再加上修缮侧重点不同、缺乏有效管理等原因，使得各建筑主要出现了以下几方面的残损：由于瓦件破损，未及时进行维修更换，导致椽望潮湿、糟朽；由于构件长期处于潮湿环境中，或存在通风不好、木构件直接接触土壤等问题，导致构件虫蛀；构件开裂，主要是顺纹开裂，少量劈裂；瓦件破损；瓦顶植被丛生。

2. 自然风化

由于长年暴露，几处建筑自然风化较严重。残损状况主要表现在石制构件、木制构件、琉璃构件和其他瓦件。建筑的台基、台帮、阶条石、柱础等构件表现为开裂破碎、表面起甲、边缘变形等。局部木制构件及大量屋面琉璃和瓦件均表现出起甲、侵蚀、粉碎等现象。

3. 地震影响

平武地区为地震多发地带，报恩寺历史上多次受到地震影响，每次均受到不同程度的损伤，得益于古建筑优良的抗震性能，报恩寺主体建筑在多次地震中得以保存，但建筑的围护结构及壁画等附属文物受损严重。2008年5月12日发生在四川的特大地震，造成了报恩寺诸建筑不同程度受损，出现如墙体震裂碎落、屋面瓦件松动掉落、木构件拔榫开裂等问题。通过震后的现场调查，可以确定地震后损概况新增或严重加剧的残损主要有以下几方面：大木构件拔榫开裂，斗栱整体扭曲、移位、变形，墙体震裂、碎落，甚至倒塌，屋面瓦件松动、移位、脱落。

4. 排水不畅

排水不畅表现为屋面排水不畅。屋面排水不畅主要由瓦件松动、脱节、部分碎裂，以及脊兽倾斜、开裂等原因造成，屋顶漏雨，更导致椽檩望板等腐朽、垂弯、脱榫、移位、下沉。

5. 生物侵害

木结构防虫防腐问题。虫蛀和糟朽是本建筑的木结构部分在震前面临的最主要的残损。关于虫蛀的问题，之前报恩寺博物馆已经开展了大量的治理工作，基本消灭了木结构中的活虫，但仍然有部分受损的构件暂时没有更换，仅对空蚀严重的柱子进行了灌浆加固。地震以后需要对因虫蛀和腐朽已经失去承载力的构件进行更换，更重要的是需要对所有的木构件进行全面的防虫防腐处理，彻底解决隐患。

6. 不当人为干预

地面及台基修补：报恩寺内建筑原有地面多为三合土及方砖铺墁，而后期维修改造时则大量使用了水泥、水泥砖；某几个建筑原有台基为须弥座，而后期维修时则使用了砖砌台基或碎石糙砌台基，完全或部分替代了原有台基，由此严重影响了建筑的外观，对其价值造成损害。

壁画修补：后期维修时使用了水泥修补壁画脱落部分。

构件更换：主要指建筑屋面琉璃瓦件脱落后，被使用水泥件代替。

人为涂写刻划：某几处建筑的墙壁、柱身上都留下了不同时期人为刻划、涂抹的痕迹，对建筑的外观及附属文物（壁画）的价值均造成了损害。

不当添改建：在后期维修时对某些建筑进行了局部的添改，既不符合传统做法，更破坏了建筑原状。同时，古建筑周边大量新建添建，严重妨碍了古建筑的通风，这也是造成现状虫蛀、糟朽严重的重要原因之一。

2.1.4.3 残损重点分析

建筑屋面抢险问题：传统的木构建筑中，屋顶是大木结构的保护层，防止雨水阳光对构成结构的木材进行侵蚀。报恩寺采取了明代的官式建筑体系，屋顶为琉璃筒板瓦构造，瓦面与望板之间有较厚的苦背层，防水性能比较好。然而，数百年来的风雨与保养维护的缺乏，仍然导致屋顶长草严重，经常漏雨，尤其在以前缺乏保护的状态下，局部的大木结构多次被雨水浸泡，出现了腐朽、水渍等残损现象，尤其在建筑的檐部比较普遍。5·12汶川地震使原本已经比较脆弱的屋顶越加松散，局部震裂震塌，给其下保护的大木构架带来极大的漏雨侵蚀风险。

木结构详细勘察及归安加固问题：报恩寺所采用的大木结构为明代官式的抬梁式和穿斗式组合的建筑构架，木构件之间以榫卯相互连接，主要承重部位均施斗栱，这种相对柔性的主体结构具有有效的减震、抗震性能。5·12汶川地震中，建筑的大木构架全部安然屹立，从现状目测情况看，只有部分发生偏移、歪闪等现象，整体结构情况保持良好。然而，仅此并不代表大木构架在如此大的地震中丝毫未损，由于上部梁架勘察未及，构架主要部分的残损情况仍不明确，需要在施工过程中进行详细准确的勘察工作，并完善勘察设计。从地震之前的勘察情况来看，建筑的大木构架已经存在局部腐朽、虫蛀、松动、错位等残损现象，需要进行局部的归安加固等修缮措施。

2.2 保护修缮工程

2.2.1 工程概况

修缮工程分为三期实施。

（1）抗震抢险工程：对报恩寺整体开展震后抢险工作，以现场清理，排险为主；同时对存在结构安全隐患部位给予必要加固。

（2）一期工程：对报恩寺内钟楼、北碑亭、南碑亭、北廊、南廊、王玺公衙等六栋文物建筑进行的修缮工程，其中，针对钟楼采取抢救性保护修缮工程。

（3）二期工程：万佛阁及两侧耳房、大雄宝殿及两侧斜廊、大悲殿、华严藏殿、天王殿及殿前金水桥、山门及两侧影壁。针对上述建筑的修缮策略均为"打牮拨正"，工程主要内容包括台明、地面修整，墙体加固及整治，修整屋面、补配缺失瓦件，更换、加固残损构件，木结构防虫防腐，纠正以往维修不当部分等。

表2-12 文物建筑保护修缮工程分期

	工作阶段	时间	对象
1	5·12抗震抢险工程	2008年7月	全部文物建筑
2	一期修缮工程	2009～2011年	钟楼、南北碑亭、南北廊、王玺公衙
3	二期修缮工程	2010～2012年	山门（及影壁）、天王殿、大悲殿、华严藏、大雄宝殿、万佛阁

2-2-1 修缮分期示意图（2005年绘制）

此次修缮工作启动于5·12汶川地震之前，实施于地震之后，工程的开展兼顾建筑自身残损及震损。作为震后抢险维修的工程项目，其受到各级文物主管部门及地方政府的高度重视。在各级政府及专家学者的指导下，工程得以顺利推进。

2.2.2 5·12抗震工程

2.2.2.1 抢险工作的必要性

1. 震前报恩寺已存在明显残损及病害

平武报恩寺自建成以来极少进行大规模的重修及修缮，数百年的风雨在古建筑上留下了许多无情的痕迹。在大地震以前，报恩寺古建筑群自身就已经存在很多残损，亟待进行修缮。这些残损主要包括以下几点。

（1）虫害是对报恩寺危害最严重的因素。报恩寺受到白蚁、蠹虫和木蜂等多种主要木材害虫的共同危害，这在我国众多的古建筑中很少见。几乎所有报恩寺古建筑外檐木构件被木蜂蛀孔，孔穴众多，尤其钟楼、山门和万佛阁南耳房及北斜廊虫害最为严重。

（2）木构件病害现象普遍，糟朽、移位、缺失，后期不当维修等病害类型在各建筑上均有体现，特别是钟楼、南北廊等最为严重。

（3）大部分建筑结构及墙体都存在不同程度的腐朽和酥碱问题，尤其以山门、北斜廊、万佛阁南耳房结构腐朽严重。

（4）在华严殿发现基础沉陷导致木构件变形、墙体开裂等残损。

（5）报恩寺壁画主要残损原因有自然破坏、人为破坏两大类。自然破坏可以分为墙体泥层剥落、地仗层剥落、颜料层剥落、墙体空鼓、开裂、酥碱、变色；人为破坏可以分为修补、人为凿眼、刻划、题字、涂刷。寺内不少壁塑也存在不同程度的残损，特别是大雄宝殿后檐的观音骑狮悬塑，震前主要木骨架已与支撑墙体剥离。

上述残损对于报恩寺文物建筑安全已构成明显影响，文物建筑的修缮工作在汶川地震之前便已开展，地震的发生，进一步加剧了建筑自身安全的隐患。

2．地震及其次生灾害进一步加剧了建筑自身病害威胁程度

汶川地震前，报恩寺文物建筑因多年失修，自身病害问题已较为严重，地震加剧了已有病害，并新增了众多残损点，建筑自身抵御自然侵害的能力受到极大损害，其后的余震、暴雨、洪水等均有可能造成更为严重的次生灾害。特别是寺内大量的壁画、悬塑、佛像等，在地震中受损严重，在余震中面临着严重的安全威胁，临时的支护与防护措施是保护工作的首要任务，但这些措施并不能长久的发挥作用。报恩寺古建筑群在经历这次大地震以后急需进行一次全面的检修，确定文物建筑的结构稳定性，恢复屋顶的防护功能，加固酥松的墙体等等，以确保文物建筑以及其保护下的重要的附属文物的安全。

3．地震导致寺内附属用房大面积损毁，严重影响了报恩寺必要的管理工作

地震导致报恩寺大量附属建筑受损严重，震后经鉴定多为危房，报恩寺博物馆和平武县文物保护管理所作为报恩寺以及整个平武县文物保护工作的管理机构，无法正常开展工作，亟须进行有迫切要求的恢复重建工作，保障工作人员的人身安全和正常文物保护工作的开展。

4．平武报恩寺已成为地方重要的社会资源，对于地方民众具有重要的精神意义

大地震发生时，报恩寺广场曾作为紧急避难场所保护了人民群众的生命安全，报恩寺雄伟的古建筑依旧矗立给予了灾区人民以极大鼓舞。确保已经屹立了数百年的报恩寺不被此次地震以及次生灾害击倒，对于稳定灾区人民的心理、恢复地区民众重建的信心、保障这一笔珍贵的文化遗产的永续利用，有着极为重要的标志性意义。

2.2.2.2 灾后抢险工作实施

结合国家及省内抗震安排，统筹保护与抢险工作的开展。确保抢险工作的及时性，系统性，指导性。

抢险工作以现场清理，排险为主。同时，对存在结构安全隐患部位给予必要加固。

1．开展现场清理工作

对震后散落各处的建筑残损构件进行系统清理。此项工作包含场地垃圾清理、建筑残损构件清理、附属文物转移、现存建筑的排险加固、院落围墙的排险加固、地质裂缝的排险封护等，更换受损严重的构件，对受损较轻的构件予以维修、归位。

进行清理时应做好安全防范工作，特别是在建筑瓦件及木件易滑落部位和墙体塌陷部位，应采取临时保护及支护措施，对进行现场清理的人员做好安全措施（如安全帽、安全网、安全带、脚手架牢固）。同时加强对于现场的管理工作，保证文物安全和人身安全。

清理工作应为现场安全及后续工程带来便利，注意对于可利用残损构件的保护、收集、整理、辨识。

2．开展加固与排险工作

对文物建构筑物震损部位进行必要加固，同时充分考虑次生灾害可能与影响，实施必要的排险工程，对重要的附属文物（如壁画、彩塑等）载体进行加固，并对基础设施、配套附属设施及地基等开展必要工程。

对基础设施进行抢修。针对震后报恩寺原有消防和安防监控等基础设施遭到严重破坏的问题，应据报恩寺修缮后的使用要求统一进行设计与施工，改善报恩寺基础设施，使其满足日常使用要求。受地震破坏损坏的防雷设施，及时予以重新安装及检修。同时，加强对基础设施的日常检查和管理。

对配套附属设施进行抢修与排险。对文物库房等，鉴于寺院空间条件限制，报恩寺一直未设置符合要求的文物库房及相应展陈、管理配套设施，地震造成寺内库藏文物的毁灭性损失。参照《四川省平武县报恩寺文物保护规划》要求，结合寺院修缮，尽快改善报恩寺配套设施，使其满足文物安全要求。

对地基开展系统的重新勘察。地震后报恩寺地基出现多处明显损坏，受损情况不明。维修前应对地基进行重新勘测排查，明确受损情况，并据此制定相应的地基加固处理方案及日常应急预案。

本次抢险工程应结合勘察及建筑的修缮工程的统筹展开，为修缮工程的开展提供必要的衔接，确保文物保护工程的连续性与完整性。

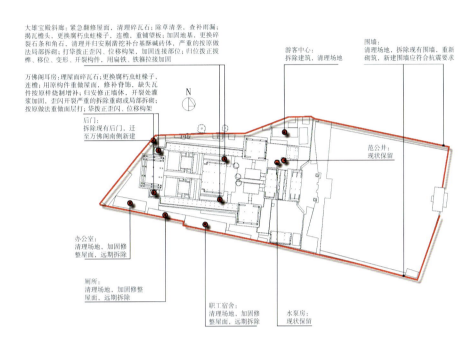

2-2-2 部分建筑抢修方案

2.2.3 一、二期保护修缮工程

2.2.3.1 工程设计说明

1. 修缮设计原则

文物保护工作的十六字方针："保护为主、抢救第一、合理利用、加强管理"，是本次抢险修缮工作的最基本原则。

不改变文物原状的原则：按照《中华人民共和国文物保护法》规定，对不可移动文物进行修缮、保养、迁移时，必须严格遵守"不改变文物原状"的原则，在修缮设计中遵循保护历史信息的理念，尽最大可能利用原有材料，保存原有构件，使用原工艺，尽可能多的保存历史信息。

最小干预的原则：报恩寺是我国保存完整的明朝早期建筑群落之一，具有极高的文物价值，主要单体建筑体量巨大，构造精巧复杂，建筑物自身留存了丰富的历史信息。本次修缮以排除影响文物安全因素为主要目的，重点维修对文物建筑安全形成明显持续影响的部位，尽可能不扰动建筑的主体构架，对于存在一定残损点，但对建筑构造安全及稳定性未形成明显影响的部位，结合预防性保护需求，加强监测及管理。

尊重传统，保持地方风格的原则：不同地区有不同的建筑风格与传统手法，在修缮过程中要加以识别，尊重传统，保持建筑风格的多样性、传统工艺的地域性和营造手法的独特性，特别注重保留与继承。

可逆性、可再处理性的原则：在修缮工程中，坚持修缮过程中修缮措施的可逆性原则，保证修缮后的可再处理性，尽量选择使用与原构相同、相近或兼容的材料，使用传统工艺技法，为后人的研究、识别、处理、修缮留有更准确的判定，提供最准确的变化信息。

2．修缮设计依据

《中华人民共和国文物保护法》；

《中华人民共和国文物保护法实施细则》；

《中国文物古迹保护准则》；

《古建筑木结构维护与加固技术规范 GB 50165-92》；

《危险房屋鉴定标准 JGJ 125-99》；

《四川省文物保护管理办法》；

《四川省平武报恩寺文物保护规划》；

有关文物建筑保护的其他法律、条例、规定及相关文件；

报恩寺相关历史材料和调查资料。

3．工程内容及性质

报恩寺维修工程分为两期，因建筑保存情况及维修重点有所区别，分述如下。

（1）一期工程性质

本次修缮设计为文物保护修缮设计，工程为文物保护修缮工程，是针对报恩寺内钟楼、北碑亭、南碑亭、北廊、南廊等五栋文物建筑进行的修缮工程。其中，钟楼实施重点保护修缮工程。工程内容主要包括台明、地面整修，墙体加固及整治，木结构虫害防治、局部落架修理，更换加固失稳构件，纠正以往修理不当构件，重铺屋面，补配缺失瓦件。

依据现状勘察报告，本次维修工程的性质以抢险维修、防护加固为主，对存在渗漏的建筑进行揭顶重做苫背、宽瓦；对大木结构有险情的进行局部落架、更换补强构件，对严重损害文物结构及风貌的墙体拆除，对腐朽木构件和酥碱砖石构件进行化学防护；修补保养残损构件，对虫蛀严重的构件视具体情况补强或更换，纠正被改错的部分以及更换失效构件。

本次修缮以保持报恩寺古建筑群完整和健康的状态及文物建筑的历史真实性和完整性为目的。

表2-13　一期工程内容概览

建筑	面积（m²）	工程性质	主要措施
钟楼	153	重点修复	落架大修，结构部分解体重修
北碑亭	83	现状修整	修整加固，维修加固木结构，修缮地面
南碑亭	83	现状修整	修整加固，维修加固木结构，修缮地面
北廊	460	现状修整	打牮拨正，揭顶大修，结构解体维修，拆除不当维修及装修构件；墙体部分加固，结构部分解体重修，墙体修补，修缮地面
南廊	460	现状修整	打牮拨正，揭顶大修，结构解体维修，拆除不当维修及装修构件；墙体部分加固，结构部分解体重修，墙体修补，修缮地面
王玺公祠	205	现状修整	打牮拨正，揭顶维修，结构加固维护；墙体修补，拆除不当改造，恢复原有装修，恢复原有地面

（2）二期工程性质

本次设计为文物保护修缮，工程是针对平武县报恩寺内万佛阁及其两侧耳房、大雄宝殿及其两侧斜廊、大悲殿、华严藏殿、天王殿、山门这几处文物建筑进行的。工程内容主要包括台明、地面修整、墙体加固及整治、修整屋面、补配缺失瓦件、更换、加固残损构件、木结构防虫防腐、纠正以往维修不当部分。由于测绘时条件所限，未测绘到的地方，将在施工过程中进行补充设计。

依据现状勘察报告，本次维修工程的性质以现状修整、防护加固为主，对存在渗漏、屋顶变形的建筑进行揭顶，重新苫背、宽瓦；对影响结构安全及正常使用的墙体进行重砌；对存在安全隐患的构件进行补强加固，局部或整体更换残损严重的构件；对腐朽木构件和酥碱砖石构件进行化学防护；修补保养残损构件，对虫蛀严重的构件视具体情况补强或更换，纠正被改错的部分以及更换失效构件。

本次修缮以保持报恩寺古建筑群完整和健康的状态及文物建筑的历史真实性和完整性为目的。

表2-14　二期工程内容概览

建筑	面积（m²）	工程性质	主要措施
万佛阁	904	现状修整	揭顶维修，拆砌或加固墙体，维修加固木结构，拆除不当改造，修缮地面
大雄宝殿	570	现状修整	揭顶维修，拆砌或加固墙体，维修加固木结构，修缮地面
大悲殿	368	现状修整	揭顶维修，拆砌或加固墙体，维修加固木结构，修缮地面
华严藏殿	368	现状修整	揭顶维修，拆砌或加固墙体，维修加固木结构，修缮地面
天王殿	269	现状修整	揭顶维修，拆砌或加固墙体，维修加固木结构，修缮地面，更换不当构件
山门	237	现状修整	揭顶维修，拆砌或加固墙体，维修加固木结构，拆除不当维修，修缮地面
南斜廊	13	现状修整	揭顶维修，修缮地面
北斜廊	13	现状修整	揭顶维修，修缮地面
南耳房	50	现状修整	揭顶维修，重砌墙体，拆除修正不当改造，修缮地面
北耳房	50	现状修整	揭顶维修，重砌墙体，拆除修正不当改造，修缮地面

2.2.3.2　修缮工程整体技术要点

1. 构件的清洁保养

清理大木构件表面灰尘、水迹。内檐表面除尘：用吹球和毛刷按照从上到下、从左到右的顺序进一步清扫结构表面浮尘。对于遭灰浆污染的构件，采用二次去离子水或氨水软化抹灰层，用竹签和牛角刀小心剔除表面顽固抹灰。

2. 室外地面排水

确保建筑周匝室外地面的排水通畅，平整和加固铺地基层部分，建筑周边沿台基设隐性散水，向四外2‰找坡，散水基层施灰土防渗层。依照院落自然排水方向找坡，以减少地面渗水对建筑基础的不良影响。

3. 木结构修缮加固

木结构修缮加固加强主要针对建筑的木结构所具有的各类残损问题。

木结构修配分结构性构件残损修补和一般构件残损性修补。结构性修配要求按照木结构加固规范，确保修补构件的结构安全性。一般残损性修补着重防止残损部分进一步劣化和对视觉方面的影响。方式以传统嵌补、剔补、墩接、更换为主。

由于年久失修导致的各个建筑构架中出现的连接松动、拔榫、扭曲、变形的现象，应采取打牮拨正的方式对每栋房屋的整体木构架进行归安加固，对于墙体与木构架之间的连接问题应根据实际情况采取补砌或铁活加固等措施。对劈裂（干裂）木构件进行裂缝修补、加固或部分更换，对变形构件和节点进行适当调整、加强，对位移脱榫构件进行归安、加固，对糟朽、虫蛀构件进行防虫防腐处理和更换、修补，补配缺失构件。修缮所用材料必须为和原建筑材料一致的干燥木材，即主木材均需采用楠木。

（1）柱梁维修

顺纹开裂裂缝较小的用油灰楦缝；缝宽稍大的用木条粘补；深达木心的裂缝还应加箍1～2道，可采用传统铁箍加固。柱梁表面糟朽不超过1/2柱径采用剔补加固，糟朽虫蛀严重的采用墩接或者拼接，完全不能使用的予以更换，柱心朽空的根据构件实际情况考虑更换或采用其他方式加固。

（2）檩维修

修补开裂，清理表面盐渍，重新归安，榫头折断或糟朽应剔除后用新料重新制榫。糟朽深度较大、劈裂长度较大、折断等构件视表面具体情况，考虑更换或采用钢筋补强并灌注改性环氧树脂的方式。

（3）斗栱维修

修补开裂，清理表面水渍盐渍，重新归安，更换断裂及劈裂深度超过构件1/2截面高度的构件，糟朽虫蛀严重的构件予以更换。

（4）椽子维修

糟朽直径大于1/2椽径、糟朽长度大于2/3总长予以更换，更换应尽量使用旧料加工。

（5）望板修理

糟朽或盐渍木望板全部更换。

4．墙体加固修整

墙体加固修整及改造主要针对北廊及南廊，承重和非承重墙体所具有的各类残损问题，拆除同时应检查墙体内木构件的保存状况。

5．台基地面维护修整

归安走闪、变形的阶条、踏跺等石构件，清洁、封护残损、风化的石构件。

局部揭墁修整或重新铺墁砖地面。

6．屋顶瓦件修整

屋顶瓦面重新揭除瓦件、苫背，重做苫背，宪瓦，粘接修补和添配瓦、脊、脊饰构件。

7．原有构件更换

对于建筑内劈裂严重、压缩碎裂严重、腐朽严重、虫蛀严重、结构性变形严重、缺失严重且表面彩画残损严重或者完全损毁的构件，应使用同树种质量合格木材按照原构件设计尺寸重新制作并安装补配。对于建筑内开裂严重的瓦件，以及碎裂或风化严重的石构件，应使用同种合格材料按原设计尺寸、原工艺制作安装补配。补配的石构件应采用手工加工去除机械痕迹，保留自然的修凿纹理。

8．柱身漆饰的处理

施工过程中，各殿均应确认柱身现有调合漆下是否还存有彩画。若彩画仍存，则应通过清洗等方式褪去面层漆皮，露出下层彩绘，并进行修补。清洗前应选择偏僻处实验，若暂无法实现清洗褪漆，则保留现状不动，只在起甲剥落处用土漆修补。如果确认调合漆下彩绘已经全部无存，则褪掉现有调合漆，进行防虫防腐处理，面层用土漆重新油饰。新做油饰不得超过原有油饰范围，以免损伤油饰以上的彩画。实施过程中要注意必须使用当地传统土漆工艺来进行施工操作，为保证工程质量，应选聘有丰富经验的当地土漆工人，施工前选择偏僻处实验方可选用。

9．壁画、彩画及泥塑的保护

壁画彩画及泥塑以专项单独列项开展，见后文"彩塑、壁画勘察记录"一节。本次修缮中应做好建筑施工过程中的保护与遮挡。

10．纠正后期不当人为干预

去除修理不当的结构构件，按照原构件尺寸、做法，重做结构构件节点。去除水泥地面或局部水泥修补，恢复原有铺地。去除建筑内部后期加建隔墙及隔断。去除建筑内部后期装修。去除后来更换的门窗，恢复原有传统门窗、隔扇。

11. 修缮材料做法

表2-15 修缮材料做法一览表

部位		残损类型及残损程度	修补名称	做法说明	典型照片
大木结构	柱	干缩裂缝深度不超过1/3；缝宽小于30mm；劈裂轻微	嵌补	裂缝宽度不大于3mm时，可清理浮尘后用油饰腻子勾抹严实；裂缝宽度在3～30mm间时，用干燥木条嵌补，并用结构胶（改性环氧树脂）粘牢；在嵌补材料表面随构件颜色调配色釉刷饰。除用干燥木条结构胶（改性环氧树脂）粘牢补严外，对开裂长度超过1.5米的裂缝，在柱身的开裂段加铁箍1～2道。箍宽50～80mm，厚度不大于3mm	
		柱根及柱头糟朽轻微，一般高度不超过1/3、深度小于1/3	剔补	剔除残损腐烂部位，以同树种、质量合格的木材镶补；剔补面积较大时外加1～2道铁箍；根据实际情况决定是否剔补前支顶拆卸上部构架	
		柱根及柱头糟朽高度不超过1/3、深度大于1/3	墩接	用干燥木料墩接，截面处留榫卯，墩接长度不小于两个半柱径，根据实际情况加铁箍1～2道，箍宽50～80mm，厚不大于3mm	
		柱身糟朽、虫蛀或开裂严重，无法采用修补、加固方法处理	更换	应使用同种木材按原制更换	
		位移、外闪	拨正归位	以牵引或支顶手段将其复位，柱与梁、檩、枋间用扁铁、铁箍或扒钉等拉接加固	
		构件潮湿、水渍等	干燥及防虫防腐处理	消除潮湿致因（如屋面漏雨、通风不畅等），自然风干木构件；在无彩画构件表面均匀涂刷防腐防虫药剂，至少三遍以上；对木件墩接或剔补的断面，可用水溶性药剂处理露出的素材部分；有彩画构件的防腐需要谨慎处理	
	梁、檩、枋	顺纹开裂一般、严重劈裂轻微，一般（10mm≤裂缝宽度≤20mm）长度不超过1/2L、深度不超过1/4B	嵌补	用干燥木条嵌补，并用结构胶（改性环氧树脂）粘牢；根据实际情况考虑是否加铁箍，铁箍宽度50～100mm，厚度不大于3mm	
		劈裂严重（裂缝宽度≥20mm），长度、深度均超过上条	1.嵌补 2.拼接更换	除嵌补外，加铁箍1～2道，箍宽50～100mm，厚度不大于3mm；构件断裂严重情况下，可使用同种合格木材按原制更换构件，或去除断裂部分，使用同种木材将剩余部分拼接起来	

部位		残损类型及残损程度	修补名称	做法说明	典型照片
大木结构	斗栱	糟朽及虫蛀长度不超过1/3，深度小于1/3且大于20mm	剔补	剔除残损腐烂部位，以同树种、质量合格的木材镶补；剔补面积较大时外加1～2道铁箍	
		糟朽及虫蛀严重长度超过1/3，深度超过于1/3	1.木心补强 2.拼接更换	表面彩画保存较好的，采用内部木心楦补补强，并灌注改性环氧树脂（即采用旋挖方式挖掉构件内部糟朽部分，仅留外皮约10～20mm，然后在内部套入新配木材，粘贴牢），以保留现有彩绘；表面无彩画构件，糟朽严重时，可使用同种木材按原制更换构件，或去处糟朽、虫蛀严重部分，使用同种合格木材将剩余部分拼接起来	
		构件糟朽、虫蛀或开裂严重，无法采用修补、加固方法处理	更换	应使用同种合格木材按原制更换	
		拔榫、移位、变形	拔正归位	随柱框拨正，归位；不能归位者用扁铁加固连接，扁铁厚度4～5mm，长度300～400mm；檩随屋面翻修重新拆装复位	
		构件挠曲、弯垂变形	矫正加固	对于梁枋构件，可在弯垂部位支顶柱子或加附加梁来抵抗弯垂；对于檩条，可在弯垂檩条下加一根檩条，或钉加两根斜撑；若弯垂不严重，可在翻建时转90度继续使用	
		构件潮湿、水渍等	干燥及防虫防腐处理	消除潮湿致因（如屋面漏雨、通风不畅等），自然风干木构件；在构件表面均匀涂刷防腐防虫药剂，至少三遍以上；对木件墩接或剔补的断面，可用水溶性药剂处理露出的素材部分；有彩画构件防腐需要谨慎处理	
		顺纹开裂一般、严重	嵌补	裂缝宽度不大于3mm时，可清理浮尘后用油饰腻子勾抹严实；裂缝宽度在3～30mm间时，用干燥木条嵌补，并用结构胶（改性环氧树脂）粘牢	
		构件缺失、劈裂损坏、虫蛀糟朽严重	按原制补配、更换	使用同种合格木材按原制补配更换	
		位移、扭曲变形、拔榫	归安修正	调正、归位变形移位构件，必要时局部采用玻璃钢箍加固	

部位		残损类型及残损程度	修补名称	做法说明	典型照片
大木结构	椽飞	斗栱沉降	拆安	凡能整攒卸下的斗栱,应先在原位捆绑牢固,整攒轻卸,标出部位,堆放整齐	
		椽、飞头糟朽小于20mm	镶补	砍刮干净后防腐处理; 粘贴镶补; 椽头已有拼接痕迹的视具体情况剔补或更换	
		椽、飞糟朽严重	按原制补配、更换	使用同种合格木材按原制补配更换	
	连檐、瓦口、望板	糟朽严重,有漏雨点	按原制补配、更换	使用同种合格木材按原制补配更换	
	博风板、山花板	糟朽严重	按原制补配、更换	使用同种合格木材按原制补配更换	
小木装修	雀替	拔榫、移位	拨正归位	将构件按原样拨正归位	
		缺失	按原制补配	使用同种合格木材,按照原构件设计尺寸重新制作并安装补配	
	天花板	缺失	按原制补配	使用同种合格木材,按照原构件设计尺寸重新制作并安装补配	
		天花板彩绘污损或缺失	清洁或补绘	若补绘,需由专业人员操作,根据其他天花图案,进行图案补绘	

部位		残损类型及残损程度	修补名称	做法说明	典型照片
墙体	砖墙	墙面空鼓	1. 剔凿补抹灰 2. 灌封胶加固	先将旧灰皮铲除干净，然后按原做法分层，按原厚度抹制，赶压坚实；对于绘有壁画的墙体，应另行进行专项修缮设计	
		面层剥落	按传统方式原样修补	使用与原有墙面（即现存墙面）相同的材料，参照原有形式，用传统工艺进行修补	
		底部局部酥碱、松动、开裂	1. 剔凿挖补 2. 择砌	对于整体完好，局部酥碱的墙体可以采取剔凿挖补的方式修补；对于底部酥碱、鼓胀、损坏的墙体，则可采用择砌的方法：挖除风化、破碎严重的砖石砌体，清理松散灰渣；按照原砌体规格、质地加工制作镶补用砖；择砌必须边拆边砌，一次择砌的长度不应超过500～600mm，若只砌外皮或里皮，长度不要超过1m；择砌前先将墙体支顶好，择砌过程中如发现有松动的构件，必须及时支顶牢固	
		酥碱比较严重部位，局部松动	局部拆砌	局部拆除前检查柱头柱根有无糟朽，木架榫卯是否牢固；拆卸走闪、风化、破碎严重和具有显著构造危险的砌体部分，将砖石砌体逐一编号，探明墙体内部隐蔽构造做法，是否有土坯或碎砖石；砌筑做法：按照原有传统做法重新砌筑；砌体尽量使用旧砖，不足按原有砌体尺寸补配；对于绘有壁画的墙体，应另行进行专项修缮设计	
		砌体开裂	1. 拆砌 2. 铁件加固	1. 拆砌方法参见上条；2. 裂缝≤0.5cm，用铁扒锔沿墙缝加固；裂缝>0.5cm，每隔一段距离剔除一层砖块，内加扁铁拉固	
		歪闪、变形、倾斜	1. 拆砌 2. 灌封胶加固	1. 对于无彩画的砖墙，进行重新拆砌；2. 对于有彩绘，但无移位、外倾的墙体，不进行拆砌，可进行临时支顶加固	
	板壁	油饰龟裂脱落	重做油饰	用传统土漆重新油饰板壁	
台基地面	台基	后期维修时未按原形制砌筑，或使用碎石糙砌台帮	重新砌筑	拆除现有不当部分，按原制重新砌筑	
	地面	面层方砖碎裂，或在后期维修时使用了水泥或水泥砖修补	重新铺墁	揭除水泥、水泥砖及破损严重的方砖，使用原材料重新铺墁（三合土或方砖，视各殿原状情况而定）	

部位		残损类型及残损程度	修补名称	做法说明	典型照片
台基地面	柱础、鼓镜、柱顶石	酥碱严重	表面封护	化学材料封护，材料待定，经试验后方可施工；于隐蔽处选取轻度风化石材，涂抹化学药剂后进行石材化学保护试验	
屋面	瓦顶	屋面变形、屋脊断裂、屋面局部渗漏等	重新苦背、宽瓦	更换碎裂缺失及后期更换且与原有瓦件尺寸不匹配的瓦件；按原样重新宽瓦；望板进行防腐处理；草泥苦背，草泥厚度参照原有做法；4：6掺灰泥瓦筒板瓦，筒瓦下满装灰泥，勾抹严实；小麻刀青灰捉节夹垄，勾抹严实，当勾垄直	
	脊饰	脊兽、套兽、小跑等琉璃瓦件残损	使用传统方式修补	使用灰塑的形式修补缺损的脊饰	
		脊兽、套兽、小跑等琉璃瓦件缺失	按原制补配	按原制补配缺失琉璃件，要求在烧制时尽量做旧处理，不要求瓦件光鲜色匀，可适当出现釉不匀痕迹	

2.2.3.3 主要单体建筑修缮及技术要点阐释

1. 钟楼修缮及技术要点阐释

（1）修缮要点

① 地基

震后受损情况相对较轻，具体工程实施时，应根据现场情况，如地基有局部沉降问题，则需进行基础处理，边加固边观察周围地基的变化和有无不良影响。

a. 台基与柱础

对震后走闪、变形的阶条等石构件进行整体清理和归安，更换受损严重的石件。

对震后开裂破损的台帮进行修复，剔除台帮上水泥面层。用二城样砖重新砌筑台帮，铺砌方法为一顺一丁，且上置条石。二城样砖规格440mm×220mm×110mm，条石厚120mm，宽500mm，长随位置不同而不同。

拆除水泥踏跺，用条石重新砌筑踏跺，并上铺条石垂带。

清洁、封护残损、风化石构件及石柱础，更换后期维修时水泥修补的柱础，按现存石柱础的尺寸样式补配。

夯实台基内已疏松的三合土，在夯实三合土时要调整好方砖铺墁后的标高。

b. 场地地面及铺装

室外地面进行清理及疏通排水，减少地面积水及渗水。对移位、下沉、凸起的室外地面进行翻修，翻修应依据原有的道路、散水和墁地的铺墁方式，各部位高程、排水方向、坡度和面层做法。

2-2-3 钟楼台基施工现场

为了更好地保护钟楼一层地面，待基础夯实后，进行尺四方砖铺墁地面，用石灰膏勾缝，铺砌方法为十字缝。铺砌时应露出柱础鼓镜。尺四方砖规格420mm×420mm×55mm。

② 大木结构

大木构件打牮拨正：针对震后歪闪、移位的屋架大木构件，进行修补开裂部分，清理表面，重新归安处理；对震后受损较严重的大木构件予以更换；打牮拨正要考虑建筑的整体状况和局部拨正的局限性。

构件的修配：木构件修配区分结构性残损修补与一般残损性修补。结构性修配要求按照木结构

2-2-4 钟楼大木修缮现场之一

2-2-5　钟楼大木修缮现场之二

2-2-6　钟楼大木修缮现场之三

加固规范、确保修补构件的结构安全性。一般残损性修补着重防止残损部分进一步劣化和对视觉方面的影响。修配方法以传统剔补、嵌补、墩接、更换为主，修配材质、式样及工艺应采用建筑原有材料及做法，并做好干燥处理。

柱梁的维修：顺纹开裂且裂缝较小的用油灰楦缝；缝宽稍大的用木条粘补；深达木心的裂缝还应加箍1～2道，可采用传统铁箍加固；柱梁表面糟朽虫蛀不超过1/3柱径采用剔补加固；糟朽虫蛀严重的应采用墩接或者拼接，应加箍1～2道，可采用传统铁箍加固；完全不能使用的予以更换；柱心朽空的根据构件实际情况考虑更换或采用钢筋补强并灌注改性环氧树脂的方式加固。

檩的维修：清理表面盐渍及污渍；重新归安构件；糟朽深度较大、劈裂长度较大、折断等构件视表面具体情况，考虑更换或采用钢筋补强并灌注改性环氧树脂的方式加固。

斗栱的维修：清理表面盐渍及污渍；修补开裂构件；重新归安构件，更换断裂及劈裂深度超过构

2-2-7 钟楼大木修缮现场之四

件1/2截面高度的构件，糟朽虫蛀严重的构件予以更换；按原材料原尺寸补配缺失的构件。

椽望的维修：对震后断裂、缺失的椽子进行更换，补配、归安；糟朽直径大于1/2椽径，糟朽长度大于2/3总长予以更换；椽子归安时，椽当间距应按现存间距进行安装；更换全部望板；椽头均补配琉璃椽帽。

③ 屋面

结合木构架维修，翻修屋面。对震后受损严重的屋面进行全部揭顶维修，揭除瓦件、苫背，重新苫背、宽瓦，粘接修补和添配瓦件、脊饰等构件。屋面的老瓦应集中布设在主要立面，新添配的瓦件用在其他区域。

拆卸屋脊时，应尽可能保护好原屋脊的脊饰，修复粘接受损程度较轻的脊饰，更换震后严重受损的脊饰构件，所有的琉璃构件应按照原建筑做法进行修复和烧制添配，详细记录拆卸的构件的规格、位置，安装时严格按拆卸记录予以复位安装，并时应注意与基座的连接应安全、牢固、可靠。配件要根据构件部位的材质、规格及尺寸进行选择，既要保证质量又要尽量考虑与原构件统一。

④ 装修

对移位受损的栏杆、沿边木等进行归位和维修，对榫卯松脱、框边变形、扭闪的小木构件进行拆卸，重新安装归位。

小木作构件完全按照传统式样和做法进行加工制作及修复。

钟楼天花添配，但不施彩绘，以示区别。

⑤ 油漆彩画

彩画维修专项设计，不在本次修缮范围内。对于缺失损毁的部分，原则上不做大面积重绘。

将现有油饰做退漆处理，按当地传统大漆的工艺进行重新油饰。

⑥ 防虫防腐

在维修过程中应仔细检查大木及小木装修构件，对受损较轻的大木构件采用原位喷涂和滴注等方式进行除虫工作，更换损坏严重的木构件。木结构使用的防腐防虫药剂应具备防腐、杀虫两大功效，应对人畜无害，不污染环境，对木材无助燃、起霜或腐蚀作用。选材应无色，且对油漆、彩画无影响。对易遭虫蛀的木结构用防虫药剂进行处理。对震后因受潮而导致局部乃至全部腐朽的大木构件予以维修、更换和防腐防潮处理。控制维修中选用木材的含水率。

2-2-8 钟楼屋面修缮现场

2-2-9 钟楼砖瓦构件

2－2－10 钟楼油饰修缮现场

⑦ 清洁保养

清理大木构件表面灰尘、水迹。构件表面除尘处理需用吹球和毛刷按照从上到下、从左到右的顺序进一步清扫结构表面浮尘。对于遭灰浆污染的构件，采用二次去离子水或氨水软化抹灰层，用竹签和牛角刀小心剔除表面顽固抹灰。

⑧ 其他

在维修建筑旁应设立专门场地，进行构件的码放。码放时应严格遵守对于拆下来的各种构件应按种类、位置进行整齐码放，并进行编号标注，不得随意堆放，按构件的残损程度进行分类标识。鉴于当地雨水较多，拆卸下来的木构架不得直接码放与场地上，下部应设枕木。对于维修的钟楼应在维修前搭设防护棚架。对于无法归安且有文物收藏价值的构件应收集好，进行文物归类、标识及展示。

2－2－11 钟楼施工记录

（2）主要修缮措施表

表2-16 钟楼修缮措施表

部位	现状残损	修缮措施
台基	三合土地面土质疏松，地面潮湿； 重新铺墁三合土地面，致使地坪增高，将部分柱础鼓镜部分掩埋；个别柱础用水泥修补，做工较粗； 后期维修用水泥补砌台阶； 砖砌台帮部分后期修缮时用水泥修补； 台明条石风化破损严重	夯实台基内已疏松的三合土；在夯实三合土时要调整好方砖铺墁后的标高问题。 尺四方砖铺墁地面，用石灰膏勾缝，铺砌方法为十字缝，三合土填心，铺砌时应露出柱础鼓镜，尺四方砖规格 420mm×420 mm×55mm。 拆除水泥踏跺，用条石重新砌筑踏跺，条石 2010 mm×260 mm×130mm，并上铺条石垂带。 清洁、封护残损、风化石构件及石柱础，将后期维修时水泥修补的柱础进行更换，按现存石柱础的尺寸样式补配
大木	木构架整体向东侧倾； 柱子虫蛀严重，尤其东南角柱，已空蚀，曾对其进行抢险加固处理，采用方法为在柱内打钢筋，并进行水泥浇注； 部分斗栱构件歪闪、移位、开裂普遍； 构件潮湿糟朽、发霉严重； 部分柱头潮湿发霉严重	针对震后歪闪、移位的屋架大木构件，进行修补开裂部分，清理表面，重新归安处理；对震后受损较严重的大木构件予以更换。 对空蚀严重的檐柱进行更换；按现有尺寸、收分进行加工制作并归安。 对顺纹开裂且裂缝较小的构件用油灰楦缝；缝宽稍大的用木条粘补；深达木心的裂缝还应加箍 1～2 道，可采用传统铁箍加固；柱梁表面糟朽虫蛀不超过 1/2 柱径采用剔补加固；糟朽虫蛀严重的应采用墩接或者拼接，应加箍 1～2 道，可采用传统铁箍加固；完全不能使用的予以更换；柱心朽空的根据构件实际情况考虑更换或采用钢筋补强并灌注改性环氧树脂的方式加固。 斗栱的维修：清理表面盐渍及污渍；修补开裂构件；重新归安构件，更换断裂及劈裂深度超过构件 1/2 截面高度的构件，糟朽虫蛀严重的构件予以更换；按原材料原尺寸补配缺失的构件；对原有构件及新配构件均进行防虫防腐处理。 对保存完好且表面有灰尘、水迹的构件进行清洁保养处理
小木	构件虫蛀严重； 部分构件拔榫严重	对震后移位受损的所有栏杆、沿边木等进行归位和维修，对震后榫卯松脱、框边变形、扭闪的小木构件进行拆卸，重新安装归位。 小木作构件完全按照传统式样和做法进行加工制作及修复
椽望	椽望水渍严重； 椽望 80% 以上潮湿糟朽； 部分椽望因糟朽严重，断裂缺失，导致屋面垮塌	对震后断裂、缺失的椽子进行更换，补配、归安；糟朽直径大于 1/2 椽径，糟朽长度大于 2/3 总长予以更换；椽子归安时，椽当间距应按现存间距进行安装。 更换全部望板
屋面	下檐整体下塌； 椽望糟朽导致西北方翼角断裂，东面下檐屋面垮塌； 椽望糟朽导致北面下檐屋面垮塌； 大面积瓦件断裂松散，漏水严重，且部分钉帽缺失； 屋面长草严重	对震后受损严重的屋面进行全部揭顶维修；揭除瓦件、苫背，重新苫背、宽瓦；粘接修补和添配瓦件、脊饰等构件。 拆卸屋脊时，应尽可能保护好原屋脊的脊饰，修复粘接受损程度较轻的脊饰；更换震后严重受损的脊饰构件；所有的琉璃构件应按照原建筑做法进行修复和烧制添配；详细记录拆卸的构件的规格、位置，安装时严格按拆卸记录予以复位安装，且注意与基座的连接应安全、牢固、可靠；配件要根据构件部位的材质、规格及尺寸进行选择，既要保证质量又要尽量考虑与原构件统一
油漆彩绘	大部分彩画褪色、污损严重； 部分构件后期涂刷成黑色； 柱子油饰污损、开裂、剥落	对褪色、脱粉、起皮、开裂、脱落的彩画进行清理保养，不做重绘。 对现有的油饰进行退漆，在此次维修时应按当地传统大漆的工艺进行重新油饰

（3）施工及竣工

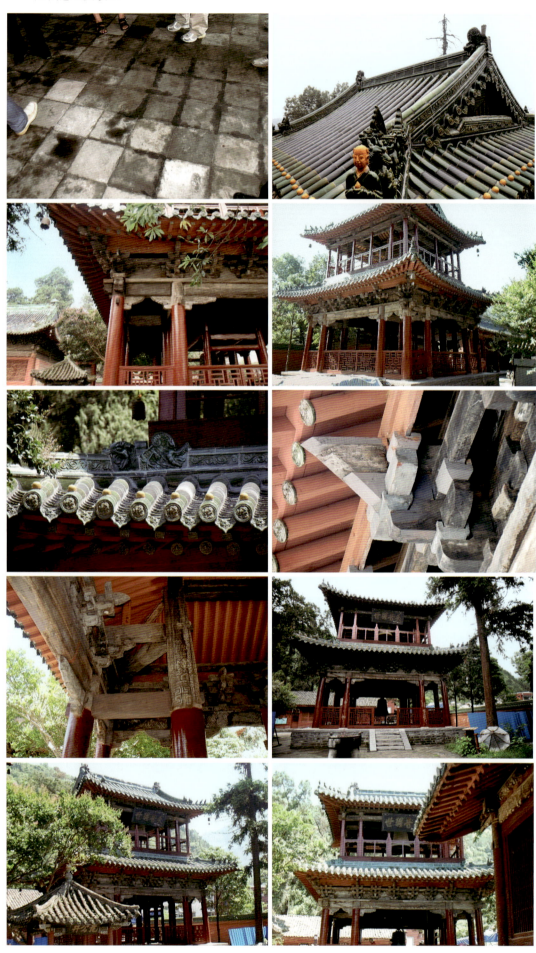

2-2-12　钟楼竣工现场

2. 碑亭修缮及技术要点阐释

（1）修缮要点

综合北碑亭现状残损状况勘察，拟进行修整加固，重点修缮柱、梁、檩、枋、斗栱、椽望等大木结构部位；修补加固柱头及柱根；修补腐朽开裂檩条及随檩垫木、枋木；拨正梁枋，用铁件拉接拔榫部位；拨正斗栱，修补更换糟朽虫蛀开裂构件，补齐缺失构件；更换腐朽椽子，重铺望板；按原样重做苫背，用原构件重做屋面，缺失瓦件按原样烧制增补；基础台明修整归安，揭除水泥。

综合南碑亭现状残损状况勘察，拟进行修整加固，重点修缮柱、梁、檩、枋、斗栱、椽望等大木结构部位；修补加固柱头及柱根；修补腐朽开裂檩条及随檩垫木、枋木；拨正梁枋，用铁件拉接拔榫部位；拨正斗栱，修补更换糟朽虫蛀开裂构件，补齐缺失构件；更换腐朽椽子，重铺望板；按原样重做苫背，用原构件重做屋面，缺失瓦件按原样烧制增补；基础台明修整归安，揭除水泥。

（2）主要修缮措施表

表2-17　碑亭修缮措施表

部位	现状残损	修缮措施
台基	三合土地面土质疏松，地面潮湿；重新铺墁三合土地面，致使地坪增高，将部分柱础鼓镜部分掩埋；砖砌台阶，后期维修用水泥修补台阶；砖砌台帮部分后期修缮时用水泥修补；台明条石尺寸大小不一，风化破损严重；台帮常年潮湿，青苔严重，砖料酥碱严重	重做砖砌台帮；夯实台基内已疏松的三合土；在夯实三合土时要调整好方砖铺墁后的标高问题；铺砌时应露出柱础鼓镜，尺四方砖规格420 mm×420mm×55mm；尺四方砖铺墁地面，用石灰膏勾缝，铺砌方法为十字缝；拆除现有踏跺，用条石重新砌筑踏跺，条石2010 mm×260 mm×130mm，并上铺条石垂带。清洁、封护残损、风化石构件及石柱础，将后期维修时用水泥修补的柱础进行更换，按现存石柱础的尺寸样式补配
大木	部分斗栱构件歪闪、移位、开裂普遍；部分大木构件拔榫变形；构件潮湿糟朽、发霉严重；角梁潮湿糟朽严重；大部分承重构件潮湿严重；斗栱整体扭曲变形；平板枋搭接与官式不同，选材随机；部分构件损坏缺失；小斗与栱直接无榫卯，部分小斗旋转、移位；部分栱、小斗缺失，后期维修时补配，未施彩绘，以示区别；部分构件劈裂，但暂不影响受力；部分枋发生沉降变形	梁、柱、枋、斗栱等大木构件整体保持完好，稳定性、安全性无虞，故此次不对大木部分进行修缮，尽量减少人为干预
小木	角科昂上装饰构件缺失；天花缺失；留存天花发霉朽烂褪色严重；垫栱板糟朽严重	角科昂上缺失构件，在没有找到历史依据之前暂不补配；补配缺失的天花，但不施彩绘，以示区别；在大木体系不进行修缮的前提下，不进行垫栱板的更换与维修，仅进行表面清洁工作
椽望	椽望水渍严重；椽望60%以上潮湿糟朽；年久失修，造成椽望发生局部沉降变形；部分椽帽朽烂；部分椽帽脱落丢失	在不重新揭瓦屋面的前提下，局部揭瓦屋面，更换局部糟朽严重的椽望
屋面	屋面常年潮湿，长草严重；瓦件脱釉严重，吸水率增加；瓦当灰疏松剥落严重，导致屋面渗水严重；脊兽、仙人大部分脱釉严重，部分缺失；角脊、围脊风化、脱釉严重，灰浆风化疏松；部分后期用水泥修补勾缝；部分瓦件脱落缺失	由于屋面总体保存完好，且屋面瓦件、脊兽、小兽等构件年代悠久，已无法找到可更换的构件，因此，此次修缮不对屋面进行大面积揭瓦，尽量保留、保护好历史遗存；仅对破损严重的瓦片进行更换；整体做一遍捉缝灰
油漆彩绘	大部分彩画褪色、污损严重；后补配构件未施彩绘，以示区别；柱子油饰褪色严重；垫栱板彩绘污染褪色严重	由于彩绘具有历史及地方特色，此次不进行重绘、补绘；柱子的油饰时20世纪六七十年代时施做，褪色严重，所以此次对于油饰部用传统大漆进行重新油饰，油饰前需进行退漆及砍挠处理

（3）施工及竣工

1.拆除北碑亭原台帮　　　　　　　　　　　　2.新砌青砖台帮

3.阶条石拆安归位　　　　　　　　　　　　4.北碑亭基础防白蚁

5.北碑亭抬升外檐柱　　　　　6.石盘支垫檐柱　　　　　7.北碑亭原飞椽

8.北碑亭新换望板　　　　　9.北碑亭新做苫背麻刀泥　　　　10.北碑亭新安垂脊兽、仙人

2-2-13　碑亭施工现场之一

11. 北碑亭新换琉璃瓦　　　　12. 南碑亭脚手架　　　　13. 北碑亭柱子刮腻子

14. 北碑亭制安踏步　　　　15. 南、北碑亭石踏步　　　　16. 碑亭灰土地基人工夯实

17. 碑亭新做地砖　　　　18. 碑亭地砖细墁、桐油钻生　　　　19. 修补原小跑兽

20. 碑亭新做瓦面　　　　　　　　21. 碑亭新换天花板

22. 碑亭柱子上腻子　　　　23. 碑亭柱子刷生漆　　　　24. 碑亭石制踏步做旧

2-2-14　碑亭施工现场之二

3. 华严藏修缮及技术要点阐释

（1）修缮要点

① 台基、柱础

台基、柱础找平。铲除台基及室内地面的水泥砖，用方砖重新墁地，桐油钻生。廊部用三合土重新墁地，重新铺墁时降低地坪标高，露出柱础石，并从建筑墙根处向台基外侧2%找坡。在台基外围做排水暗沟。

② 柱子

墩接或剔补局部虫蛀、糟朽严重的部分，铁箍加固。挖补、剔补轻微糟朽的部分，铁箍加固。嵌补开裂严重的部分，铁箍加固。打牮拨正移位、倾斜的柱子。

③ 梁架木构件

剔补局部虫蛀、糟朽的木构件，铁箍加固。拨正归位拔榫的木构件。归安整攒扭曲的斗栱，更换糟朽严重的斗栱构件，修补破损较轻的斗栱构件，补配缺失的斗栱构件。补配、更换构件时应按照原构件的尺寸、形制进行加工。更换整根虫蛀、糟朽严重的木构件。

④ 装饰构件

修补破损较轻的装饰构件，更换装饰构件时应按照原构件的尺寸、形制、图案进行加工，更换虫蛀、糟朽、破损严重的装饰构件。

⑤ 墙体

对前檐槛墙，有面层损坏脱落的，即按传统方法原样重做面层。后檐及两山墙内外墙均重新拆砌，并重做面层，砌筑方式参照大悲殿。对于前檐槛墙，若有局部面层剥落，则按传统工艺原样修补；重砌后檐槛墙，其面层做法同其他墙体。注意使西山墙上透风的数量和形式与其他墙面取得统一。

⑥ 屋面

揭瓦屋面，重新苫泥背，灰背，重新宽瓦。补配缺失的脊饰构件，修补碎裂的脊饰构件，将水泥套兽、脊饰等改回为琉璃件，脱釉严重的琉璃件回釉。

（2）主要修缮措施表

表2-18 华严藏殿修缮措施表

部位		残损状况	修缮措施
台基	台明柱础	后期维修时用水泥砖铺墁台明地面；使用水泥修补阶条石；后期补配阶条石机械加工痕迹过重；后期维修室内地面时改为水泥砖地面；后期维修时抬高室内地坪，将柱顶石及部分鼓镜覆盖	用三合土重新铺墁台明地面，墁地时应露出柱础石；揭除室内水泥砖地面，用300mm×300mm×50mm的方砖重新铺墁室内地面，桐油钻生；建筑台基周边应增设排水暗沟
屋顶	脊、瓦	围脊、角脊交接处断裂；部分琉璃脊构件在后期维修时更换为水泥构件；琉璃瓦件酥松、灰浆开裂；仙人、小兽破损；瓦件与钉帽均有不同程度釉面缺失；屋面沉降变形	揭瓦屋面，揭瓦时应注重尽量减少对瓦件的破坏，揭瓦时应记录主要琉璃构件位置，及铺设屋面图案的瓦件的位置；重新苫泥背，灰背；重新宽瓦，按揭瓦时记录编号的位置重新归位，尽量利用现有完好或缺损较轻的瓦件，或按原规格补配破损严重或缺失的瓦件，将可利用的瓦件进行清洗封护；按原规格补配破损严重或缺失的瓦件，将可利用的瓦件进行清洗封护；补配缺失的脊饰，去除水泥脊饰，按原制补配；用灰塑的形式修补缺损的脊饰；脱釉严重的琉璃件回釉
	椽	椽望糟朽、潮湿霉变；望板糟朽，有漏雨点	拆除椽望、连檐；用防虫防腐药水浸泡可利用的椽望、连檐；按原尺寸更换糟朽严重的椽望、连檐
大木	柱	前檐柱糟朽、虫蛀较重；后檐柱子未施红色油饰	打牮拨正歪闪的柱子；墩接虫蛀、糟朽严重的柱子，铁箍加固；剔补、挖补轻微虫蛀、糟朽的柱子，铁箍加固；嵌补开裂的柱子，铁箍加固
	梁、檩、枋、斗栱	上次维修时将所有构件刷黑；斗栱整攒扭曲变形，斗栱构件移位缺失；梁、檩等沉降，导致构件拔榫且斗栱整攒扭曲；后配小斗做法与传统做法不统一；构件拔榫；构件缺失；构件开裂、劈裂；构件糟朽	归安拔榫构件；嵌补开裂严重的木构件，铁箍加固；剔补、挖补轻微糟朽、虫蛀的梁、檩、枋等木构件，铁箍加固；更换或拼接严重糟朽、虫蛀的梁、檩、枋等木构件，铁箍加固；归安整攒扭曲的斗栱，更换糟朽严重或尺寸不匹配的斗栱构件，修补破损较轻的斗栱构件，补配缺失的斗栱构件；补配、更换装饰构件时应按照原构件的尺寸、形制进行加工；补配的斗栱构件表面不补做彩绘；矫正加固弯垂变形的构件；对木构件进行防虫防腐处理；所有无彩绘的木构件表面桐油封护
	楼板天花	个别天花板彩绘轻微污损	清洁天花板彩绘
小木	门窗	门窗局部漆饰轻微龟裂	用上漆修补龟裂部分
	装修装饰	维修后将构件刷成黑色；个别构件倾斜移位、拔榫	暂保持现状，不做改动；拨正归位移位拔榫构件
墙体	砖墙	震后，墙体开裂、碎落严重；东山墙部分倒塌；墙体倾斜，与枋脱离	对于前檐槛墙，若有局部面层剥落，则用红色灰浆修补；后檐及两山墙内外墙均重新拆砌，砌筑方式参照大悲殿，即墙内皮与枋内皮平，且内墙要做出下碱；重砌后，室内一侧做草泥找平层，后白灰饰面，下碱直接红灰罩面，室外一侧墙面不做找平，直接施红灰。目前两山墙及后檐墙上柱子通风口的位置及数量都不统一，重砌时全部按目前后檐通风口的情况统一通风口的数量、位置、大小等

（3）施工及竣工

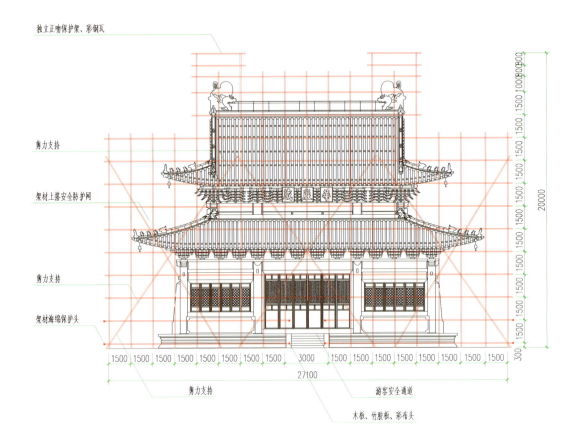

独立正吻保护架、彩钢瓦

剪力支持

架材上搭安全防护网

剪力支持

架材海绵保护头

1500 1500 1500 1500 1500 1500 1500 1500 3000 1500 1500 1500 1500 1500 1500 1500 1500 300

27100

剪力支持　　　　游客安全通道

木板、竹胶板、彩布头

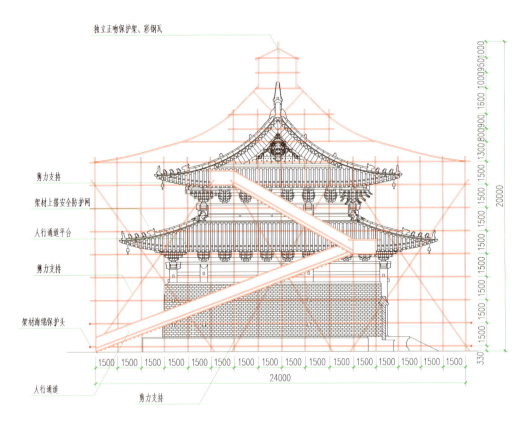

独立正吻保护架、彩钢瓦

剪力支持

架材上搭安全防护网

人行通道平台

剪力支持

架材海绵保护头

1500 1500 1500 1500 1500 1500 1500 1500 1500 1500 1500 1500 1500 1500 1500 1500 330

24000

人行通道

剪力支持

2-2-15　华严藏殿脚手架搭拆施工方案图

（来源：北京城建亚泰建设工程有限公司平武报恩寺项目技术部脚手架施工方案）

2-2-16 华严藏殿施
工现场之一

2-2-17 华严藏殿施工现场之二

2-2-18 华严藏殿竣工现场之一

2—2—19　华严藏殿竣工现场之二

4. 大雄宝殿修缮及技术要点阐释

（1）修缮要点

① 台基、柱础

铲除台基及室内水泥和水泥砖修补的面层，揭除破损严重的方砖，室内重新用方砖补墁、桐油钻生，廊部用三合土补墁。重新铺墁时降低地坪标高，露出柱础石，并从建筑墙根处向台基外侧2％找坡。在台基外围做排水暗沟，并清除台基周围的杂草。用条石重新铺墁月台地面；补配月台、踏跺的石栏杆、栏板。

② 柱子

墩接或剔补局部虫蛀、糟朽严重的部分，并用铁箍加固。挖补、剔补轻微糟朽的部分，必要时铁箍加固；嵌补开裂严重的部分，铁箍加固。打牮拨正移位、倾斜的柱子。

③ 梁架木构件

更换整根虫蛀、糟朽严重的木构件；剔补局部虫蛀、糟朽严重的木构件，铁箍加固。拨正归位拔榫的木构件。归安整攒扭曲的斗栱，更换糟朽严重的斗栱构件，修补破损较轻的斗栱构件，补配缺失的斗栱构件。补配、更换构件时应按照原构件的尺寸、形制进行加工。补配的斗栱构件补做彩绘。

④ 装饰构件

更换虫蛀、糟朽、破损严重的装饰构件，修补破损较轻的装饰构件，补配缺失的装饰构件。补配、更换装饰构件时，应按照原构件的尺寸、形制、图案进行加工。

⑤ 墙体

对外层墙，若残损严重，则对其进行局部拆砌或择砌处理；若面层剥落的，按传统方法修补或重做。对有壁画的内墙，可采取灌封胶加固及临时支顶措施。用传统土漆重新油饰后增外廊的板壁墙。

⑥ 屋面

揭瓦屋面，重新苫泥背，灰背，重新宽瓦。补配缺失的脊饰构件，修补碎裂的脊饰构件，将水泥套兽、脊饰等改回为琉璃件，脱釉严重的琉璃件回釉。

（2）主要修缮措施表

表2-19　大雄宝殿修缮措施表

部位		残损状况	修缮措施
台基	台明柱础	月台石材残损部分用水泥修补； 后期维修时将月台两侧的条石踏跺改为水泥踏跺，月台正前方的踏跺垂带被改为水泥制； 月台正前方老树树根挤压踏跺及须弥座，使其局部破裂； 月台栏板95%缺失	更换破损严重的石材； 将台基、月台、踏跺中的水泥构件更换为条石等石材块料； 根据现存栏板形制做法补配月台、踏跺上的石栏杆、栏板； 用三合土重新墁墙台前檐部分的地面，露出柱础石；刮除水泥修补的台明地面，用三合土补墁； 揭除水泥砖地面及破损严重的方砖地面，用300mm×300mm×50mm的方砖重新补墁室内地面，桐油钻生；保护原有的雕花砖、琉璃砖地面；按原制补配缺失的琉璃砖； 用条石及方砖照原样重新铺墁月台地面，尽量利用拆下来的石料和青砖； 建筑台基周边应增设排水暗沟
屋顶	脊、瓦	脊构件、脊饰缺失； 脊饰破损，变形、断裂； 屋面变形； 琉璃瓦件缺损	揭瓦屋面，揭瓦时应注重尽量减少对瓦件的破坏，揭瓦时应记录主要琉璃构件位置及铺设屋面图案的瓦件的位置； 重新苫泥背，灰背；重新宽瓦，按揭瓦时记录编号的位置重新归位，尽量利用现有完好或缺损较轻的瓦件，或按原规格补配破损严重或缺失的瓦件，将可利用的瓦件进行清洗封护补配缺失的脊饰； 用灰塑的形式修补缺损的脊饰
	椽	椽望潮湿、霉变、糟朽； 连檐沉降变形、缺失	拆除椽望、连檐； 对可利用的椽望、连檐进行防虫防腐处理； 按原尺寸补配更换糟朽严重的椽望、连檐； 补配椽头缺失的琉璃封盖
大木	柱	柱头顺纹开裂	嵌补开裂的柱子，铁箍加固； 打牮拨正歪闪的柱子； 剔补、挖补虫蛀、糟朽的柱子，铁箍加固
	梁、檩、枋、斗栱	斗栱整攒扭曲变形，斗栱构件移位缺失； 斗栱构件断裂脱落； 构件拔榫； 檩件潮湿霉变严重； 构件开裂； 构件弯垂变形	归安拔榫构件； 嵌补开裂严重的木构件，铁箍加固； 剔补、挖补轻微糟朽、虫蛀的梁、檩、枋等木构件，铁箍加固； 更换或拼接严重糟朽、虫蛀的梁、檩、枋等木构件，铁箍加固； 归安整攒扭曲的斗栱，更换糟朽严重的斗栱构件，修补破损较轻的斗栱构件，补配缺失的斗栱构件；补配、更换装饰构件时应按原构件尺寸、形制进行加工；补配的斗栱构件表面补做彩绘； 矫正加固弯垂变形的檩、枋； 对补配木构件进行防虫防腐处理； 所有无彩绘的木构件表面桐油封护
	楼板天花	天花板缺失，或已补板，无彩画； 天花板彩画污损	归安松动的天花板； 补配天花板； 建议根据其他天花图案，进行图案补绘； 对天花板彩画进行清洁处理
小木	门窗	个别门扇轻微歪闪	归安歪闪的门扇
	装修装饰	装饰构件移位； 彩绘缺损； 整个建筑在梁、枋下部均安雀替一对，只有一层前檐金柱间金枋下部安装木枋各一根，年代不详； 壁画污损、剥落及后期人为用水泥修补	拨正归位移位构件； 只清洁彩绘、壁画表面，避免对于原有画面过多干预； 建议按照原有彩绘样式对补配更换构件补绘相应彩绘
墙体	砖墙	墙体被震裂、碎落； 板壁墙油饰龟裂严重； 墙体震后移位，外倾； 内墙鼓闪； 部分墙体为碎砖、石头糙砌墙体	用传统土漆重新油饰板壁； 对两山墙外层墙，若有较明显的局部裂缝或松动，可单对外层墙进行局部拆砌或择砌；若下碱酥碱剥落，则可对其进行剔凿挖补或者择砌；面层剥落的，按传统方法照原样重做

（3）施工及竣工

脚手架搭拆施工方案

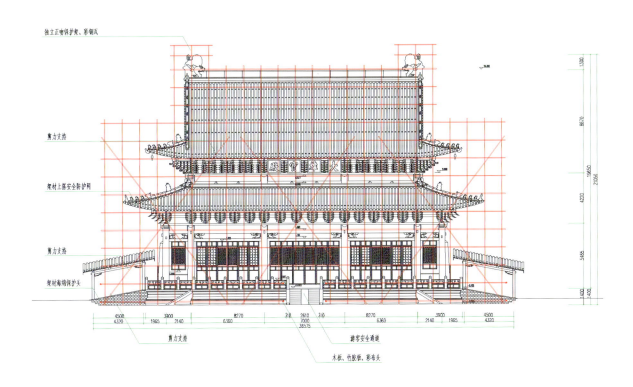

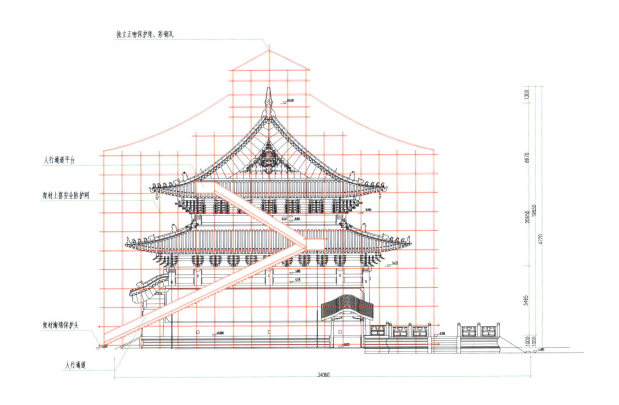

2-2-20　大雄宝殿脚手架搭拆施工方案图

（来源：北京城建亚泰建设工程有限公司 平武报恩寺项目技术部脚手架施工方案）

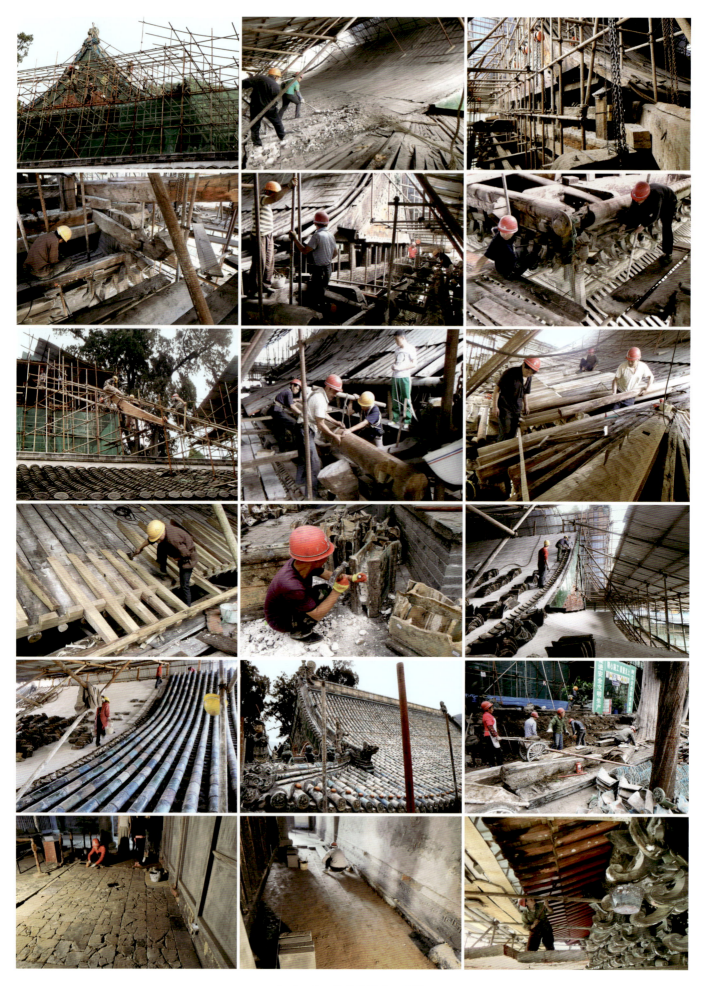

2-2-21 大雄宝殿施工现场

2-2-22 大雄宝殿竣工现场

2.2.3.4 工程实施部分技术要点

1. 壁画与佛像临时保护

报恩寺的佛像和壁画亦称一绝，其勘察与修复需要在建筑本体完成维修以后才能开始，所以，在建筑部分施工中对壁画、佛像的保护就成了重要的施工措施。

（1）保护内容和范围

保护内容：各殿室内壁画、佛像安全保护。

保护范围：寺内万佛阁、大雄宝殿、大悲殿、华严藏、天王殿、山门等室内壁画及佛像保护。

（2）保护方式和方法

保护方式：壁画采用罩盖式进行保护（架材、木条、木工板及海绵），佛像采用双层保护（架材与板箱及海绵），内层为封闭式保护。

保护方法：壁画采用木框钉木工板及海绵相结合，用钢管固定起来，做成一个与壁画规格一样大的盖子，结合架材稳合在一起。其脚下安装滑轮，安装的滑轮要有滑轮锁，以免滑动。在壁画保护范围须拉警示线，张贴公告，不让游人接近或推拉。轻轻推进壁画面、盖上，并固定滑轮。

佛像以封闭形式保护。用木工板或五层竹胶板内加海绵，海绵用牛皮胶或白乳胶粘贴在板面上，打胶要均匀，粘贴时要压实，以免脱层。架材横管端头必须包扎海绵帽，以免在施工时造成碰伤、剐伤造成安全事故。盖板周围做成木框形式，封闭在里面，外围用钢管架材固牢。

壁画起壳脱层的位置更要加以精心保护，不要去触摸碰撞或取掉，待业主单位、设计单位和相关文物专家论证后，方可加以维护或者取掉重新制作。施工人员在施工保护过程中，要更加小心仔细，按设计要求进行施工，不鲁莽施工，要有文物保护意识。

壁画保护方案示意如下：

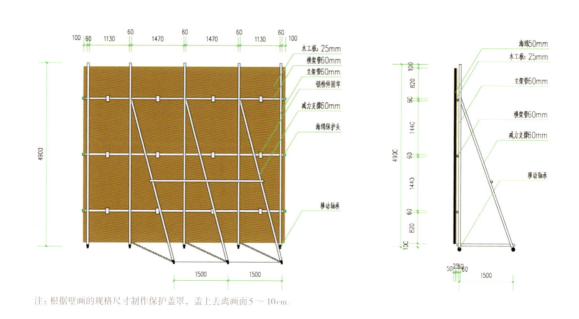

注：根据壁画的规格尺寸制作保护盖罩，盖上去离画面 5～10cm。

2-2-23 壁画保护方案示意图

（来源：北京城建亚泰建设工程有限公司壁画及佛像保护方案）

佛像保护方案示意如下：

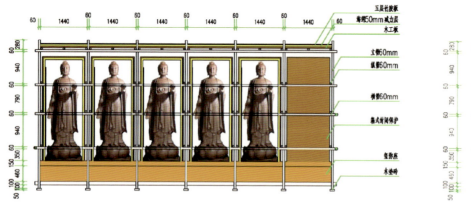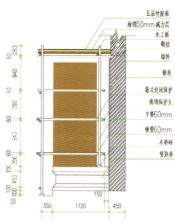

2-2-24 佛像保护方案示意图

方案达到了双层保护目的，架管为外层保护，木板做箱式内层保护。

外层保护架主要是考虑到顶上坠物以免意外造成佛像损坏，顶面横梁架管间距为500mm，主立管间距为1500mm。顶层保护层分为保护层、减力层、受力层。减力层受坠物起到缓冲分力作用。分力起到保护预期目的。

内层箱式保护，防止侧面坠物导致文物佛像受损，起到保护作用。

（3）各殿佛像保护方案

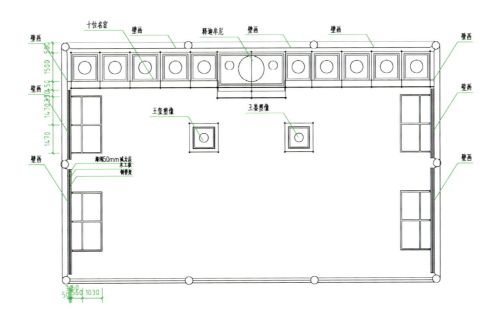

2-2-25　万佛阁壁画、佛像保护方案平面图

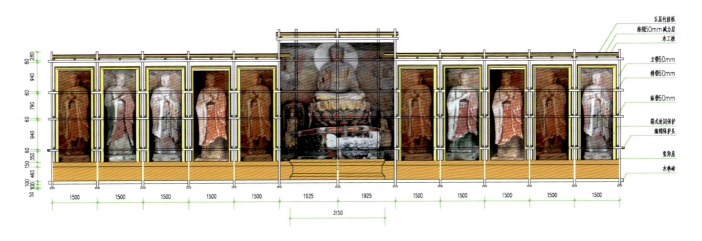

2-2-26　万佛阁佛像保护方案正立面图

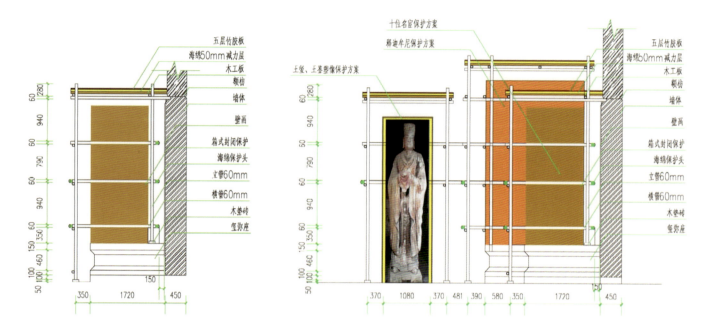

2-2-27　万佛阁佛像保护方案侧立面图

2-2-28　万佛阁佛像保护实施现场

（4）施工程序

进入施工现场，首先进行现场观察测量，需要抢险支护的应先进行抢险保护。如排险危险性较大，或情况复杂，应编制相应方案，审查通过后方可实施。

编制施工方案，查看理解设计图纸。工程应严格按照图纸要求施工。

架材应分类堆放，减少对于游客和他人的影响。

使用的材料应符合设计要求，符合国家相关质量认证要求。

按搭立架（外架），搭内架，再铺板和精包裹顺序施工。工序有条理，按序施工。

各工序应加强检查及自验。

2-2-29 大雄宝殿脚手架现场

2-2-30 大悲殿脚手架现场

2-2-31 华严藏殿脚手架现场

2-2-32 天王殿、山门脚手架现场

2. 部分工程实施节点

文物建筑维修存在着很多不确定性，俗话说"搞修缮，拆开看"，并非没有道理。很多文物病害并不能仅从表象的勘察彻底廓清，在揭瓦、拆卸构件等工程过程中往往会暴露出更多的问题，都需要不断地调整和深化工程方案，这恐怕是修缮工作与新建设计最大的区别。另外，随着施工的展开，也往往会对方案深度提出更高的要求，或在施工实施中不断细化操作工艺。

（1）脊兽的烧制

钟楼因脊兽残缺不全，需要添配，施工方将屋脊存留相对完整的小跑兽取下，以实物为样本塑模定烧，在不同的厂家进行比选，对釉色偏重的进行返工、实验，最终选定四川阆中彭城镇的一家瓦厂。从制作地点、风格、质量上，其产品都更为理想，最接近原有实物，能做到远观一致，近看有别。

添配定烧瓦件，是修缮工程中的常见情况。从方案上给出修缮原则，但具体到添配效果，则需要一个非常严谨的采购

| 原物定烧样品 | 新配瓦件 | 筒瓦摆放 |
| 底瓦摆放 | 正脊筒修补过程 | 正脊筒修补完成 |

2-2-33 脊兽、瓦件

和施工过程。尤其对于报恩寺这种带有较多地方风格的文物建筑，并没有成品的配件可以直接选用，在一定程度上复原、模拟文物原有构件的工作是必不可少的。这就需要施工与其他三方共同努力，平衡造型、质量、造价等问题得出综合结论，最终保证修缮质量和效果。

（2）万佛阁木构架加固

实际施工中，万佛阁角梁出现下垂。经复查，该角梁存在构造上的缺陷。为减小对文物的干预，同时不改变文物原状，现场决定对角梁实施内部支顶，以平衡角梁的荷载。实际操作中，即在四个角梁内侧增加了四个支顶栓杆，并在栓杆上标写了施工日期，以与原构件相区别。

施工中万佛阁挑尖梁头也存在局部断裂，无法承担檩木荷载，经四方研究，采用钢板与铁箍加固的方式，深化了实施方案。

（3）万佛阁台基拆修

万佛阁台基施工中发现局部下陷，经反复论证认为基础基本稳定，对下沉部分按传统工艺进行了拆砌。从后来的施工质量来看，效果较好，未出现明显的再次下沉，但从勘察手段和深度上，也反映出一些问题。如勘察深度不足，隐蔽部位情况不明，缺乏科技手段和测量器材在数据上的支持，

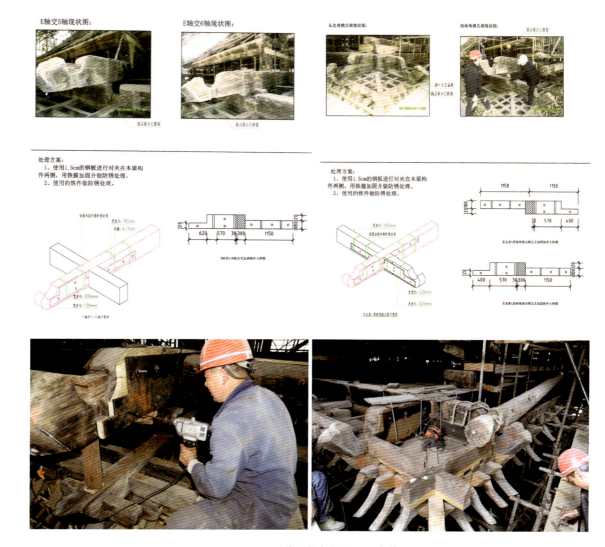

2-2-34 万佛阁构架加固工程资料

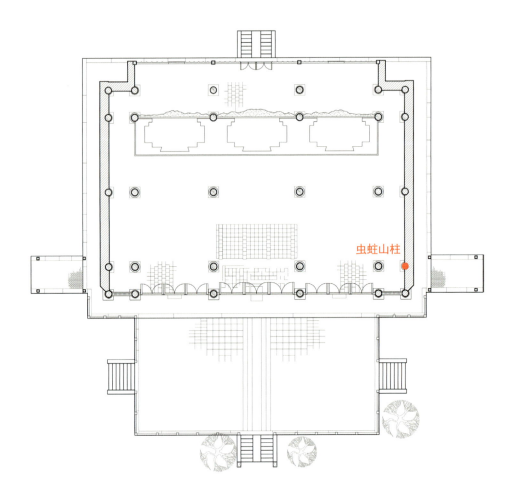

2-2-35　大雄宝殿虫蛀柱子位置图

缺乏应有的科学评估。虽然遵循施工经验也取得了较好的修缮效果，但对于病害机理的总结和修缮措施的提高，还有更多的进步空间。

（4）大雄宝殿柱木修缮

大雄宝殿在维修中，发现北山面东起第二根山柱存在柱心虫蛀现象。其内部已大面积蛀空，已很难承担山面荷载。由于木结构建筑是一个复杂的受力体系，屋面荷载由多根木共同承担，该山柱的朽坏并未引起建筑上部屋檐的明显下沉或外倾，故从外观上很难发现其内部病变。

从结构安全角度来看，缺少一根下檐山柱是不可以的。如果按传统维修方式，该柱子已无法继续使用，应该彻底更换。但从外观上看，该柱子又十分完整，尚存留着较多的地仗、油饰信息。经过综合考量，施工现场采取了"换芯注胶"的办法，既保存柱子外皮，又补强其结构受力能力。具体方法是借助柱子已经成为空心的条件，将山柱下部破开，塞入新柱芯，空隙处用硬杂木备实，然后从柱顶打孔，注入环氧树脂，将柱子内部填实。

从施工后的效果来看，外观上还是保留了原有的材料，内部结构得到了补强，较为理想地解决了修缮难题。当然，这里也反映出一些问题和不足，比如从勘察上说，对于报恩寺所在的地理条件，虫蛀是比较常见的，那么对木构件病害的勘察就应有针对性。随着现代科技手段在文物修缮领域的不断渗入，对结构内部的各种无损检测也越来越容易了，如能在勘察阶段即对该虫害情况有所预知，显然对施工的指导会更具现实意义。

（5）木材更换与备料

报恩寺的主材为楠木，并一直以楠木建筑群而著称于世。然而文物建筑在历代的维修更替中，必然留有很多材料更换的痕迹，即便是营造之初，在不要紧的隐蔽处也难免存在偷减工料、因陋就简的情况。虽然在勘察中对一些特征构件进行了材种检测，但不可能覆盖到所有部位，在施工揭露之后，就有可能出现更为复杂的情况。

比如在大雄宝殿的施工中，就发现一根檐檩并非楠木，应系后世维修所换。但构件本身并无材料缺陷，也不影响结构安全，是否有必要都统一更换为楠木呢？ 经过考量，无论是从结构安全考虑，还是从文物修复的真实性角度考虑，更换的必要性都难以成立。在不影响结构安全的前提下，保留各个时期的历史信息正是文物修缮的基本原则，没有必要过分追求统一而丧失了文物所携带的历史记忆。

对于维修的主材，当然还是选择楠木为准。历史上四川一带就多产楠木，报恩寺用楠木为主材也带有一定的地方条件优势。但当代在平武已不再出产楠木，则需要在周围市、县采购合适的荒料。比如本工程楠木有相当一批购自重庆地区，由缅甸也采购了部分硬杂木，平武县当地也补充了一些小料，改为望板等使用。

（6）大漆的试验

油饰彩画工程关系到古建筑修缮的直观效果，所谓"木衣锦绣"。主要建筑内外檐梁枋、斗栱等

木材厂选料

进料

验料

老料、废料再加工利用

2-2-36　木材备料现场

南碑亭油饰　　　　　　　　　　　　　　　南碑亭油饰

牌匾油饰　　　　　　　　　　　　　　　牌匾漆金

2－2－37　油饰现场

均施彩画。考虑到报恩寺彩画价值较高，存量较大，维修的技术手段复杂，且与木构建筑差异较大，因此本次修缮中仅对油漆部分进行修缮，彩画后续单独列专项进行勘察设计维修。本次建筑修缮中应做好对彩画的施工保护。

建筑现状小木装修及木柱多采用油漆饰面，由于报恩寺地处四川平武县，其油饰做法与官式麻灰地仗做法有一定差异，所以施工中不可能按照程式化的官式技艺操作。首先从漆样入手，确定颜色与效果。用大漆调腻子，外刷三道大漆。实操中，经多次实验后方才实施，但从竣工后的效果来看，尚存缺憾。

对于下架柱子，一说柱身原为彩画，勘察时所见红色漆饰为当代改做。个别柱头残损有彩画痕迹，但无法据此判定整个柱身遍施彩绘。施工中，经褪漆处理后，已见不到原有彩画痕迹，从造型上也无法准确复原，因此本次修缮中采取现状油饰饰面做法。

2.2.3.5　总结思考

本次修缮对象是国内罕有的保存完整的明代早期官式寺庙建筑群，主体建筑未经大的扰动，建筑体量大，构造相对复杂，自身病害明显，部分残损危及建筑构造安全，工程本身又在5·12汶川地震的背景下展开，因此此次修缮工作紧急且重要。

文物维修不可避免地存在设计理想化与实际可执行之间的差异，大量不可预见的问题都会在工程揭露之后呈现出来。这就需要方案编制人员具有一定的工程经验，能够尽可能的预知工程发展趋

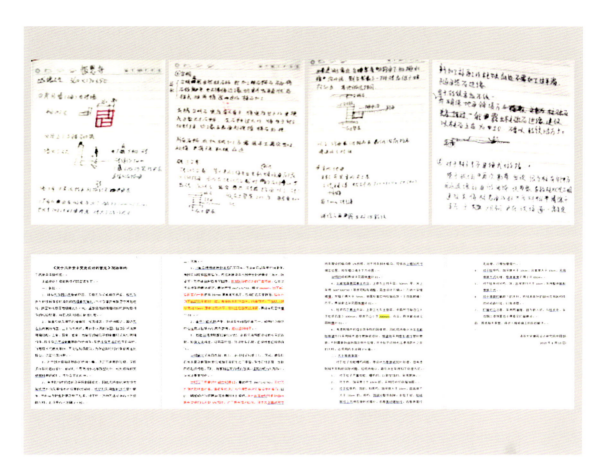

2-2-38　工作笔记（徐溯凯提供）

势，对不可预见的内容留足余地，对不可操作的内容有所预判。只有这样，方案才有指导实际工程的价值，对工程才有控制力度。

对最小干预与建筑安全之间的平衡问题。其实所谓最小干预并不等于不干预，而是最恰当的干预。而对于文物什么又是最恰当的干预呢，当然是在保证安全的前提下越少动越好。所以，所谓最小干预和建筑安全之间，并非是矛盾对立的，而应该具有逻辑上的递进关系。干预措施的制定，应该在充分了解建筑做法、历史、病害及险情等的基础之上，这个基础不应该是泛泛的表述，而应该是有提炼的、有重点的。在充分的价值分析之上，自然就比较容易得出问题的症结，针对问题，解决问题，与最小干预并无冲突。很多无法在最小干预与安全之间平衡的案例，大多是没有得出问题的要点，以过度的干预来加强保险系数，自然就违背了文物修缮原则，是不可取的。

勘察的重要一步就是测绘，修缮方案的编制最耗费精力的部分也往往是测绘勘察，特别是非纯官式建筑，测绘时如没有挑顶、没有局部破拆，很多隐蔽工程是无法测绘勘察到的，如墙体的真实砌筑方法，无法进入的夹层的构造形式、构件尺寸及残损程度，椽望的真实糟朽程度以及屋面的真实做法和苫背厚度等。勘察测绘也只能做一半，准确程度不足。

所以针对这种非纯官式建筑的修缮设计，应加强开工时的驻场设计，从挑顶开始进行详细勘察记录，并根据实际情况，给出准确的修缮方案和修缮数据。针对之前设计不详或设计有出入的地方，在现场及时给出新的调整方案。这样才能准确、负责任地完成好一个工程。特别是现在国家推动

EPC 的工程模式，修缮类工程更应该主动做到驻场设计。

　　另外，在这里申明一下监测的必要性。任何保护修缮工程也难以解决文物建筑的所有问题，并且修缮效果也需要进行一定时间的监测、检测来验证。如在转轮藏倾斜勘察研究案例中，要精准的判定其病害趋势，就必须有充分的监测数据来支持。同时，已经修缮完工后的华严藏殿出现大木架倾侧问题，也需要监测数据来判定其稳定程度。如在建筑竣工后即有例行的监测计划，则可为修缮效果和外界干扰因素提供可靠的分析依据。作为预防性保护的基本手段，监测工作将成为文物保护工程的必要环节。

　　工程资料是工程的重要组成部分，不仅仅是验收的必要环节，也是工程的重要记录和档案，为后人了解工程内容、过程提供依据。修缮保护不是一蹴而就的事，应具有可持续性。对资料的进一步整理、总结、提炼，也就成了下一次保护实践的基石。这也是本书编纂的意义所在。

叁

附属文物
专项保护工程

彩塑、壁画勘察记录

大雄宝殿壁画保护修复设计

转轮藏勘察与保护实践

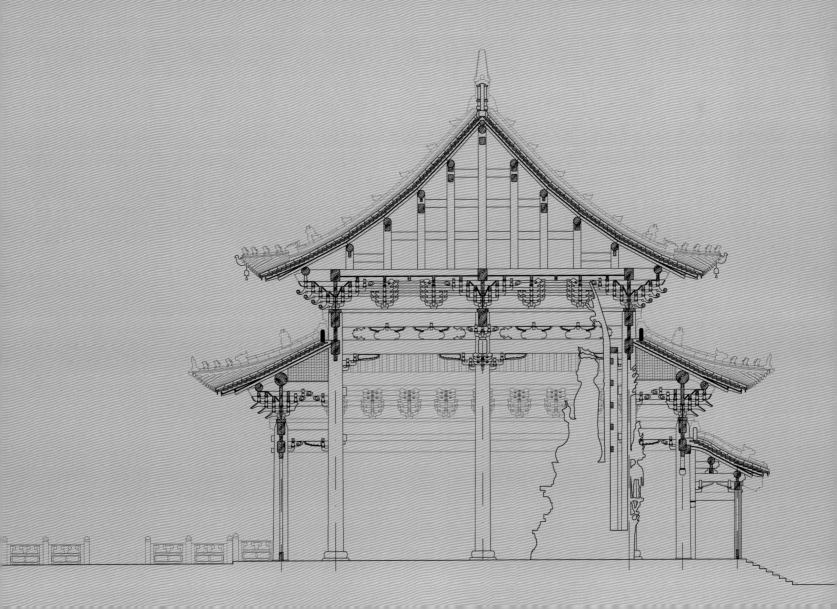

3.1 彩塑、壁画勘察记录[22]

由于受历史上自然和人为因素的影响，报恩寺壁画及壁塑墙已出现了支撑体倾斜、地仗层空鼓脱落、颜料层粉化酥碱、刻划、烟熏、涂抹等多种问题，整体保存条件实属不佳。同时，报恩寺彩塑、壁画文物本身现阶段存在高精度数字档案不完善、展示利用形式单一的问题。

上述问题受到地方管理部门和国家文物局的重视，2012年5月彩塑、壁画保护修复工程设计方案立项获得批复（文物保函〔2012〕1192号），2013年9月彩塑、壁画数字化勘察测绘项目立项获得批复（文物保函〔2013〕1987号），2014年5月彩塑、壁画数字化勘察测绘项目技术方案获得批复（文物保函〔2014〕551号）。

受平武报恩寺博物馆的委托，陕西省考古研究院、西北大学文化遗产学院和清华大学建筑设计研究院有限公司三家单位结合各自资源优势，自2014年2月开始，对报恩寺保存的古代壁画、彩塑墙展开了较为全面的现状调查工作。与此同时，北京国文琛信息技术有限公司自2016年开始，综合利用三维激光扫描、数字近景摄影、多基线高清数字摄影、现场无损检测、保存环境监测等多种勘察测绘科技手段，开展了平武报恩寺彩塑、壁画的数字化勘察测绘工作。

由于两个项目在基础数据采集、赋存环境调查、材料工艺分析、病害分布和成因分析方面可以相互支撑和补充，故而对两个项目获取成果进行汇总和介绍。

3.1.1 彩塑、壁画概况

四川平武报恩寺历史悠久、保存完整，附属文物非常丰富，主要有壁画、彩塑、石刻和木雕等。其中寺内现存的古代壁画及彩塑体量巨大、制作精美，主体完成于明天顺四年（1460年）。

平武报恩寺内的彩塑、壁画分布于中轴线五座殿宇内，彩塑、壁画文物按表现形式可分为三类，即壁画、彩塑、壁塑墙。经过现场调研和需求分析，本次工作对象汇总见下表。

表3-1　彩塑、壁画保护项目工作对象一览表

类别	天王殿	大悲殿	华严藏	大雄宝殿	万佛阁	合计
彩塑（尊）	6	7	4	6	20	43
壁画（m²）	–	–	–	139.3	463.9	603.2
壁塑墙（m²）	–	112.9	–	134.8	–	247.7

为了便于采集和研究工作针对具体文物进行快速定位，故而在工作展开之前采用汉字拼音首字母缩写和编号的方法对工作对象进行了系统命名。命名格式基本组成为殿宇、类型、编号、横杠，其中横杠起到分隔作用。

各殿命名由汉语拼音首字母大写组成，其中万佛阁有上下两层，命名时使用阿拉伯数字表示层位，例如大雄宝殿书写为DXBD，万佛阁二层书写为WFG2。

壁画命名由汉字大写首字母、横杠及编号组成。编号时以进殿后左手侧第一幅壁画为01，顺时针依次排序。例如大雄宝殿南壁最东端第一幅命名为DXBD-BH-01。

彩塑命名由汉字大写首字母、横杠及编号组成。编号时先主尊，后胁侍，其余彩塑顺时针排序。例如万佛阁王氏父子像命名为WFG1-CS-02、WFG1-CS-03。

壁塑命名由汉字大写首字母、横杆及编号组成。编号时以进殿后左手侧第一幅为01，顺时针依次排序。例如大悲殿壁塑西壁最南端第一幅命名为DBD-BSQ-01。以下是各殿文物分布及命名标识汇总信息。

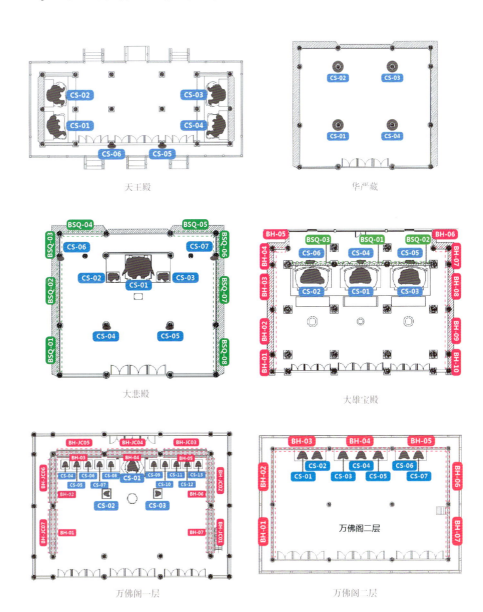

3-1-1　各殿文物编号位置示意图

22　此记录包含了《平武报恩寺彩塑壁画保护修复工程技术方案》和《平武报恩寺彩塑壁画数字化勘察测绘》两个项目关于数据采集和勘察的部分成果。

3-1-2　大雄宝殿壁画

3-1-3　万佛阁壁画

3-1-4　天王殿四大天王像

3-1-5　大雄宝殿三世佛

3-1-6　大悲殿千手观音像

目前，寺内现存壁画主要分布在大雄宝殿和万佛阁内，分别为《佛祖弟子十二圆觉像》及《礼佛图》。这些壁画作品色彩华丽，构图饱满，具有典型的明代中期官式风格，并带有一定的地方特征，是不可多得的艺术珍品，具有十分丰富的历史、艺术、科学和社会文化价值。

彩塑集中于天王殿、大悲殿及大雄宝殿和万佛阁。除立塑外，尚有大面积壁塑及部分悬塑。彩塑包括木胎和泥胎两种做法，大部分为明代遗存。大悲殿内的千手观音系明代木雕精品。

彩塑、壁画的保护工作开始于修缮工作之后，经过5·12地震灾后系统修缮，目前报恩寺建筑主体结构基本稳定，在此之前壁画一直未得到重视和妥善地保护与修复。

3.1.2 工作路线设计

在遵循文物保护基本原则的基础上，两个项目均以"保护为主、抢救第一、合理利用、加强管理"的文物工作方针为指导。

数字化勘察测绘项目是在相关文字记载、实地踏勘、价值评估的基础上，对平武报恩寺彩塑、壁画进行精确测绘记录并建立数字化档案。同时对彩塑、壁画保存现状进行评估，对威胁其长期稳定保存的相关因素进行深入勘察分析，形成勘察测绘报告，为平武报恩寺彩塑、壁画的保护、监测、养护等工作提供基础数据支撑。其总体思路和技术路线设计如下：

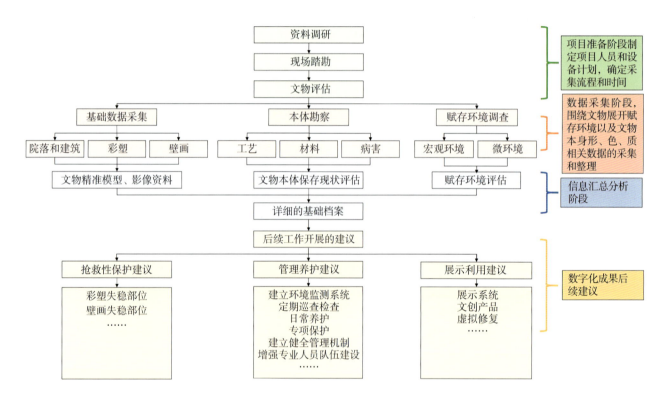

3-1-7　数字化技术路线

保护修复工程设计方案是在相关文字记载和实地踏勘的基础上，对平武报恩寺彩塑、壁画赋存环境、制作材质工艺、保存现状等进行勘察，并进行相关的实验室和现场的保护试验，筛选修复工艺和材料，为平武报恩寺彩塑、壁画保护修复提供依据，使其能够更长久健康的保存。其总体思路和技术路线设计如下：

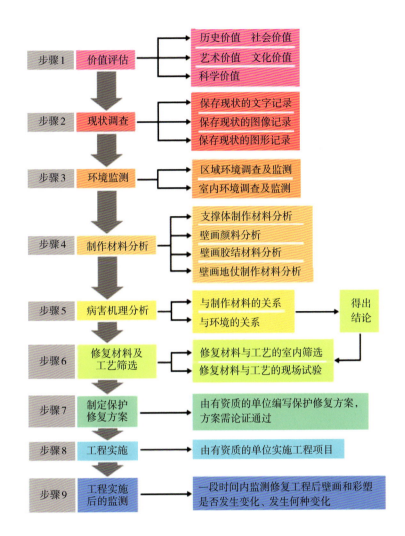

3-1-8 保护修复设计方案技术路线

3.1.3 基础数据采集

完整的档案资料是科学保护、利用、研究的前提。建立完整的保护档案是彩塑、壁画保护工作中一项非常重要的基础性工作。

报恩寺建制规格较高，殿宇高大，寺内彩塑、壁画体量均较大，大雄宝殿、万佛阁壁画高4.3～5.3m不等，彩塑最高9m，采集对象类型丰富，细节繁多，部分区域采集空间狭窄，文物表面积尘等病害，均给外业采集和内业处理带来了较大的挑战。在采集过程中，除严格遵循行业标准规范外，还要坚持非接触性作业原则、数据真实性和完整性原则、安全作业原则等，确保数据采集准确性和精度。

严格按照技术方案和制定的技术路线进行采集，运用多种类型高精度的三维扫描技术和摄影测量技术，项目形成了关于报恩寺彩塑、壁画文物和所在建筑的精细档案。

表3-2　数字化测绘成果数据统计表

序号	文物类型	数字化成果	文件类型	数量	数据量
1	报恩寺及周边环境	无人机三维建模	全景数字影像	1套	5.06G
2	院落	报恩寺整体院落点云模型	拼合三维点云	1套	321G
3		报恩寺环境全景影像	全景数字影像	1套	214MB
4	建筑	报恩寺建筑平面/立面/剖面测绘线描图（基于三维点云切片）	CAD文件	5套	6.64G
5	壁画	壁画（壁塑墙）正射影像图	TIFF、JPG数字影像	28幅	419.9G
6	彩塑	彩塑三维模型	OBJ、WR文件	43尊	72.2G
7		彩塑正投影像图	TIFF、JPG数字影像	43尊	163.7G

将上述获取数据展示如下：

3-1-9　无人机模型投影图　　　　　　　　3-1-10　全景影像成果（局部站点）

3-1-11　报恩寺院落点云模型

3-1-12　大雄宝殿点云模型

3-1-13　WFG2-BH-01高清正射影像图及局部

3-1-14　TWD-CS-02正投影影像图和模型

3.1.4 赋存环境

1.区域环境

平武县位于四川盆地西北部，青藏高原向四川盆地过渡的东缘地带，长江二级支流涪江的上游地区，地理坐标为北纬31º59′31″～33º02′41″、东经103º50′31″～104º58′13″，沿绵平公路东南至绵阳市区168 km，距四川省会成都305 km。

平武县境地域辽阔，自然条件复杂，常有自然灾害发生。地质灾害有地震、山体崩塌、滑坡、泥石流等，气候灾害有干旱、洪涝、秋绵雨、低温冷害、大风、冰雹等，生物灾害有病虫害和鸟兽害。其中以干旱、洪涝、地震灾害最为严重。

平武县地处四川盆地向青藏高原过渡的盆周山区，县内崇山峻岭，最高山峰达海拔5400 m，最低处海拔高程600 m。由于受河流下切侵蚀强烈，所以县内山崖陡峭相对高差达1000～2000 m，地形十分复杂。从大地构造上看，平武正处于巨型纬向构造的秦岭构造带摩天岭构造与北东向的龙门山构造带的复合部位。受这两大构造的控制和影响，在平武境内产生了一系列的次一级构造，形成了平武地区的地震地质现状。根据国家地震局1974年全国地震烈度区划图，平武全县属七度烈度区，其中平武以北的藏区、水晶为八度烈度区，平武西南部的豆叩、南坝区大部为七度区，部分地区为六度区。1976年8月松平地震发生后，四川省地震局经实地调查绘出了松平7.2级地震烈度图。2008年5·12地震以后，根据《建筑抗震设计规范》GB 50011-2001局部修订2008版（中国地震动参数区划图 GB 18306-2015），平武抗震设防烈度调整为8度，设计基本地震加速度值调整为0.2g。

平武县气候温和，降水丰沛，日照充足，四季分明，具有云多、雾少、阴天多的特点。由于地势起伏，高差悬殊，气候要素随着海拔高度的变化呈垂直分布。低山、河谷地带属北亚热带山地湿润性季风气候，低中山带属山地温暖带气候，中山地带属寒温带气候，高山地带属亚寒带气候，极高山地带属寒带气候。多年平均气温14.7℃，年极端最高气温37℃，年极端最低气温–6.6℃。多年平均降水总量839.9 mm，多年平均日照时间1323.5小时。多年平均无霜期252天[23]。

表3-3 平武县主要气象特征值表

序号	项目		单位	数量	备注
1	气温	多年平均	℃	14.7	
		极端最高	℃	37.0	1974年7月17日
		极端最低	℃	-6.6	1975年12月14日
2	降水量	多年平均	mm	839.9	
		一日最大	mm	151.0	1981年8月20日
		平均降水日数	d	14.6	
3	风速	多年平均	m/s	0.6	多为北向
		最大风速	m/s	15.7	1982年6月17日
4	多年平均蒸发量		mm	1068.8	
5	多年平均日照时数		h	1323.5	
6	多年平均相对湿度		%	72.0	
7	多年平均气压		mb	915.3	
8	多年平均雷暴日数		d	18	
9	日雨量级出现的平均天数	≤10.0mm	d	23.5	
		≤25.0mm	d	7.7	

2.微环境

（1）温湿度监测

通过对报恩寺温湿度环境进行监测，分析其变化规律，以期揭示报恩寺各殿壁画病害产生与环境因素影响的关系，为保护修复工作的开展提供必要的科学依据。自2014年4月至2015年3月，对主要三处建筑大雄宝殿（南、北），万佛阁（一层南、二层）和大悲殿（东、西）殿内典型区域设置RC-4HC型温湿度记录仪，每隔30分钟获取一次环境数据，进行为期一年的环境监测。将获取数据绘制曲线图，以大雄宝殿南壁为例图示如下：

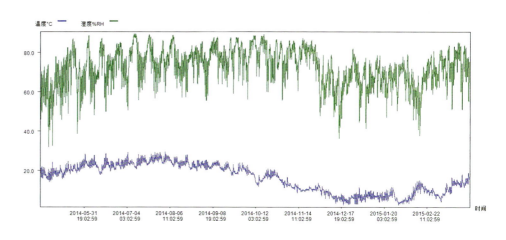

3-1-15　大雄宝殿南墙温湿度监测曲线图

通过各监测点位温湿度曲线图及对监测数据的分析可得出如下结论。

第一，报恩寺各殿建筑主体在2007-2011年经过整体修缮，密闭性较好，因此从图上反映出各殿的温湿度全年变化比较相似。2014年各殿最低温出现在12月（1.2℃～2.5℃），最高温出现在7月（28.6℃～31.2℃）；最低相对湿度出现在5月（28.7%～37.5%），最高相对湿度出现在7月（89.5%～90.9%）；年平均温度为16℃～16.5℃，平均相对湿度为71.3%～73.8%。数据显示，报恩寺建筑内部全年日温差变化不大且较为稳定，而湿度变化明显，环境比较潮湿。

第二，报恩寺各殿壁画彩塑墙易受到外界环境影响而产生变化，特别受到降水的影响最大。7月和8月是平武地区降水最多的月份，根据研究监测，2014年7月10日前后的一次降水导致各殿湿度达到全年的极值，大雄宝殿为89.5%，大悲殿为90.6%，万佛阁一楼为90.9%。湿度过高及湿度频繁波动，会使壁画墙体受潮，在水蒸气挥发过程中导致支撑体、地仗层中的可溶性盐向壁画表面结晶迁移，引起壁画酥碱、大面积空鼓和脱落。

第三，报恩寺全年开放时间为8：00至18：00，平均日参观客流量较少，从全年监测数据来看，每日温度在18：00左右达到最高值，然后逐渐下降，到第二天8：00左右降至最低值，然后逐渐升高至下班时间。而湿度是在每日16：00前后最低，然后

23 引自《平武县城市总体规划（2008～
2020）》。

开始升高，到次日8：00左右达到最高值，然后逐渐降低。这种现象说明昼夜温度变化及定时营业开放，对报恩寺建筑内环境的影响呈规律变化，傍晚营业时间结束后关闭门窗使得殿内绝对湿度保持稳定，而温度随着外界环境逐渐降低，在每日早上温度最低的时候，也常常是湿度最高的时候。因此在今后的保护管理中，要及时关注天气预报，注意每天的温度变化，特别是早上在天气良好的情况下应及时适当开窗或开门通风。

第四，从监测图来看，虽然大雄宝殿、万佛阁和大悲殿全年温湿度环境变化趋势相似，但是数据上也有微小差别。大雄宝殿整体保存环境较好，全年温差与湿度差最小，平均湿度也最小，北墙比南墙潮湿。大悲殿的保存环境数据与大雄宝殿相似且略潮湿一些，其中东墙比西墙潮湿。万佛阁比其他两座建筑的温差和湿度差都大一些，且上下楼环境有较明显的差别，一楼比二楼潮湿，而二楼墙体较薄，受外部环境影响较大，温湿度差较大。

（2）墙体水分监测

由于红外热像技术可根据物体表面的温度场分布状况来获取物体表面热像图，能够直观、准确、迅速地显示材料、结构物等的结构状态。同时，不同颜色的色温和湿度也呈现出一定的关联，即高色温区域湿度低，而低色温区域湿度大。据此原理，为了了解报恩寺壁画彩塑墙内部的湿度情况，环境调查中采用 NEC TH 7700 SP 型热红外成像仪和 MASTECH 墙

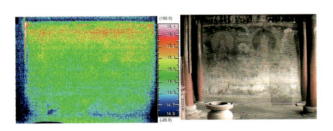

3-1-16　大雄宝殿（DXBD-BH-09）热红外成像与可见光照片

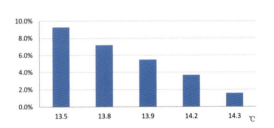

3-1-17　大雄宝殿（DXBD-BH-09）墙体内含水率分布图

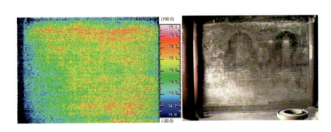

3-1-18　大雄宝殿（DXBD-BH-02）热红外成像与可见光照片

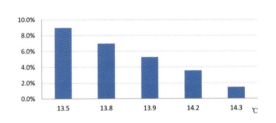

3-1-19　大雄宝殿（DXBD-BH-02）墙体内含水率分布图

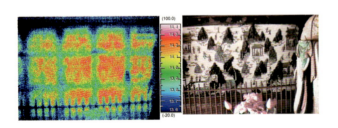

3-1-20　大悲殿（DBD-BSQ-02）热红外成像与可见光照片

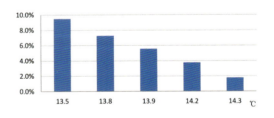

3-1-21　大悲殿（DBD-BSQ-02）墙体内含水率分布图

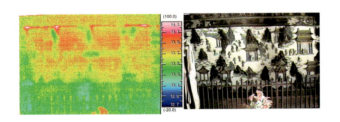

3-1-22　大悲殿（DBD-BSQ-07）热红外成像与可见光照片

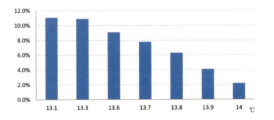

3-1-23　大悲殿（DBD-BSQ-07）墙体内含水率分布图

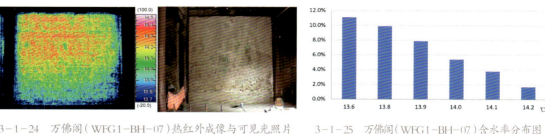

3-1-24　万佛阁（WFG1-BH-07）热红外成像与可见光照片　　　3-1-25　万佛阁（WFG1-BH-07）含水率分布图

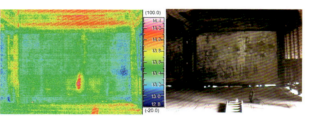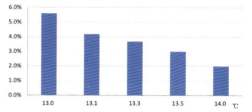

3-1-26　万佛阁（WFG2-BH-07）热红外成像与可见光照片　　　3-1-27　万佛阁（WFG2-BH-07）含水率分布图

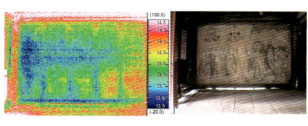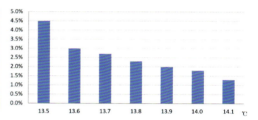

3-1-28　万佛阁（WFG2-BH-01）热红外成像与可见光照片　　　3-1-29　万佛阁（WFG2-BH-01）含水率分布图

体含水率仪来检测大雄宝殿、万佛阁和大悲殿内壁画彩塑的墙体地仗层内部的实际含水率。

从图3-1-16至图3-1-29的数据结果可以看出，报恩寺大雄宝殿、万佛阁和大悲殿内壁画彩塑墙的含水率随着热像图温度的降低而呈线性增高。大雄宝殿的墙体地仗含水率为1.5%～9.3%，南、北墙变化不大，北墙略潮湿。万佛阁一、二楼墙体地仗含水率差别较明显，一楼整体比较潮湿，含水率为1.7%～11.1%，特别是每间两柱内侧及距地2米以下部分最为潮湿；二楼比较干燥，含水率在1.3%～5.6%左右，其中北墙较潮湿。大悲殿整体环境比较潮湿，东墙更为潮湿，地仗含水率为2.2%～11.1%；西墙较干燥一些，地仗含水率为1.8%～9.5%。

综合环境温湿度监测和墙体含水率监测结果来看，报恩寺壁画彩塑的整体保存环境比较潮湿，平均湿度达73%，墙体地仗含水率最高达到11.1%。结合平武地区天气状况来看，2014～2015年两年的阴雨天气占66.7%，说明大气降水是报恩寺各殿环境潮湿的主要影响因素。同时，报恩寺壁画墙壁温湿度分布极为不均，是导致其空鼓、开裂及大面积脱落的主要原因。

（3）文物表面温度检测

大悲殿坐北朝南，日常均处于开放参观状态，殿门和南壁部分窗户8：00至17：30为敞开状态，夜间关闭。殿宇正面南晒，白天除了参观游客对保存空间内部的温湿度、CO_2扰动外，外界温湿度变化也会直接影响殿内环境，正对殿门区域温湿度变化最为频繁。调查过程中发现，千手观音表面金层起翘脱落严重。

针对大悲殿千手观音表面存在的起翘脱落病害，2016年11月29日对文物表面热分布状况进行间隔约2小时的检测记录，并对数据进行处理。分析图温度范围为7℃～11℃，从蓝色到红色为温度逐步升高。

3-1-30 颜料层起翘脱落

表3-4 千手观音像表面温度随时间变化分析信息表

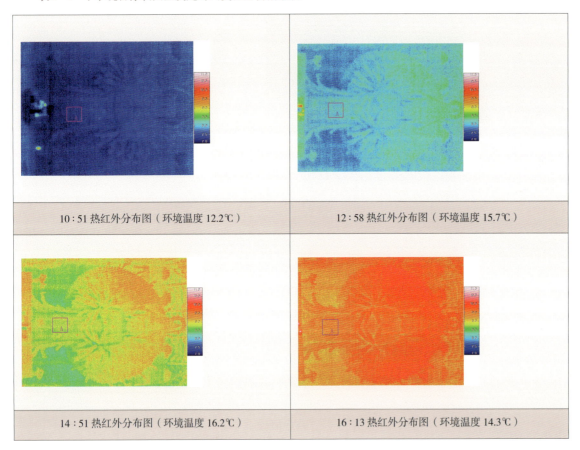

10：51热红外分布图（环境温度12.2℃）	12：58热红外分布图（环境温度15.7℃）
14：51热红外分布图（环境温度16.2℃）	16：13热红外分布图（环境温度14.3℃）

　　通过分析获取数据可知，环境温度近11：00为12.2℃，后逐步上升，至下午15：00为16.2℃，随后开始下降，到16：13下降至14.3℃。彩塑表面温度则随着时间推移呈逐步升高的趋势，暂未出现转折下降，彩塑表面温度变化和室温相比相对滞后。为了明确彩塑表面温度变化状态，截取彩塑同一位置区域内温度做正态分布和温度最大、最小、平均值。就选区平均温度来看，外界温度变化导致彩塑表面稳步上升2.15℃。从温度最值来看，局部区域上升可达到2.28℃甚至更多。

表3-5　彩塑选区温度分布统计表（单位：℃）

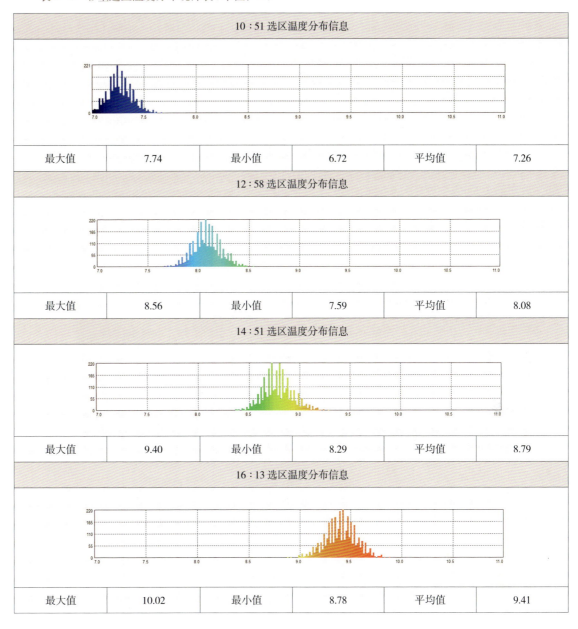

10：51选区温度分布信息					
最大值	7.74	最小值	6.72	平均值	7.26
12：58选区温度分布信息					
最大值	8.56	最小值	7.59	平均值	8.08
14：51选区温度分布信息					
最大值	9.40	最小值	8.29	平均值	8.79
16：13选区温度分布信息					
最大值	10.02	最小值	8.78	平均值	9.41

3.1.5　制作材料与工艺

彩塑、壁画文物属于有形的物质遗产，了解其制作工艺和材料，是发掘文物价值，展开文物研究、保护、利用的基础。

报恩寺彩塑、壁画数量众多，分布广泛，在调研过程中为了尽可能全面和精准的获取数据，首先在现场对每个彩塑、壁画单体进行了无损检测分析。先对文物进行观察，根据肉眼可见保存现状选取测试点，采用便携式 XRF 获取颜料主要化学元素信息、显微镜观察颜料表面和绘制技法信息，色差仪同步记录颜料表面色彩信息。在现场无损检测的基础上，展开实验室分析研究。

1. 壁画制作材料与工艺

经现场勘察调研，报恩寺壁画基本结构为支撑体，地仗层（粗泥层、细泥层），颜料层。以下对报恩寺整体勘察获取的结果进行汇总介绍，针对每一层详细地分析采用的方法和结果，可见本书大雄宝殿壁画"制作材料及工艺分析"一节的叙述。

（1）支撑体

平武报恩寺壁画分布于大雄宝殿与万佛阁，但因在建筑中所处位置不同，壁画支撑体存在差异。寺内各处壁画支撑体制作方式统计如下：

表3-6　壁画支撑体制作方式

序号	位置	支撑体	备注
1	大雄宝殿	土坯墙	泥层底部中加有棕丝[24]
2	万佛阁一层	土坯墙	泥层底部中加有棕丝
3	万佛阁二层	竹编夹泥墙	

经现场调研，由部分壁画破损处可以看到两类支撑体的结构特点，见下图。

1. 大雄宝殿土坯墙　　　　　　　　　　2. 万佛阁二层竹编夹泥墙

3-1-31　壁画支撑体

（2）地仗层

地仗层可分为粗泥层和细泥层，两者在粒度和纤维掺杂物上有所差异。

选取大雄宝殿、万佛阁壁画粗泥层和细泥层土样进行土工筛分，测定地仗层的颗粒级配[25]。

表3-7　壁画地仗层颗粒级配（单位：%）

样品	植物纤维	粗沙	中沙	细沙	粉粒
DXBD—粗泥层	2.21	12.52	12.77	63.09	9.41
DXBD—细泥层	1.07	9.13	9.88	69.71	10.21
WFG—粗泥层	2.77	11.03	14.87	62.31	9.02
WFG—细泥层	1.18	8.73	8.36	68.71	13.02

地仗层中植物纤维约占总量的1%～2.8%；粗沙含量约为8%～12.5%；中沙含量约8%～14.9%；细沙含量约62%～69.7%；粉粒量约为9%～13%。其中粗泥层中植物纤维、粗沙、中沙含量均大于细泥层。

（3）白粉层

白粉层起到进一步改善绘画条件的作用，为绘画提供底色。报恩寺壁画白粉层经检测其成分为

1. 白粉层20×   2. 白粉层100×

3-1-32 壁画白粉层

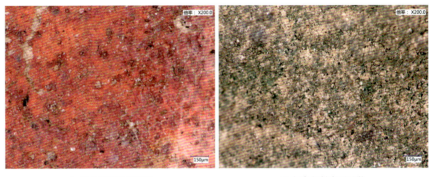

1. 红色颜料表面显微   2. 绿色颜料表面显微

3-1-33 颜料层显微表面观察

石膏，厚约0.5厘米。

（4）颜料层

根据文物保护不改变原状和最低限度干预原则，首先以现场无损检测的方式对各幅壁画各类色彩进行色度记录和元素种类测定。在此基础上，根据筛选结果，分别采用拾取法和粘取法进行样品采集和实验室分析。从最终检测分析结果来看，大雄宝殿和万佛阁颜料成分均为矿物质颜料。

（5）绘制技法

平武报恩寺壁画古朴、雄浑，画面最高可达5米，绘制内容以佛像、佛教

24 四川省文物考古研究院、四川省平武报恩寺博物馆、四川省平武县文物保护管理所编《平武报恩寺》，科学出版社，2008年。

25 ①植物纤维（d＞2mm）；②粗沙（0.5mm ≤ d ＜ 2mm）；③中沙（0.25mm ≤ d ＜ 0.5mm）；④细沙（0.075mm ≤ d ＜ 0.25mm）；⑤粉粒（d ＜ 0.075mm）。

1. 叠压   2. 罩染

3. 晕染   4. 勾线

3－1－34　壁画绘制工艺

1. 发饰贴金   2. 服饰、法器贴金

3. 平面贴金   4. 沥粉贴金

3－1－35　壁画贴金工艺

故事为主，综合使用罩染、晕染、勾线、叠压等多种艺术手法。

壁画整体造型优美，用笔娴熟，主要人物用工笔重彩与沥粉贴金相结合的技法，典雅富丽。山石和树木等个别部位采用皴擦技法，人物之首、手、面部及裸露肌肤则以工笔细描，眉眼毕现，微妙情感表达出神入化。构图、设色凝炼，虽繁多而不芜杂。贴金的装饰使壁画人物服饰更为精美，活灵活现，同时使画面更为庄严、肃穆，提升了壁画整体的艺术感和观赏价值。

综合文献研究以及现场无损检测和实验室分析，对平武报恩寺壁画的制作材料及工艺进行总结，详见下表。

表3-8　壁画制作材料与工艺汇总表

	大雄宝殿	万佛阁一层	万佛阁二层
支撑体	土坯墙	土坯墙	竹编夹泥墙
地仗层	石英、白云母、钾长石、钙长石、伊利石和绿泥石等 粗泥层：稻草秆 细泥层：棉花 大雄宝殿、万佛阁一层壁画粗细泥层之间夹有棕丝层		
白粉层	石膏、白垩		
颜料层	铁红、朱砂、铁黄、石青、人造氯铜矿、石膏、炭黑	铁红、铁黄、朱砂、雌黄、人造氯铜矿、石膏、炭黑	朱砂、铁黄、雌黄、人造氯铜矿、青金石、石膏、炭黑
	胶料为动物皮胶		
绘制工艺	工笔重彩、平面贴金与沥粉贴金相结合；罩染、晕染、勾线、叠压等		

2. 彩塑制作材料与工艺

报恩寺彩塑分布在天王殿、大雄宝殿、华严藏、大悲殿、万佛阁一层和二层，共计43尊。

彩塑制作工序[26]：根据彩塑的姿态选用适当的弯曲圆木制作木骨架，有的以木板制作手掌、方形铁条做手指。大多数彩塑上泥前需用芨芨草或芦苇捆扎出人的大体结构，用粗泥塑出大致形态后，再以细泥塑出人物的五官、衣褶和佩饰等，最后在彩塑表面敷彩完成彩塑。

平武报恩寺彩塑除了木骨架泥塑以外，还有木雕彩绘，制作方法是先使用木料进行雕刻，然后敷彩。对彩塑工艺研究从骨架结构到泥层、白粉层直至颜料层，逐一递进详细解读。

基于与壁画类似的研究方法对彩塑台基、骨架结构、地仗层、白粉层、颜料层进行了制作材料和工艺分析，详见下表。

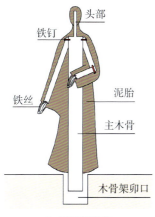

1. 木骨泥塑结构

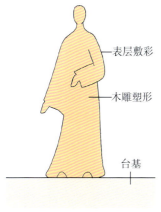

2. 木雕彩绘结构

3-1-36　彩塑结构示意图

26　王永先、冯东青《传统彩塑制作工艺与修复》，《古建园林技术》1988年第3期，第20～29页。

表3-9　彩塑制作材料与工艺汇总表

	天王殿	华严藏	大雄宝殿	万佛阁一层	大悲殿	万佛阁二层
台基	石材	–	石材	砖砌	石材	木架
支撑体	木骨泥塑、木雕	木骨泥塑	木骨泥塑	木骨泥塑	木骨泥塑、木雕	木雕
地仗层	石英、白云母、钾长石、钙长石、伊利石和绿泥石 粗泥层：稻草 细泥层：棉花					–
白粉层	石膏					
颜料层	铅丹、朱砂、红色染料、铅黄、酞菁蓝、石绿、石膏、炭黑	铅丹、朱砂、酞菁蓝、人造氯铜矿、石膏、铅白炭黑	铅丹、铁黄、靛青、人造氯铜矿、石膏、炭黑	铁红、铁黄、朱砂、酞菁蓝、人造氯铜矿、石膏、炭黑	朱砂、铬黄、酞菁蓝、青金石、石青、绿土、石膏、炭黑	金、青金石、炭黑、石膏
	动物胶、蛋清	–	动物胶	蛋清	动物胶	动物胶
绘制工艺	传统彩绘；平面贴金和沥粉贴金					

平武报恩寺彩塑表面以白粉层打底，再在其上绘制各色颜料或贴金。而木雕彩绘也是在白粉层上，再绘色或贴金。二者在骨架和胎体制作上存在差异，但白粉层成分均为石膏混合物，厚度约0.3～0.5厘米。

颜料层中各色矿物成分不同，白色颜料为铅白、石膏；黄色颜料为铁黄、铅黄、铬黄；蓝色颜料为石青、青金石、酞菁蓝、靛蓝；绿色颜料为石绿、人造氯铜矿；棕色为朱砂、铅丹、铁红等红色颜料混合炭黑、石膏而成。不同于壁画的颜料胶料，彩塑颜料在使用中加入的胶料除动物皮胶外，还有蛋清或蛋清和动物皮胶的混合物。

3. 壁塑墙制作材料与工艺

平武报恩寺壁塑墙分布在大雄宝殿、大悲殿，按建筑空间和墙面划分为11幅，幅面大小存在差异。大悲殿壁塑墙8幅，主题是描述观音由人到神的佛传故事。大雄宝殿三世佛背后屏壁3幅壁塑墙，分别描述观音菩萨、文殊菩萨、普贤菩萨普度众生的情景。

经勘察研究得出平武报恩寺壁塑墙制作材料与工艺结果，详见下表。

表3-10　壁塑墙制作材料与工艺汇总表

分布位置	大雄宝殿	大悲殿
结构	木骨竹壁	
地仗层	分为粗泥层和细泥层，制作材料相同 木雕彩绘类彩塑无地仗层	
白粉层	石膏	
颜料层	传统颜料	传统颜料＋现代颜料
工艺	工笔重彩、平面贴金与沥粉贴金；罩染、晕染、勾线、叠压	

平武报恩寺保存有大量的壁塑墙文物，通过壁塑制作材料工艺相关文献[27]和现场调研的研究分析，大悲殿壁塑墙制作步骤大体可分为固定连接点、制作木骨架，扎捆草绳（较大体形的塑像，如大雄宝殿三大士），粗泥塑形，细泥整形，着色施彩六步。

颜料层中各色矿物成分不同，白色颜料为石膏；黄色颜料为铁黄、铬黄；蓝色颜料为石青、青金石、靛蓝；绿色颜料为绿土、人造氯铜矿；红色颜料为朱砂、铅丹。大悲殿壁塑墙在色彩上与寺内壁画颜料略有差异，推测为后期修补。

3.1.6　保存现状勘察、评估及成因分析

1. 保存现状勘察

彩塑、壁画文物制作材料为黏土和木材等，长久受到赋存环境变化的侵扰，现阶段都存在多种类型、不同程度的病害。此次数字化勘察测绘项目进展过程中，基于获取的精准的测绘数据，减少传统调查方式因人员认知不同造成的解读差异，同时摆脱因客观条件制约无法实现全面细致的调查而对客体进行经验性预估和猜测。

（1）壁画

本次调查依据《古代壁画病害与图示》（GB/T 30237-2013）标准，通过现场调查、测绘和数码摄影等对病害进行识别。此外，利用三维激光扫描获取的高精度三维模型，可以用于文物病害的识别和测量。

以DXBD-BH-09为例，选取其局部区域，通过测量臂精细扫描获取壁画表面模型，对地仗脱落位置做标识，计算量测得到小区域地仗脱落的周长、深度、面积以及体积数据（见表3-11），实现了小区域地仗脱落病害的精准量化。

27　高燕《陕西蓝田水陆庵壁塑基塑保护修复研究》，西北大学学位论文，2015年。

3-1-37　DXBD-BH-09地仗脱落区域标示

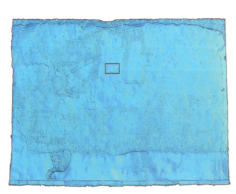

1.地仗脱落识别位置示意

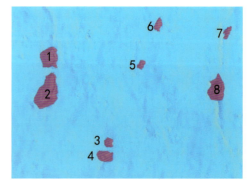

2.地仗脱落识别区域示意

3.地仗脱落体积计算

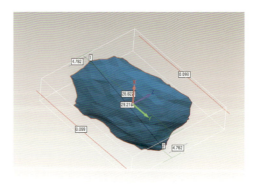

4.地仗脱落距离计算

3-1-38　地仗脱落识别

表3-11　脱落病害识别数据统计表

序号	最深处 mm	周长 mm	面积 mm²	体积 mm³
1	2.36	89.796	505.1192	587.66
2	2.14	141.18	900.65	860.98
3	0.69	43.686	113.1392	36.53
4	1.01	60.277	183.92	76.91
5	0.36	40.829	74.37	10.31
6	0.4	47.997	111.23	17.93
7	0.26	28.934	48.18	6.27
8	2.28	80.019	385.8901	368.91

　　结合现场调研和数字化成果病害识别，对每一幅壁画绘制了病害分布图。以 DXBD-BH-02 病害图为例，如下图所示。

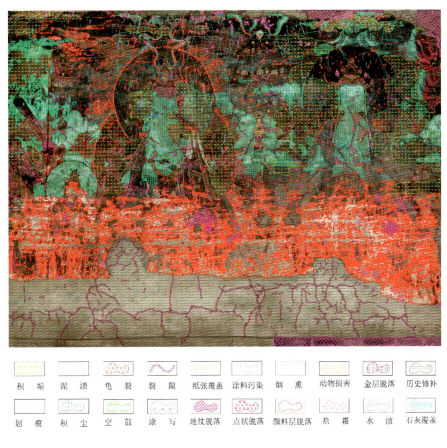

3-1-39　DXBD-BH-02 病害图

　　平武报恩寺壁画现阶段病害类型包括地仗层形变歪闪、空鼓、脱落、裂隙、酥碱，颜料层起甲、龟裂、片状脱落、点状脱落，表面贴纸覆盖、灰浆覆盖、水渍、泥渍、划痕、涂写、动物损害、污染物、不当历史修补等。对各殿壁画现阶段出现不同类型的病害进行量化统计，详见下表。

表 3-12 壁画病害量数据统计（m² 或 m）

类型 \ 殿名	大雄宝殿	万佛阁 一层	万佛阁 一层夹层	万佛阁 二层	合计
裂隙	138.856	40.274	29.771	166.306	375.207
划痕	158.146	220.700	27.426	256.945	663.217
地仗脱落	10.888	22.094	11.274	0.483	44.738
点状脱落	5.849	0.221	0.009	5.135	11.213
动物损害	0.146	0.194	–	0.085	0.425
龟裂	0.097	0.111	–	0.068	0.275
积尘	28.115	25.117	36.443	10.685	100.359
积垢	18.774	10.839	25.666	22.498	77.778
金层脱落	0.396	0.025	–	0.517	0.937
空鼓	2.954	0.238	–	12.725	12.131
历史修补	16.017	0.364	6.853	10.745	33.979
泥渍	5.805	11.417	3.542	6.316	27.080
起甲	0.002	–	–	–	0.002
石灰覆盖	4.437	47.494	10.752	15.867	78.551
水渍	3.217	2.683	0.276	3.186	9.362
酥碱	0.969	1.226	–	–	0.969
涂料污染	1.072	4.243	0.026	4.137	9.479
涂写	0.232	0.095	4.617	2.786	7.730
烟熏	0.505	0.458	–	–	0.964
颜料脱落	9.068	0.956	0.156	6.183	16.363
纸张覆盖	0.017	0.030	–	0.003	0.049
钉子	–	0.0004	–	–	0.0004

注："–"表示无此病害；裂隙、划痕单位为 m，其余单位为 m²

计算上述各类病害占总壁画面积比例如下图。

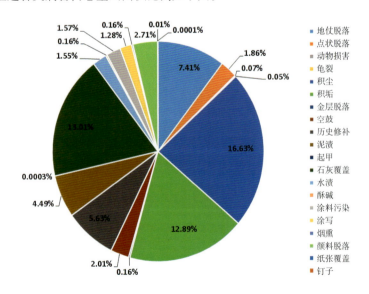

3-1-40 壁画各病害占总壁画面积
百分比图（除裂隙、划痕）

从病害量看，平武报恩寺壁画主要病害依次为积尘、石灰覆盖、积垢、地仗层脱落、历史修补、泥渍、颜料层脱落、空鼓、点状脱落等，划痕、裂隙病害也较多。由于造成病害产生的原因各不相同，如涂写、划痕、石灰覆盖等人为原因造成的属于非活动性病害，而颜料层起甲、地仗酥碱等壁画自身材质在保存环境中发生的老化病变还处于持续发展状态。

（2）彩塑

以万佛阁一层王鉴彩塑为例，经现场调查发现塑像下半身存在多条大小不等的裂隙。采用仪器精细扫描，对所得彩塑扫描模型中裂隙进行编号，分别计算各裂隙的长度、深度及张开度。

通过对彩塑裂隙进行立体测绘，得出各裂隙的基本参数，如下表所示。

表3-13　裂隙病害识别数据统计表

项目	裂隙1	裂隙2	裂隙3	裂隙4
裂隙长度（mm）	162.229	195.543	130.396	568.386
最大深度（mm）	7.545	5.929	12.667	13.202
最大张开度（mm）	7.664	5.24	6.676	8.783

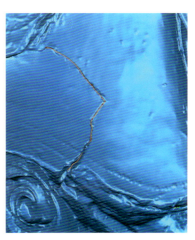

1. 左脚上方裂隙4

2. 右袖口裂隙1

3-1-41　万佛阁王鉴像裂隙位置标识　　　　3-1-42　裂隙识别

结合现场调研和数字化成果病害识别，对每一尊彩塑绘制详细病害图。以 TWD-CS-01 天王殿四大天王像病害图为例，如下图所示。

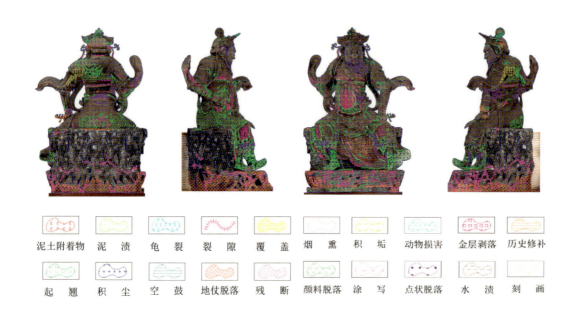

3-1-43　天王殿四大天王像病害图

平武报恩寺彩塑存在结构失稳、残缺、断裂、裂纹、龟裂、颜料层脱落、起翘、积尘覆盖、动物损害、涂写、划痕、水渍、泥渍、历史修补等病害。

计算上述各类病害占总彩塑表面积比例如图所示。

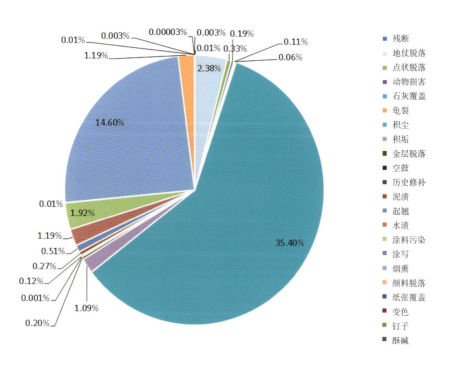

3-1-44　彩塑各病害占总彩塑表面积百分比图（除裂隙、划痕）

表3-14　彩塑病害数据统计表（㎡或m）

类型 ＼ 殿名	天王殿	大悲殿	大雄宝殿	万佛阁	华严藏	合计
残断	0.003	0.087	0.017	0.073	–	0.180
地仗脱落	15.398	0.024	11.880	12.188	0.004	39.494
点状脱落	1.641	0.023	3.248	0.435	0.045	5.391
动物损害	0.717	0.376	1.390	0.745	–	3.228
石灰覆盖	0.160	0.187	0.279	1.207	–	1.833
龟裂	0.027	0.975	–	0.057	–	1.059
积尘	142.011	40.235	301.153	90.539	12.470	586.409
积垢	–	0.585	17.327	0.118	–	18.029
金层剥落	0.597	0.662	1.572	0.394	0.045	3.270
空鼓	–	–	–	0.012	–	0.012
历史修补	0.839	0.549	0.031	0.592	–	2.011
裂隙	177.576	81.470	106.506	102.419	2.763	470.734
泥渍	0.429	0.092	3.248	0.654	0.034	4.457
起翘	2.391	2.317	3.264	0.554	0.004	8.530
水渍	0.042	0.003	19.721	0.020	–	19.787
涂料污染	17.755	0.017	13.894	0.123	0.002	31.792
涂写	0.156	–	0.061	0.013	–	0.231
烟熏	–	33.044	169.319	27.752	11.703	241.819
颜料脱落	7.046	1.343	3.995	7.183	0.082	19.648
纸张覆盖	–	0.114	–	–	–	0.114
变色	0.028	–	0.028	–	–	0.056
钉子	0.0002	–	0.0003	–	–	0.0005
划痕	0.003	–	30.066	0.0003	–	30.0693
酥碱	–	–	–	–	0.042	0.042

注："–"表示无此病害；裂隙、划痕单位为m，其余单位为㎡

从病害量来看，彩塑主要病害依次表现为积尘、烟熏、地仗层脱落、涂料污染、水渍、颜料层脱落、积垢、起翘、点状脱落等。另裂隙、划痕病害也较多。

由于彩塑文物属于立体结构，为了塑像形态表达，有诸多凹陷褶皱，这都为降尘堆积提供了便利的条件。现阶段彩塑文物表面积尘较为普遍，严重影响塑像观瞻效果，同时部分彩塑结构失稳也是亟须解决的问题。此外，常规病害，如裂隙、起翘、龟裂、颜料层脱落等，仍处于活动发展状态。

（3）壁塑墙

勘察测绘范围内仅有大悲殿和大雄宝殿存有壁塑墙，经勘查分析平武报恩寺壁塑墙现阶段病害类型包括地仗层形变、脱落、裂隙、酥碱，颜料层龟裂、片状脱落、点状脱落，灰浆覆盖、水渍、泥渍、划痕、涂写、动物损害、污染物、不当历史修补等。

表3-15　壁塑墙病害数据统计表

类型＼殿名	大悲殿	大雄宝殿	合计
残断	–	0.011	0.011
地仗脱落	0.077	0.040	0.118
动物损害	0.663	0.022	0.685
点状脱落	–	2.383	2.383
龟裂	0.014	–	0.014
积尘	23.763	61.133	84.895
积垢	0.016	17.327	17.343
金层剥落	0.006	0.048	0.054
历史修补	0.942	–	0.942
裂隙	0.152	0.054	0.207
石灰覆盖	–	0.279	0.279
泥渍	0.008	0.155	0.162
起翘	0.116	–	0.116
水渍	0.001	19.385	19.386
酥碱	0.915	–	0.915
涂写	–	0.018	0.018
涂料污染	1.767	12.378	14.145
烟熏	–	88.639	88.639
颜料脱落	0.851	0.345	1.197
覆盖	0.107	–	0.107
钉子	0.0001	–	0.0001

注："–"表示无此病害；裂隙、划痕单位为 m，其余单位为 m²

计算上述各类病害占壁塑墙总面积比例如下图。

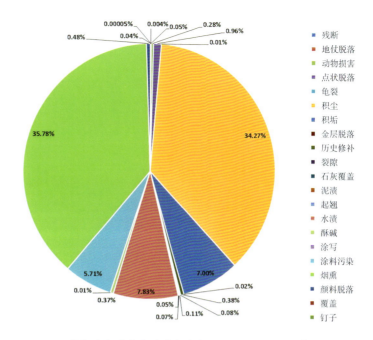

3-1-45 壁塑墙各病害占总壁塑墙表面积百分比图（除裂隙、划痕）

从病害量来看，壁塑墙主要病害依次表现为烟熏、积尘、水渍、积垢、涂料污染、点状脱落、颜料层脱落、历史修补、酥碱等。另裂隙、划痕病害也较为严重。

现阶段病害处于不同的发展状态，如涂写、划痕、石灰覆盖等人为原因造成的病害，现阶段由于有效管理已处于非活动状态，而颜料层起甲、地仗酥碱等由于文物自身材质在保存环境中发生的老化病变还处于持续发展状态。

2．保存现状评估

在文物病害类型和数量统计的基础上，对建筑空间内容文物病害表现的差异性进行了分析统计。以万佛阁一层壁画、大悲殿彩塑和壁塑墙为例，详见下图。

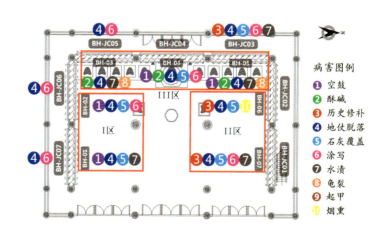

3-1-46 万佛阁一层壁画
部分病害分布图

万佛阁一层殿内空间分为三个区域，万佛阁一层殿内壁画均存在地仗脱落、裂隙、颜料层脱落等病害。除共有病害外，殿内Ⅰ、Ⅱ区主要以石灰覆盖病害为主，Ⅲ区壁画底部酥碱较明显。石灰覆盖、烟熏等病害为人为造成，酥碱病害应与地仗层材质、保存环境相关，水渍应与建筑结构漏雨、渗水相关。夹层壁画未做分区，主要以积尘、积垢与涂写病害为主。

根据分布空间和文物工艺特点，将大悲殿彩塑空间分为两个区域，Ⅰ区范围如下图，Ⅰ区以外部分为Ⅱ区。根据现场勘察调研和病害量统计，大悲殿彩塑均存在积尘、颜料脱落、裂隙和起翘等病害。除共有病害外，Ⅰ区彩塑为木雕彩绘，病害较相似，均有残断，且龟裂、起翘、裂隙等病害较严重；剩余四尊彩云童子塑像为木骨泥塑，病害较相似，局部区域有残断现象。另殿内西侧彩塑均有烟熏病害，应与历史上殿内燃香和小范围空气流通有关。

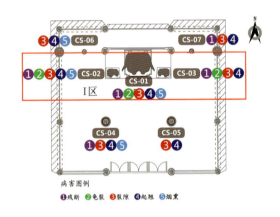

3-1-47　大悲殿彩塑部分病害分布示意图

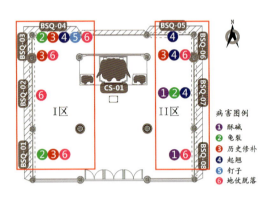

3-1-48　大悲殿壁塑墙部分病害分布示意图

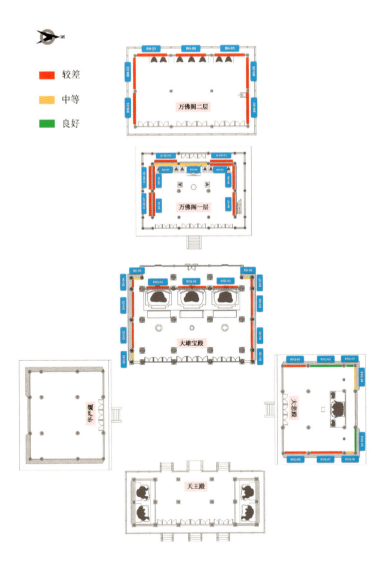

3-1-49　报恩寺壁画、壁塑墙保存状态评估图

　　大悲殿壁塑墙按空间分为两个区域，大悲殿壁塑墙均存在积尘、颜料脱落、裂隙、动物损害等病害。此外，Ⅰ区壁塑墙均有地仗脱落现象，DBD-BSQ-04病害较突出，存在龟裂、历史修补、起翘、顶部部分区域有钉子，DBD-BSQ-02保存相对较好；Ⅱ区壁塑墙病害差异较明显，DBD-BSQ-06有过修补痕迹，DBD-BSQ-07、DBD-BSQ-08底部存在酥碱病害严重。总体而言，大悲殿壁塑墙为晚期作品，且有修缮痕迹，在病害程度上较其他殿宇的壁塑墙较轻。

　　结合此次现场对平武报恩寺壁画、壁塑墙文物本体的勘察和数字化测绘成果，对壁画、壁塑墙保存完好程度进行统计。因报恩寺壁画、壁塑墙病害类型较多，各幅壁画、壁塑墙病害呈现状态相异，故以各单幅壁画、壁塑墙存在的地仗脱落、空鼓、裂隙、颜料脱落、龟裂、酥碱等病害程度判断保存完好程度，病害比较复杂且统计的量级较大的定义为较差；病害表现较复杂但统计的量级偏小的定义为中等；病害表现单一且统计的量级比较小的定义为良好。报恩寺壁画、壁塑墙保存状态评估统计如图3-1-49所示。

同样对彩塑保存状态评估统计见下图。

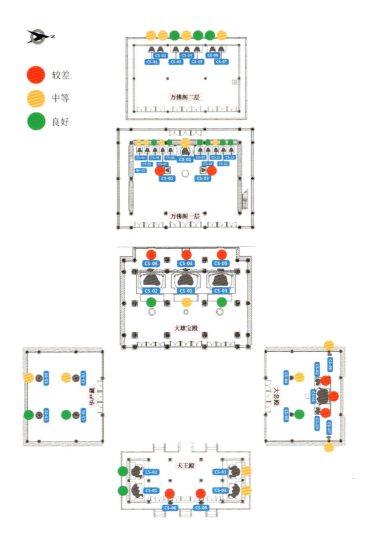

3-1-50　报恩寺彩塑保存状态评估图

3．保存现状成因分析

结合平武县自然环境和报恩寺文物建筑环境调查及日常管理等情况，可以将影响壁画、彩塑墙病害的主要影响因素归结为以下几类。

（1）温湿度

温度：壁画、彩塑墙无机和有机材质内部含有一定水分，会受冻融及风化影响使文物原有结构遭到应力破坏。根据报恩寺各殿红外热成像照片及墙体含水率检测来看，大雄宝殿、万佛阁一层、大悲殿每间壁画距地面1.5米以下部位及大悲殿沿支撑体木枋部位湿度较高。从2014年的监测结果来看，各殿最低温出现在12月，温度为1.2℃～2.5℃（对应室外温度为-1℃），由于建筑的保温作用，当年各殿尚不具备冻融发生条件。但据历史资料记载，平武地区极端的温度最低值为-6.6℃，出现在1975年12月，说明报恩寺各殿墙体潮湿部位存在冻融发生的风险。同时温度的影响也反映在热胀冷缩方面。壁画彩塑墙颜料层、地仗层、土坯墙和梁柱木构件之间由于材质热膨胀系数存在一定差异，在温度升高与下降过程中会导致不同界面间或不同物质间发生膨胀与收缩现象。虽然通过对报恩寺殿内温度进行监测，发现虽然各殿日温差保持平稳，但由于年温差在20℃左右，依然会缓慢造成壁画、彩塑墙颜料层、地仗层和支撑体之间产生大面积空鼓和脱落。

（2）湿度

湿度对于壁画的破坏，一般是伴随着温度的变化产生的，周围环境过高的湿度可以使壁画表面生成冷凝水导致颜料层胶结物失效，造成褪色发生。同时，湿度频繁变化也会造成颜料层起甲和酥碱现象。不仅如此，湿度还可以加剧冻融、光照、颗粒污染物和微生物对壁画的破坏。综合环境温湿度监测和墙体含水率监测结果来看，报恩寺壁画、彩塑墙虽未出现冷凝现象，但整体保存环境比较潮湿，平均湿度73%，最高湿度达90.9%，墙体地仗含水率最高达到11.1%。同时，报恩寺壁画、彩塑墙体温湿度分布极为不均，这是导致其空鼓，开裂及大面积脱落的主要原因。

（3）水分

结合平武地区天气状况看，2014～2015年两年的阴雨天气占66.7%，说明大气降水是报恩寺各殿环境潮湿的主要影响因素。此外，调查发现报恩寺壁画、彩塑墙上存在较多水渍和泥渍，是由于早期建筑尚未修缮，大气降水透过屋面及其泥灰层作用于壁画、彩塑表面而形成的。同时，部分壁画、彩塑墙受雨水影响，会导致颜料层褪色或区域性剥落。另外，若伴随冷凝现象，水汽中空气污染物二氧化硫、二氧化碳溶解所生成的酸会侵袭和削弱以碳酸盐为主要成分的壁画彩塑材料，伴随水汽蒸发会引起颜料层、地仗层酥碱。冷凝水的聚集也会导致空气灰尘颗粒携带的微生物孢子等有害物质在壁画层附着，引起微生物损害。在本次调查中，报恩寺大悲殿东墙和万佛阁一层距地1.5米以下墙体较为潮湿，虽未出现冷凝水，但在日后的监测中应密切关注该区域的温湿度变化。

（4）光照

报恩寺壁画、彩塑墙受到的光照损害主要来自太阳辐射。光辐射对壁画彩塑材料的危害除了其热效应能使有关化学反应加快速度外，更重要的是体现在壁画彩塑材料的光化学反应效应上。光线的危害主要有两个方面。一方面，引起壁画彩塑颜料的褪色和变色。另一方面，引起胶结材料的老化。根据现场监测，报恩寺天王殿、大悲殿、大雄宝殿和万佛阁靠门窗两侧墙壁的壁画彩塑受光照影响强烈，颜料层粉化、褪色、脱落明显。此外，光照的热效应也会影响温度和湿度，参数的变化将直接影响各类病害的发生。

（5）空气污染

随着人类工业活动和交通运输业的扩大，每年要向大气中排放大量污染物，各种硫化物、氮氧化物等有害气体和粉尘等空气污染物不但威胁着人类赖以生存的大气环境，并且对古代建筑壁画、彩塑也造成了很大的危害。其主要机理是由于水汽对各类空气污染物的吸附作用，对文物造成的化学腐蚀。近年来，平武地区空气质量保持较好，经检测报恩寺殿内、殿外硫氧化物、氮氧化物等有害气体值均未超标。但由于此次研究在壁画彩塑颜料层和地仗层中都检测到碳酸钙（$CaCO_3$）和石膏（$CaSO_4$），不排除历史上空气中二氧化硫（SO_2）长期作用的影响，使壁画彩塑原材料出现石膏化的劣变。

（6）动物损坏

由于古代建筑的内部环境冬暖夏凉，温湿度较外部更加稳定，因此成为了昆虫、鸟类、鼠类和其他动物的栖居之所，时刻影响着壁画、彩塑墙的安全。经调查，报恩寺各殿内地仗层中有不同程度受到土蜂、蝙蝠、老鼠等影响产生虫洞、鼠洞、抓痕、咬痕、排泄物污染等多种病害。2007～2012年报恩寺主体建筑经过全面维修后，各殿基本控制住了曾出现的白蚁、土蜂等虫害和鼠害。在2014～2016年壁画、彩塑墙调查中未发现墙体有土蜂、白蚁和老鼠的活体，由此造成的病害属于静态病害。而万佛阁二层发现有大量蝙蝠活体栖息，造成壁画表面不断出现新的抓痕和排泄物污染，这种活态病害是影响文物健康的顽固因素。

（7）人为损坏

因历史原因，报恩寺壁画和彩塑墙出现多次人为干预造成较大损坏。首先是大悲殿佛龛后墙壁画，历史上该处曾作为厨房使用，使整个墙面通体被烟熏覆盖，画面模糊不可辨认，特别是下部出现了大面积脱落，同时还有报纸覆盖的痕迹。其次，万佛阁一楼南北两壁四面墙上在"文革"时期被通体用白灰覆盖，由于白灰厚度不均，且和颜料层结合紧密，给后期清理工作造成了极大的困难。此外，报恩寺天王殿、大悲殿、大雄宝殿和万佛阁内壁画彩塑曾经多处被人为修补加固，在此过层中用到水泥、现代人工合成涂料等多种不当材料和工艺，加重壁画、彩塑各类病害。

（8）自然灾害

由于平武县境地域辽阔，自然条件复杂，森林植被破坏比较严重，因此常有自然灾害发生。其中地质灾害有地震、山体崩塌、滑坡、泥石流等，气候灾害有干旱、洪涝、秋绵雨、低温冷害、大风、冰雹等，生物灾害有病虫害和鸟兽害。其中以洪涝、地震灾害最为严重。据历史记载和平武县气象站气象资料显示：境内几乎每两年发生一次暴雨，都出现在5～9月，尤以7月最为集中，全年阴雨天气达到200天左右。据调查，清光绪二十八年（1902年）、1934年、1944年也发生过大洪水。清1902年7月26日至29日连日大雨，县城东街武庙门口进水，报恩寺菜园被淹。此外，平武县境位于地震多发带，地震活动频繁。据不完全统计，1950～1990年的41年间，共发生4～4.9级地震49次，5～5.9级地震5次；6级以上地震3次。1976年8月16～23日在松潘、平武两县连界处的虎牙关一带发生7.2级地震2次、6.7级地震1次，震撼波及范围大于200万平方公里，在约300平方公里范围内造成了巨大损失。1976年8月至1983年9月发生大于或等于2.5～4级的余震5849次。在5·12地震中，平武县受灾严重，交通、通讯全面中断，供电、供气、供水、广电网络等系统全部瘫痪，其中南坝、平通、响岩、水观等乡镇受灾最重。报恩寺壁画、彩塑出现的大面水渍、泥渍、地仗层酥碱、空鼓、开裂、倾斜和脱落等病害和历史上重大洪涝、地震等自然灾害有着密切的关系。

3.2 大雄宝殿壁画保护修复设计

3.2.1 壁画概况

大雄宝殿是寺内的中心建筑，坐西朝东。殿内南、北、西壁绘有佛祖弟子"十二圆觉像"图10幅；殿内正中从南至北依次供奉三世佛，分别是释迦摩尼佛、毗卢遮那佛和阿弥陀佛；在三世佛后砌有三大士彩塑墙三面。大雄宝殿壁画墙分布在前文彩塑、壁画概况介绍中已有提及，壁画、彩塑、壁塑墙文物尺寸信息汇总见表3-16、表3-17。

表3-16 大雄宝殿壁画信息表

序号	编号	位置	长（m）	高（m）	体量（m²）	内容
1	DXBD-BH-01	南墙第一间	4.0	1.9	7.6	十二圆觉
2	DXBD-BH-02	南墙第二间	4.2	5.6	23.5	十二圆觉
3	DXBD-BH-03	南墙第三间	4.2	5.7	23.9	十二圆觉
4	DXBD-BH-04	南墙第四间	4.0	1.9	7.6	十二圆觉
5	DXBD-BH-05	西墙第一间	4.0	1.9	7.6	十二圆觉
6	DXBD-BH-06	西墙第五间	4.0	1.9	7.6	十二圆觉
7	DXBD-BH-07	北墙第四间	4.0	1.9	7.6	十二圆觉
8	DXBD-BH-08	北墙第三间	4.1	5.5	22.5	十二圆觉
9	DXBD-BH-09	北墙第二间	4.2	5.6	23.5	十二圆觉
10	DXBD-BH-10	北墙第一间	4.1	1.9	7.8	十二圆觉
小计					139.3	

表3-17 大雄宝殿彩塑、壁塑墙信息表[28]

编号	位置	高（m）	宽（m）	厚（m）	表面积（m²）	体积（m³）	内容
DXBD-CS-01	殿中部	9.5	6.3	3.9	230.1	15.4	毗卢遮那
DXBD-CS-02	殿中南	9.3	6.3	3.9	235.8	15.9	释迦摩尼
DXBD-CS-03	殿中北	9.3	6.3	3.9	232.6	16.2	阿弥陀佛
DXBD-BS-01	背龛中	3.1	2.3	1.3	112.0	1.4	南海观世音坐犼
DXBD-BS-02	背龛北	3.0	2.1	1.2	104.7	1.8	文殊坐狮子
DXBD-BS-03	背龛南	3.1	2.3	1.3	104.1	1.8	普贤坐白象
小计					1019.3	52.5	

3-2-1 大雄宝殿外观及内景

28　由于彩塑、壁塑墙文物属于立体，高、宽、
　　厚均为文物形体最大处，表面积和体积
　　由高精度测绘所得模型计算所得。

3-2-2　大雄宝殿壁画（DXBD-BH-10）局部

3-2-3　大雄宝殿佛座背面三大士像

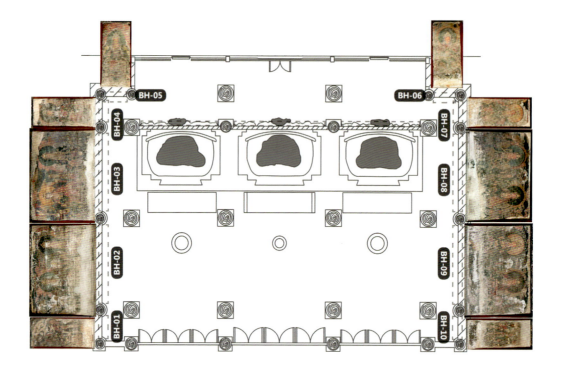

3-2-4　大雄宝殿壁画分布图

BH-01　　　BH-02　　　　　　BH-03　　　　BH-04　　　BH-05

3-2-5　大雄宝殿南墙壁画（DXBD-BH-01～DXBD-BH-05）

BH-06　BH-07　　　　BH-08　　　　　　BH-09　　　　BH-10

3-2-6　大雄宝殿北墙壁画（DXBD-BH-06～DXBD-BH-10）

3.2.2 制作材料及工艺分析

前文已对报恩寺壁画制作材料和工艺有了初步的总结，以下针对大雄宝殿壁画结构和各层材料进行详细的分析总结如下。

3.2.2.1 结构分析

平武报恩寺大雄宝殿壁画的制作工艺基本沿袭了《营造法式》（第13卷泥作制度画壁）的相关做法，壁画由支撑体、地仗层和颜料层组成。南北两侧壁画及西侧壁画的支撑体是土坯泥墙，该种支撑体的做法是：以垒砌块石作为墙体地基，其上砌筑土坯作为建筑物的内墙体，在土坯墙体外侧砌筑青砖作为建筑物的外墙体。然后在土坯墙内侧用掺有稻草的粗泥抹平墙面约30～50mm，再在粗泥表面垫被棕丝一层约5mm，之后涂抹一层细黄泥约20mm，再涂抹含有棉花的白灰层5mm，待白灰层干燥后调配颜料施彩作画。

3.2.2.2 地仗分析

报恩寺大雄宝殿壁画地仗结构从上到下依次为白灰层、细泥层、棕丝层和粗泥层。通过分别取样，利用超景深显微镜、扫描电镜及X射线衍射分析，确定出白灰层的主要成分为方解石、石膏、伊利石、石英、绿泥石和钠长石等；细泥层与粗泥层的主要成分为石英、少量的绿泥石（硬）和微量钾石膏等。

1. 白灰层

通过超景深显微镜观察发现，大雄宝殿壁画白灰层厚约5mm，质地微松，颜色偏青—黄，且白灰内部夹杂较多的植物纤维丝。该植物纤维颜色较白，纤维细长而分散。扫描电镜下观察发现，该植物纤维具有天然扭转，横截面呈不规则腰圆形，并含有中腔，有老化现象，和现代棉纤维样品纤维结构相似，符合棉纤维的显微形态特征。棉是中国古代壁画白灰地仗中常用的天然植物纤维，起到加固地仗层、防止收缩开裂的作用。

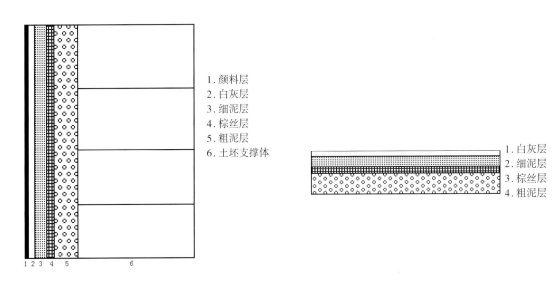

3-2-7 大雄宝殿壁画结构示意图　　　　　3-2-8 大雄宝殿壁画地仗结构示意图

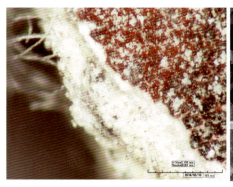

3-2-9　白灰层超景深显微照片200×　　　3-2-10　白灰层纤维SEM照片500×　　　3-2-11　现代棉纤维SEM照片500×

　　使用扫描电镜和X射线衍射仪对大雄宝殿壁画的白灰地仗进行了检测，检测成果信息基本一致，内含矿物种类有方解石、石膏、伊利石、石英、绿泥石、钠长石和少量白铅矿。见表3-18。

表3-18　大雄宝殿壁画白灰层SEM元素分析结果（at%）

样品编号	C	O	Na	Mg	Al	Si	Pb	Ca	K	Fe
DXBD-B-2-9	7.01	59.55	1.55	0.81	11.27	14.93	0.37	1.4	1.47	1.64

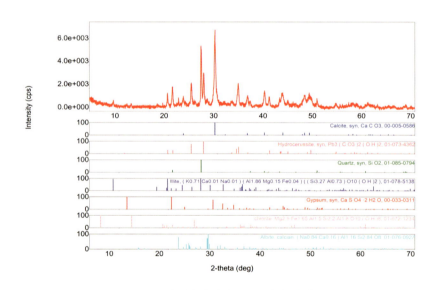

3-2-12　壁画白灰地仗XRD分析谱图

2. 泥质地仗层（夹棕丝层）

　　报恩寺大雄宝殿壁画泥质地仗分为细泥层和粗泥层上下两层。超景深显微分析发现细泥层质地细腻，植物纤维含量较少，粗泥层颗粒度较大，内有明显粗壮植物纤维。在壁画粗细两层泥质地仗中夹杂一层厚约5mm的棕丝层。

　　扫描电镜观察发现细泥层致密且颗粒度小、排列较整齐，成片状分布；粗泥层疏松、颗粒度大且杂乱无章；粗泥层内夹杂纤维细胞一般都为细且短，两端多呈尖削状，胞腔较小，壁上有纹孔（也有无纹孔）和节纹，形态与典型的稻草形态一致。从棕丝的显微结构可以看出，棕丝显微部分排列整齐，部分杂乱，说明大雄宝殿壁画棕丝有一定程度的老化。

　　利用扫描电镜能谱仪对大雄宝殿壁画粗细泥层进行成分分析，主要含有C、O、Na、Mg、Al、Si、K、Ca、Fe、S等元素（见表3-19）。据X射线衍射分析，粗泥层和细泥层的主要物相组成为石英、白云母、钾长石、钙长石、绿泥石和伊利石等。

3-2-13 细泥层超景深显微照片50×　3-2-14 粗泥层超景深显微照片50×　3-2-15 细泥层SEM照片3000×

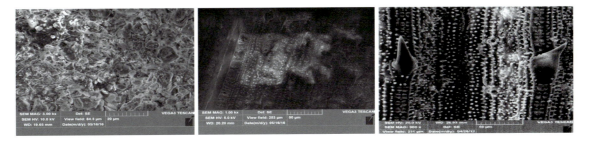

3-2-16 粗泥层SEM照片3000×　3-2-17 粗泥纤维SEM照片1000×　3-2-18 稻草纤维SEM照片1000×

3-2-19 棕丝纤维超景深照片50×　3-2-20 棕丝纤维SEM照片1000×

表3-19　大雄宝殿壁画泥质地仗层元素组成

泥质地仗	元素 wt%									
	C	O	Na	Mg	Al	Si	S	K	Ca	Fe
细泥层	9.98	33.15	00.55	01.25	10.88	28.01	00.75	3.10	4.48	7.85
粗泥层	10.08	31.96	0.43	01.48	10.60	26.98	00.64	3.92	2.61	11.30

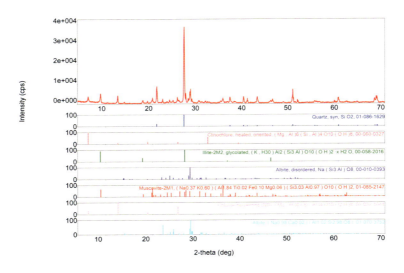

3-2-21 细泥层XRD分析谱图

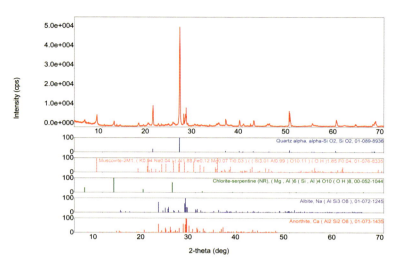

3-2-22 粗泥层 XRD 分析谱图

对大雄宝殿壁画细泥质地仗层进行土工筛分后，得出各殿稻草纤维的质量百分含量在1%～2%左右，细泥层稻草含量较少；粒径大于0.075mm，沙含量为88%～89%左右，其中细沙含量最高；粉土含量约占9%～10%。总体判断，大雄宝殿壁画所用土质为颗粒度较细的沙土，粗泥层中粗沙和中沙含量略高，并且比细泥层多加入了一倍的稻草纤维。

表3-20 大雄宝殿壁画粗细泥质地仗层颗粒级配（wt%）

颗粒级配 样品	稻草纤维 （d>2mm）	粗沙 （0.5mm≤d<2mm）	中沙 （0.25mm≤d<0.5mm）	细沙 （0.075≤d<0.25mm）	粉粒 （d<0.075mm）
大雄宝殿细泥	1.07	9.13	9.88	69.71	10.21
大雄宝殿粗泥	2.21	12.52	12.77	63.09	9.41

3.2.2.3 颜料分析

根据文物保护不改变原状和最低限度干预原则，采用拾取法和粘取法对报恩寺大雄宝殿南、北、西墙上黑、白、黄、红、绿、蓝六种色系的颜料分别取样，进行了超景深显微分析、偏光显微分析和拉曼光谱分析。

超景深显微观察发现，大雄宝殿壁画颜料绘制在白色地仗之上，红、黄、蓝绿等各色颜料色彩丰富、色泽饱满，绘画工艺较为精制，颜料层厚度平均在0.5mm左右。从部分颜料样品剖面显微观察发现，壁画的绘画工艺在工笔重彩之外，增添了叠色技法，即在一种颜色之上又绘画其他颜色的手法。这种技法一方面可以使壁画颜色体现出更加丰富的层次感，另一方面也便于画师对大面积相同颜色区域的填色和点缀。

3-2-23 亮红色颜料正面　　3-2-24 亮红色颜料背面　　3-2-25 亮红色颜料剖面　　3-2-26 绿色样品剖面
3D-SDM 照片 200×　　　3D-SDM 照片 200×　　　3D-SDM 照片 200×　　　3D-SDM 照片 200×

DXBD-B-2-8	DXBD-B-4-6	DXBD-N-4-6	DXBD-B-2-2	DXBD-B-1-7
DXBD-B-2-1	DXBD-B-2-5	DXBD-N-4-10	DXBD-B-1-5	DXBD-N-2-4
DXBD-N-2-6	DXBD-B-2-3	DXBD-B-1-8	DXBD-B-2-6	DXBD-XNS-1

3-2-27　大雄宝殿壁画颜料偏光显微照片 500×

　　通过偏光显微分析和拉曼光谱分析得出：红色样品和亮红色样品为铁红，另一种红色样品为朱砂；肤色样品为铁红、铁黄及少量朱砂的混合物；三种黄色样品均为铁黄；蓝色样品为石青；三种绿色样品为人造氯铜矿；白色样品为硫酸钙；黑色样品为炭黑；黑褐色样品为朱砂和炭黑混合物。实验结果见表3-21。

表3-21　大雄宝殿壁画颜料激光拉曼分析结果

样品编号	采样部位	样品名称	RAM 分析结果
DXBD-B-2-8	北墙第二间中间人物右脚下	红色	铁红
DXBD-B-4-6	北墙第四间人物右脚下	红色	朱砂
DXBD-N-4-6	南墙第四间右侧人物衣领处	亮红色	铁红
DXBD-B-2-2	北墙第二间左侧人物右手边沿	肤色	铁黄、铁红、朱砂（极少量）
DXBD-B-1-7	北墙第一间右侧人物右肘部	土黄	铁黄
DXBD-B-2-1	北墙第二间右侧人像右腿部	浅黄	铁黄
DXBD-B-2-5	北墙第二间左下人物左肩部	黄色	铁黄
DXBD-N-4-10	南墙第四间左侧人物衣袖边沿处	蓝色	石青
DXBD-B-1-5	北墙第一间左侧人物飘带下部	绿色	人造氯铜矿
DXBD-N-2-4	南墙第二间中间人物右手臂下	深绿	人造氯铜矿
DXBD-N-2-6	南墙第二间左下人物右手臂下	浅绿	人造氯铜矿
DXBD-B-2-3	北墙第二间左侧人物下方	白色	石膏
DXBD-B-1-8	北墙第一间右侧动物披带	黑色	炭黑
DXBD-B-2-6	北墙第二间中间人物光环处	黑褐色	朱砂、炭黑（少量）

3.2.2.4 胶料分析

中国古代壁画为干壁画,即使用动植物胶料调和颜料在干透的地仗表面作画。常见的动物胶一般由猪、牛、羊等家畜的皮、骨、腱熬制而成。此外,还有鸡蛋清、鱼鳔胶等,植物胶以桃胶、淀粉为主。使用热裂解 — 气质联用分析仪对大雄宝殿颜料层内胶料氨基酸组成进行测试,由于羟脯氨酸是动物胶内所特有的,同时参考已有数据库,我们初步判断大雄宝殿壁画颜料中使用了动物皮胶。

表3- 22　大雄宝殿样品胶料氨基酸分析结果

样品	各氨基酸含量比 %														
	丙氨酸	甘氨酸	缬氨酸	亮氨酸	异亮氨酸	正亮氨酸	脯氨酸	蛋氨酸	丝氨酸	苯丙氨酸	天冬氨酸	羟脯氨酸	谷氨酸	赖氨酸	酪氨酸
DXBD-B-2	0.565166 1	0.203056 6	1.387313 2	0.033282 7	0.472038 5	6.000489 6	0.601649 1	12.60262 84	7.491971 3	0.137771 2	0.229138 7	1.688137 8	68.58735 67	–	–

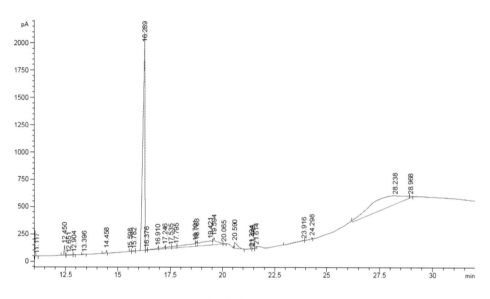

3-2-28　大雄宝殿样品氨基酸定量分析谱图(GC-FID)

3.2.2.5 沥粉堆金

在前期研究中,有不少文献描述平武报恩寺内的壁画彩塑中采用了沥粉贴金的制作工艺。但是在现场勘察时发现这些用金之处,特别是在壁画上有堆金(描金)的现象,且金料较薄,为了明确真实的工艺做法,通过对大雄宝殿内壁画进行取样(详见表3-23),利用三维超景深显微镜、扫描电镜能谱仪以及X射线衍射仪对其进行了微观形貌观察和成分鉴定。

表3-23　大雄宝殿壁画沥粉贴金(堆金)取样记录表

编号	采样部位	采样方法
DXBD-B-2-7	大雄宝殿北壁壁画第二间人物服饰	锓取

使用超景深显微镜对大雄宝殿壁画样品进行观察，从图3-2-29及图3-2-30可以看出，颜料样品表面金料厚约0.1～0.2mm，呈颗粒分散堆积状态，无紧致平整的金箔层。由于受到粉尘、风沙的堆积磨蚀，以及游客用手触摸、灰尘清扫等机械摩擦，使得金层如颜料般脱落。由此可以判断，报恩寺壁画技法并非均使用沥粉贴金，也有沥粉堆金。该法是明清以来常见的绘画装饰手法。此外，从图中还可以看出，大殿壁画白色沥粉层上还有一层红色涂料，厚度约0.3～0.5mm，这种先用红色打底、再施金粉的做法，在四川及周边地区明代建筑壁画上多见，颜料剖面示意图见图3-2-31。

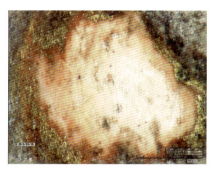

3-2-29　DXBD-B-2-7正面　　　　　　　3-2-30　DXBD-B-2-7剖面
超景深照片200×　　　　　　　　　　　超景深照片200×

堆金层
红色打底层
沥粉层
白灰层

3-2-31　壁画沥粉堆金示意图

　　扫描电镜微观下，堆金层表面比较粗糙疏松，未发现金铂成层界面。根据X射线能谱分析得出，堆金表面主要元素有C、O、Si、Al、Ca、Mg、Pb、Au等，见图3-2-32至图3-2-35。其中超景深显微镜下看到的红色涂层应为铅丹（Pb_3O_4），铅元素含量普遍较高，重量百分比保持在20%～40%左右。堆金层中的金含量不高，重量百分比在10%左右。对大悲殿堆金层分析时测得金含量达35.94%，说明金的分布并不均匀。沥粉层的主要为C、O、Si、Al、K、Na、Ca、Mg、Fe、S等，与壁画白灰层成分相近，判断沥粉层与白灰层使用同种材料。

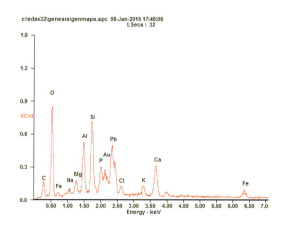

Element	Wt%	At%
CK	07.95	18.41
OK	27.87	48.49
NaK	00.89	01.08
MgK	01.79	02.05
AlK	05.69	05.87
SiK	08.71	08.63
PK	03.27	02.94
AuM	08.59	01.21
PbM	22.70	03.05
ClK	01.20	00.94
KK	02.15	01.53
CaK	06.19	04.30
FeK	02.99	01.49

3-2-32　DXBD-B-2-7正面堆金层SEM数据

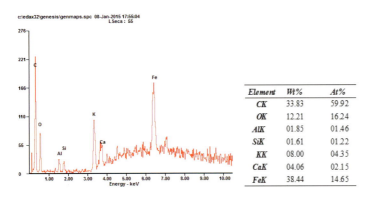

Element	Wt%	At%
CK	33.83	59.92
OK	12.21	16.24
AlK	01.85	01.46
SiK	01.61	01.22
KK	08.00	04.35
CaK	04.06	02.15
FeK	38.44	14.65

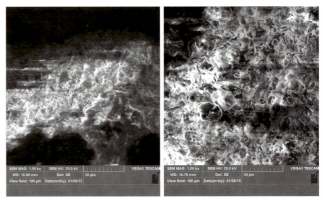

3-2-33　DXBD-B-2-7背面沥粉层SEM数据　　　　3-2-34　DXBD-B-2-7　　　3-2-35　DXBD-B-2-7
　　　　　　　　　　　　　　　　　　　　　　　　正面堆金层SEM照片1000×　背面沥粉层SEM照片1000×

3.2.3　病害调查

总体来看，大雄宝殿内壁画整体保存状态不佳，主要病害种类有墙体后倾（南北中间两间）、地仗层空鼓脱落、水泥不当修补、颜料层龟裂起甲、颜料层粉化褪色、颜料层脱落、酥碱（底部1m）、灰尘覆盖、烟熏、涂写、动物污染及损坏等。

3-2-36　空鼓脱落　　　　　　3-2-37　水泥不当修补　　　　　　3-2-38　涂写

3-2-39　地仗层酥碱　　　　　3-2-40　颜料层脱落　　　　　　3-2-41　支撑体后倾

3-2-42　颜料层粉化　　　　　3-2-43　动物抓痕

3.2.4　保护修复设计

根据各类病害的产生原因和特点进行深入研究（包括实验室研究和现场试验），尽量使用原材料原工艺，选择渗透性好、不改变色观、透气、耐候、操作性好的材料，使用恰当的保护修复工艺流程。

3.2.4.1　设计依据、原则和目标

1．设计依据

《中华人民共和国文物保护法》（2015）；

《中华人民共和国文物保护法实施条例》（2005）；

《文物保护工程管理办法》（2003）；

《中国文物古迹保护准则》（2015）；

《古代壁画现状调查规范》（WW/T 0006－2007）；

《古代壁画病害与图示》（GB/T 30237－2013）；

《古代壁画地仗层可溶盐分析的取样与测定》（WW/T 0032－2010）；

《古代壁画脱盐技术规范》（WW/T 0031－2010）；

《古代壁画保护修复方案编制规范》（GB/T 30236－2013）；

相关国际保护宪章、宣言和准则等。

2．设计原则

第一，此次设计为文物保护施方案设计阶段，在保护修复施工前期，应根据相关工程法规要求进行详细的资料信息统计、记录。

第二，遵循"保护为主，抢救第一，合理利用，加强管理"的文物保护方针。

第三，设计遵循"不改变文物现状"原则，严格按照国标及行业标准，做到保持文物的"真实性"和"完整性"。

第四，严格遵循"最低限度干预"原则，科学取样（尽量做到无损），所采用的保护修复方法要结合文物病害的类型和程度，优先治理严重的部位，对稳定状态部位及周围环境尽量不做过多干预。

第五，保护修复材料和方法必须经过科学筛选、实验室研究和现场试验，选择兼容性好、可再处理性高、环保耐久的保护材料和适宜的保护修复技术，尽可能使用传统材料和工艺。

第六，根据"可辨识"原则，修补部位不能侵犯文物周围原始艺术面，可根据情况在新补物质面上进行适当复原，提高文物完整性、艺术性，但可分辨。

第七，设计采用动态设计方法，严格按动态施工信息化管理要求进行。

3．设计目标

保存修复设计目标为本着"保护为主，抢救第一，合理利用，加强管理"的文物工作方针，以不改变文物原状为首要原则，在对四川平武报恩寺内现存古代壁画广泛深入研究的基础上，制定切实

有效的文物保护修复措施，科学严格地规范各类具体操作技术方法，从而指导真实、完整、全面地保存并展示文物的历史信息及各类价值。

3.2.4.2 保护修复工艺

保护修复流程如下：

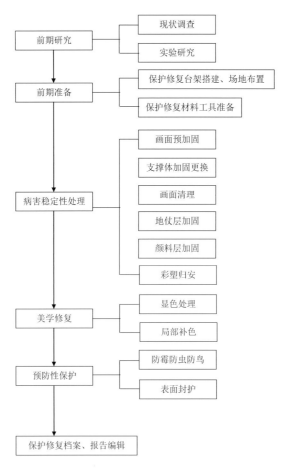

3-2-44　壁画保护修复流程图

1. 保护修复试验室筛选

在前述对壁画文物保存现状、病害成因、制作材料工艺等有了充分研究的基础上，分别针对酥碱加固、烟熏清理、地仗层（白灰）修补、灌浆加固、表面覆盖物白灰清理做了专门的实验室材料和工艺测试研究，为现场保护修复措施实施奠定了基础。下文以灌浆材料筛选为例，说明实验室筛选的基本流程和评估内容。

报恩寺空鼓病害主要分布在大雄宝殿和万佛阁内。大雄宝殿北南两墙由于年久失修，再加上近年地震频繁，导致空鼓病害面积达到109余平方米，其中南墙较为严重。

（1）灌浆材料筛选原则和要求

① 不改变原状原则，需要最大限度运用原材料和原工艺，就地取材，保持文物完整性和真实性。

② 材料兼容性原则，所研究的材料应能很好地和原材料互相作用，成为完整一体，要求材料具有很好的渗透性和黏性。

③ 材料稳定性原则，由于壁画灌浆加固属于干预性措施，灌浆材料一旦使用尽量避免去除。因此材料必须稳定耐老化，经过实验室和现场试验验证方可使用。

除了以上重要原则外，还应考虑到现场空鼓病害对灌浆材料的特殊要求：浆液流动性好，渗透性高；轻盈透气；收缩率小、不产生开裂；具有适宜的强度；耐老化，抗冻融。

（2）灌浆材料

① 当地土：本着不改变原状，使用原材料、原工艺，以及就地取材的原则，研究选用平武报恩寺南北两侧山下耕土作为灌浆材料的主体成分。利用扫描电镜和 X 射线衍射仪对当地土和报恩寺壁画泥质地仗的成分进行了鉴定，结果表明两种样品成分非常接近，主要成分为石英、绿泥石等，说明壁画地仗材料应是就地取材。根据颗粒度分析结果，实验土工筛选 500 μm ～ 75 μm 的当地土进行灌浆复配实验。

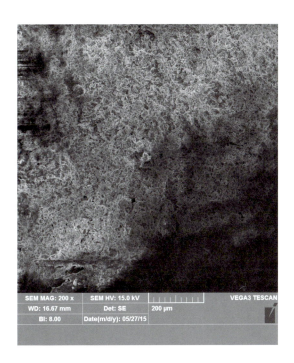

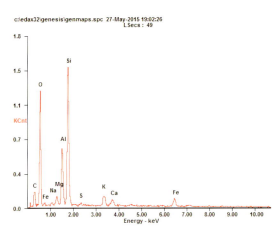

3-2-45　壁画泥质地仗层 SEM 照片 200×　　　　3-2-46　壁画泥质地仗层 SEM 元素谱图

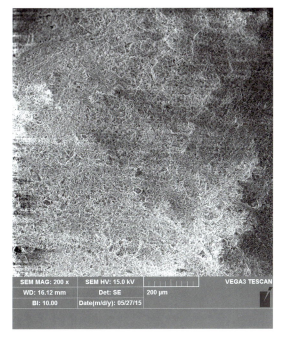

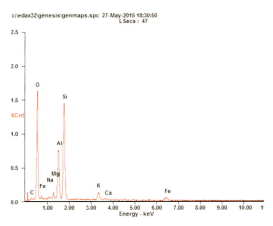

3-2-47　当地土 SEM 照片 200×　　　　3-2-48　当地土 SEM 元素谱图

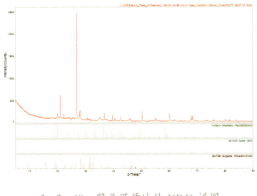

3-2-49 壁画泥质地仗 XRD 谱图	3-2-50 当地土 XRD 谱图

② 玻璃微珠:玻璃微珠是近年来发展起来的一种用途广泛、性能特殊的新型材料,由硼硅酸盐原料经高科技加工而成,化学成分为:SiO_2、CaO、MgO、Na_2O、Al_2O_3、Fe_2O_3 及其他,粒度为 $10\mu m \sim 250\mu m$,壁厚 $1\mu m \sim 2\mu m$。玻璃微珠具有质轻、低导热、较高的强度、良好的化学稳定性等优点。其表面经过特殊处理具有亲油憎水性能,非常容易分散于有机材料体系中。玻璃微珠的加入使灌浆材料具有空间填充体量好,分散较为均匀,浆料分量轻等优点,近年来是石窟壁画及建筑壁画灌浆材料中常用的填料之一。

③ 浮石粉:主要成分为二氧化硅和氧化钙,多孔,质轻。天然浮石粉对于孔隙有良好的填充效果,而且能够将较大的团粒结合在一起,使孔隙更加均匀,甚至于封闭孔隙,使其联结成一体。在壁画灌浆材料中添加适量的浮石粉可减轻重量,降低收缩率,增加透气性,提高黏性,增强材料的抗冻融性和耐久性。

④ Primal AC33:AC33 是目前彩绘类文物保护领域使用最多的丙烯酸类高分子加固剂。该材料原液是乳白色液体,可被水、乙醇等溶剂溶解。其主要成分为聚丙烯酸甲酯和聚甲基丙烯酸甲酯。该材料最大的优点是现场操作简单,可与水任意比例互溶,没有刺激性气味。此外,其渗透性好,耐老化性好,固化后不改变文物外观,强度适中。

⑤ 蛋清:是指包在蛋黄周围,由蛋白质组成的透明的胶状物质,含有蛋白质、脂肪、碳水化合物、灰分、钙、磷、铁、核黄素等营养物质。除了食用以外,古代也常用蛋清来做建筑涂料及土坯墙的填料。近年来相关研究表明,在灌浆材料中加入适量的蛋清可以增加浆液的黏性,提高固化强度和黏接力。

(3)灌浆材料实验

① 样品制备

在配制灌浆材料前用去离子水将固体材料反复漂洗进行脱盐处理,使其盐分大大降低,再用土样筛将灌浆材料的颗粒控制在 $500\mu m \sim 75\mu m$ 之间。根据前期实验,挑选出 9 组有代表性的配方,准确称量各组分样品,充分混合后进行实验,各组组分见表3-24。其中鸡蛋清(均匀搅拌成泡沫状)和 AC33(乳白色原液)是按干组分5%计算分别加入浆料中,加入0.5~0.6倍适量去离子水用搅拌器充分搅拌均匀呈流质待用。

② 实验步骤

A. 浆液配好时，使用 LICHENPH–100A 酸度计测量各组浆液的酸碱性。

B. 定量灌浆材料中水分析出的范围和速度，通过直径为 5.6 cm、7.7 cm、10.5 cm 的同心圆记录。取 5 ml 样品装入注射器中，挤到已绘好不同直径的圆心纸上，记录水分达到的时间，测试样品析水性。

C. 测量样品的干燥时间，即在一定相对湿度和温度下灌浆材料达到恒定重量所需要的时间。把样品装入体积为 42.39 cm³ 的玻璃皿中称重（初重），然后放入相对湿度 RH 40%、温度 30℃的恒温恒湿箱中，每天称重两次，直至恒重。

D. 测量线性收缩率，即干燥前后样品直径的变化，$(D_1-D_2)/D_1 \times 100$，D_1 = 玻璃皿直径，D_2 = 干燥后样品直径，线性收缩率用 % 表示。

E. 计算体积收缩率，干燥前后样品体积的变化 $(V_1-V_2)/V_1 \times 100$，V_1 为玻璃皿体积，V_2 为干燥后样品体积，收缩率用 % 表示。

F. 测量样品干燥前后重量变化，$(M_1-M_2)/M_1 \times 100$，M_1 为样品初重，M_2 为样品终重，计算样品含水率，用 % 表示。

G. 测量样品干密度，即单位体积灌浆材料的重量，用 g/cm³ 表示。

H. 测试样品单轴抗压强度，把样品制成 5 cm × 5 cm × 5 cm 的方体，利用万能材料试验机进行抗压实验，样品承受最大荷载所需的力，用 MPa 表示。

I. 测试样品抗剪切强度，制取 4 cm × 8 cm × 3 cm 石灰样块若干，用注射器吸取 10 ml 材料注射在 4 × 4 样块方形面上，两块样品反向对夹压实，自然晾干，利用万能材料试验机夹住上下两端进行抗剪切实验，用 N 表示。

③ 结果与讨论

下表是 9 组灌浆材料各项实验测试结果。第 1 ～ 6 组样品是为了测试不同填料在当地土中所起的作用，可以看出适当加入填料可以增强浆料的流动速度，加入 AC 33 和蛋清可以降低浆料的含水率，浮石粉需提高含水率，而玻璃微珠的加入使含水率前后变化不大。从酸碱度来看，当地土为中性偏碱性，AC 33 和蛋清为偏酸性，浮石粉为偏碱性，而玻璃微珠不影响浆料的 pH 值；加入 AC 33 的干燥时间明显缩短，其余填料也能适当提高浆料干燥速度；加入蛋清和玻璃微珠会略微提高浆料固化的线性收缩和体积收缩，AC 33 能适当缓解收缩，而随着浮石粉比例的增多，收缩率有明显的降低。从力学强度测试结果来看，蛋清、AC 33 和玻璃微珠能大大提高浆料的抗压和抗剪切强度，但是随着浮石粉比例的增多，各项力学强度明显降低。从干密度来看，加入浮石粉的浆料干燥后密度最轻，AC 33 适当减轻，其余填料变化不大。

由此可以得出，各种填料在浆料中所起的作用各有优劣。第 7 组是当地土、玻璃微珠和浮石粉纯无机浆料的测试结果，这种配方很好地解决了固化收缩的问题，但是 pH 值和强度结果不是很理想，因此需要向无机配方内添加有机粘接材料。第 8 组和第 9 组是不同浮石粉比例和 AC 33、蛋清分别混合的浆料实验结果，可以明显看出，第8组配方的各项测试结果均令人满意，特别是浆料为中性、固化收缩率很低，强度与当地土接近，固化重量减轻。

表3-24　各组灌浆材料测试结果

编号	填充料比例（质量比）		析水性（到达时间）			含水率（％）	pH值	干燥时间(h)	线性收缩率（％）	体积收缩率（％）	抗剪切（N）	抗压（Mpa）	干密度（g/cm³）
			第一圈（5.6cm）	第二圈（7.7cm）	第三圈（10.5cm）								
1	当地土	1	2′36″	6′36″	20′26″	36.8	7.30	55	5.02	20.2	320.3	0.812	2.015
2	当地土	1	2′08″	7′19″	18′26″	33.0	6.55	48	4.53	20.7	471.4	1.643	1.747
	AC33	0.05											
3	当地土	1	1′40″	5′30″	20′09″	33.4	7.06	54	5.21	22.4	477.1	1.903	2.037
	蛋清	0.05											
4	当地土	1	1′54″	4′09″	13′49″	36.5	7.34	54	5.63	24.6	455.1	1.504	2.163
	玻璃微珠	0.1											
5	当地土	1	50″	3′50″	14′40″	39.2	7.76	51	3.53	12.7	198.5	0.550	1.584
	浮石粉	0.7											
6	当地土	1	2′15″	5′38″	17′06″	37.5	7.67	53	3.90	15.4	369.1	0.917	1.851
	浮石粉	0.3											
7	当地土	1	1′45″	5′27″	18′26″	34.9	7.80	50	3.51	12.1	314.4	0.609	1.745
	玻璃微珠	0.1											
	浮石粉	0.7											
8	当地土	1	2′14″	5′08″	16′38″	33.3	7.05	45	2.89	9.4	352.6	0.906	1.461
	玻璃微珠	0.1											
	浮石粉	0.7											
	AC33	0.05											
9	当地土	1	2′58″	5′34″	18′50″	34.6	7.28	47	3.88	15.1	471.4	1.652	1.495
	玻璃微珠	0.1											
	浮石粉	0.3											
	蛋清	0.05											

2．保护修复现场措施

（1）一般覆盖物清理

报恩寺壁画表面覆盖物的种类较多，主要有灰尘覆盖、泥渍覆盖、蜘蛛网、动物粪便等，清除时应根据各类覆盖物与壁画表面的结合情况采取不同措施。

① 软质覆盖物：首先利用洗耳球、软毛刷对壁画表面浮尘等软质覆盖进行清理，然后使用棉签蘸取2A对表面进一步清理。

② 硬质覆盖物：如遇坚固土垢或钙质覆盖物，使用2A滴注渗透硬质覆盖表面，进行初步软化后再用竹刀、手术刀等修复工具进行剔除清理。注意清理过程需谨慎小心，临近颜料层时可改用海绵擦蘸取少量去离子水进行局部处理。

③ 顽固覆盖物：对于有机顽固覆盖物，如动物粪便、油漆涂料等污染物，可使用无纺纸蘸取2A局部贴敷的方法，待表面覆盖物软化后，使用棉签逐层清理。注意时刻观察贴敷效果，贴敷时间不宜过长，临近颜料层时可改用海绵擦蘸取少量去离子水进行局部处理。

以上各类覆盖物处理后，需用脱脂棉将壁画表面擦干，不得留有多余水分。

3-2-51　灰尘覆盖清理前　　　　　　　　　3-2-52　灰尘覆盖清理后

3-2-53　土垢清理前　　　　　　　　　　　3-2-54　土垢清理后

3-2-55　蝙蝠粪便污染清理前　　　　　　　3-2-56　蝙蝠粪便污染清理后

（2）烟熏层清理

报恩寺壁画烟熏病害由于厚度不均，且通常伴随较明显的地仗层开裂、脱落现象，保护修复难度高。因此，在烟熏层清理工作前必须对壁画地仗层进行加固，先恢复其整体稳定性，然后按照前期实验研究方案对烟熏进行清理。

① 配制清理剂：30％柠檬烯＋5％皂角苷乙醇溶液混合均匀，pH=6.55。

② 贴敷涂刷：将浸有清理剂的纯棉无纺纸紧密贴在壁画表面，压紧铺平，保证壁画与无纺纸之间无空隙，不断涂刷清理剂。

③ 盖膜压平：为防止溶剂挥发降低清理速度，在纯棉无纺纸表面铺上保鲜膜。对于重度油烟区，

可使用便携式小型加热熨斗局部加温，注意操作时与壁画保持5～10cm距离，不能直接接触壁画。

④ 揭取观察：10分钟后揭下保鲜膜和纯棉无纺纸，并用棉签蘸取少量清理剂轻轻擦拭壁画表面，观察清理效果，直至颜料层露出。

⑤ 残留物清除：用棉签蘸取适量无水乙醇轻轻擦拭壁画表面，用脱脂棉吸干，重复数次，再用棉签蘸取适量去离子水进一步清除表面残留物。

⑥ 测量色度：待清理部位自然干燥后，在同一位置测量色度，并拍照。

⑦ 表面加固：2％明胶溶液刷两遍；0.2％AC33乳液刷一遍。

⑧ 测量色度：在同一位置测量色度，并拍照。

壁画烟熏清理工作必须细心认真，清理程序应先从厚层烟熏层开始，划定工作块逐步清理，保证壁画表面颜料层的安全。对于处理难度大的部位，应采取保守方式，尽量少干预，使用2A和3A溶液对表面初步清理。

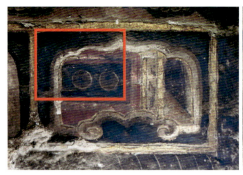 

3-2-57　烟熏清理前　　　　　　　　　3-2-58　烟熏清理后

（3）颜料层龟裂起甲修复

① 除尘：用洗耳球和软毛刷小心将颜料层翘起部位的浮尘和背后黏土颗粒清理干净。

② 软化起甲层：用注射器吸取适量2A溶液，采用滴注法从起翘边缘开始软化起甲部位。

③ 注射黏结剂：用注射器吸取2％～3％的AC33溶液注射到起甲颜料层背部，注射时注意胶量要适宜，不能造成胶液流淌现象，注射次数约两至三遍，以肉眼观察不产生眩光为止。

④ 回贴颜料层：待AC33被地仗层充分吸收后，用棉签或修复刀将起甲画面轻轻回贴原处。

⑤ 滚压：颜料层回贴地仗层后，用纺绸包裹脱脂棉制成的棉球轻轻滚压，滚压的方向应从颜料层未裂口处向开裂处轻轻滚压，排除内部空气，必要时垫日本纸或塑料膜隔离滚压。

⑥ 喷涂1％～2％AC33加固一至两遍。

3-2-59　起甲加固前　　　　　　　　　3-2-60　起甲加固回贴后

（4）颜料层粉化褪色加固

选用雾化程度高的小喷壶将1%～3%AC33按浓度梯度少量多次喷涂颜料层粉化部位，70%干燥后用棉球滚压以提高颜料层的内聚力，必要时垫日本纸或塑料膜隔离滚压。喷涂1%～2%AC33加固一至两遍。

3-2-61　酥碱粉化加固前　　　　　　　　3-2-62　酥碱粉化加固后

（5）酥碱修复及脱盐

① 除尘：用洗耳球和软毛刷小心将颜料表面尘土和细沙进行清理。

② 回软：用注射器吸取适量2A溶液在酥碱部位进行回软处理一遍，这样做有利于后续加固剂的渗透深度。

③ 注射加固：用注射器吸取2%～3%AC33对酥碱泥质地仗部位进行深层梯度渗透加固三至四遍。

④ 滚压加固：用日本纸或塑料薄膜铺垫隔离，用压板或脱脂棉等软质工具轻轻使疏松粉化的颜料层慢慢回贴原处并压实。

⑤ 二次加固：待颜料层及地仗层充分结合紧密之后，用2%AC33在颜料层表面涂刷一遍，进行二次加固。

⑥ 敷贴吸水脱盐垫：壁画压平压实后，立即用带有2cm厚海绵的透气性顶板把吸水脱盐材料敷贴在壁画表面，对壁画进行脱盐处理，透气性顶板的边缘比加固区域大出10cm，防止水分向加固区域的外围扩散。

⑦ 更换吸水脱盐材料：每天监测加固区域，视壁画的干燥程度更换吸水脱盐材料，随着壁画逐渐干燥可以减少更换次数。

⑧ 二次脱盐：壁画干燥后，在壁画凹凸不平的凹部，有白色结晶盐生成，这时应对壁画进行二次脱盐处理。方法是将高强度吸水纸裁剪成5cm×5cm的方形小块，用保护笔的蒸汽将其打潮敷贴在壁画表面，用软海绵使纸块与壁面充分结合，结晶盐就吸附在纸块上，待纸块干燥后取下。经过7～8次的排列式吸附，壁画表面的结晶盐将较多被清除。

最后喷涂1%～2%AC33加固一至两遍。

需要注意的是，⑥～⑧脱盐工艺主要针对地仗层大面积酥碱部位实施的必要程序，若酥碱面积小，且病害程度不重，可垫敷吸水纸进行局部脱盐。

3-2-63　酥碱加固前　　　　　　　　　　　　3-2-64　酥碱加固后

（6）空鼓灌浆加固

根据前期研究结果，采用当地土：玻璃微珠：浮石粉：AC33为1:0.1:0.7:0.05，水灰比为0.55的灌浆材料对壁画空鼓部位进行加固。通过计算，该配方的剪切强度为$0.62 kgf/cm^2$，由于壁画干重为$2 g/cm^3 \sim 3 g/cm^3$，按壁画地仗层厚度为$3 \sim 5 cm$计算，每平方厘米的重量最大值为15g左右，因此加固范围约为1:40，即每$40 cm^2$最少纵向灌浆加固$1 cm^2$的壁画（实验理论值）。在现场操作时，根据"最低限度干预"原则，如遇到小于$40 cm^2$的空鼓或$1 m^2$以下未完全脱离的空鼓画面，可使用3%～5%AC33对地仗层做渗透加固；如发生大面积空鼓病害时，应考虑实际操作情况慎重对待灌浆操作，根据实验数据计算，建议采用点灌方式，可每平方米设4个灌浆孔，各点加固$25 cm^2 \times 25 cm^2$至$30 cm^2 \times 30 cm^2$为宜；若空鼓伴随有脱落现象，需用$0.3 \sim 0.4$水灰比灌浆材料调成膏状进行边缘加固。具体灌浆步骤如下。

① 观察：用内窥镜观察空鼓部位内部情况。

② 布孔：根据壁画空鼓的程度和范围在颜料层脱落或地仗破损处用微型电钻钻直径0.3cm的灌浆孔，根据情况预留出浆孔。

③ 清理：用洗耳球和毛刷小心清理空鼓壁画表面浮尘及空鼓内部疏松脱落地仗。

④ 封护裂缝：用1% tylose水溶性胶和棉纸对裂缝进行封护，防止漏浆污染壁画。

⑤ 灌浆：调配浆液，用注射器吸取灌浆从下至上进行注射灌浆，在出浆孔处用脱脂棉防护以防浆液污染下部画面。

⑥ 清理：灌浆后用软毛笔沾蒸馏水清除封护裂缝的tylose水溶性胶和棉纸。

⑦ 修补脱落地仗：对于空鼓周围有脱落的部位，使用水灰比$0.3 \sim 0.4$的灌浆材料进行边缘加固。

⑧ 回贴脱盐：用透气性顶板把脱盐垫支顶到灌浆加固部位，快速并尽可能多的将水和可溶盐吸附到吸水脱盐材料上，透气性顶板的边缘比灌浆区域大出$30 \sim 40 cm$防止水分向灌浆区域外围扩散；每天监测灌浆部位，根据壁画潮湿程度和脱盐垫的吸水脱盐能力，更换吸水脱盐材料；壁画干燥后，在壁画凹凸不平的凹部，有白色结晶盐生成，这时应对壁画进行二次脱盐处理（同酥碱处理）。

⑨ 封孔：用地仗修补材料封堵灌浆孔和出浆孔，表面修整。

灌浆过程中借助红外热成像可直观反映物体温度差异的特性，直观观察浆液流动情况和灌浆效果的评判。

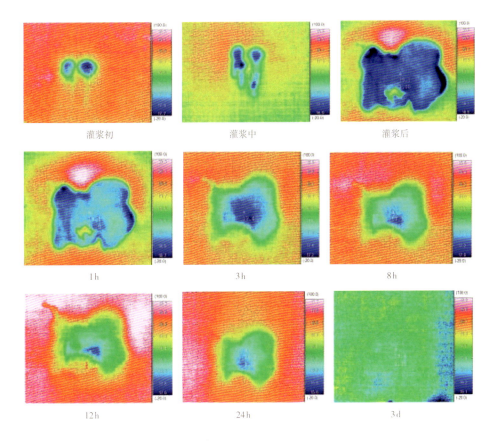

灌浆初　　　　　　灌浆中　　　　　　灌浆后

1 h　　　　　　　　3 h　　　　　　　　8 h

12 h　　　　　　　24 h　　　　　　　3 d

3-2-65　灌浆修补红外热成像过程记录

（7）地仗层修复

① 除尘：表面清理。

② 润湿：将地仗缺失部位用去离子水润湿。

③ 泥质地仗：使用灌浆材料控制材料水灰比达适宜黏稠度，修补缺失泥质地仗。先使用边缘加固法将脱落边缘进行稳定性处理，然后逐层填补缺失泥质地仗，注意层层收压平整，最后要求泥层补缺后与壁画原始表面低5mm。

④ 白灰地仗：使用前期研究成果调配材料，即每100g白灰膏中添加6%的石英粉，6%的浮石粉，4：1的棉纤维和50ml 10.0%的硅溶胶，在细泥层表面填补白灰地仗，使其与原始颜料层基本相平略低0.5mm，注意不要超出范围污染周围画面。

3-2-66　地仗脱落修补前　　　　　　　　3-2-67　地仗脱落修补后

（8）美学修复

根据不改变原状的文物保护原则，对影响壁画整体艺术价值的颜料层缺失部分进行选择性美学补绘。美学补绘的颜料必须使用和周边区域相同的矿物颜料，使用胶矾水调配。美学补绘的原则如下。

① 地仗大面积脱落的颜料层缺失，不进行补绘，仅在新作白灰地仗上进行颜色的协调处理，使其与周边白灰地仗整体一致。

② 小面积单色颜料层缺失，可以根据周围色彩使用影线法补绘相近色彩。具体做法为在需补绘部位，使用细小的毛笔绘制短线条，线条重复同方向叠压，同向叠压形成的厚度以原颜料层厚度为基准略低，在保持"可辨识"前提下，恢复文物的历史真实性与艺术完整性。

③ 线条缺失部分，若可根据周围图案走势或原始照片，以及有规律可循的现存图案适当还原，可采用实线条勾勒，虚影线平涂的方式进行补绘；若不能确认缺失部分的图案线条，则不能进行补色，仅做白灰地仗，协调色彩，保持现状。

④ 沥粉描金处不做处理，根据原始工艺可适当修补铅丹打底层。

需要注意，补绘所用的材料和方法应尽可能与壁画本体的材料和工艺相一致；补绘仅针对新填补的地仗层表面；严禁对原始颜料层进行任何描绘，为防止颜料晕染，在新补的地仗表面涂刷适量胶矾水溶液做隔离处理；补绘人员需要有专业的壁画保护修复资格并具备长期修复壁画颜料层的丰富经验；补绘时严格按照修复原则，缺失线条模糊不可判断时严禁主观臆想随意添加；补绘的色彩饱和度要略低于周边原始壁画，以突出原作，避免过于鲜艳，应达整体和谐的效果。

（9）防霉、防虫、防鸟

防霉处理：在对大雄宝殿壁画进行调查的过程中并未发现明显霉变的问题，但殿内环境较为潮湿，在壁画表面修复完成后可根据情况在湿度较高部位使用3‰～5‰MD防霉剂进行喷涂防霉处理，同时控制殿内环境湿度尽量维持在70%以下。

防治虫害：由于报恩寺在2011年大修之前有白蚁感染木结构的情况，虽经治理至今未发现大面积明显活体，但预防工作不能停止。在后期壁画的保护修复工作中应进行严格的逐点排查，如若发现白蚁，应在不对壁画产生潜在危害的前提下立即采取杀防措施：在木料表面钻若干个小孔；将白蚁净等药物喷入洞内；每隔50～100cm蚁路，喷一个点；发现蚁巢后，在巢位插孔3～5个，每个孔口的喷药量，以手压瓶体5～7次为宜；24小时后开口清理蚁巢。此外，需加强日常管理，定期检查，做到殿内环境通风、干燥。注意殿内外环境卫生，清除一切能诱集白蚁的垃圾废品，如木柴、杂物、枯枝、弃物或建筑木材等。预防白蚁的入侵，特别是在白蚁的繁殖分群季节，采取扑打、灯光诱杀或药物杀灭等方法消灭分飞的有翅繁殖蚁，防止新的蚁群产生。同时，加强对外地运入的木材、木制品、旧木料和木质包装箱等严格检查，防止白蚁在人为地携带传播中扩散。严重蚁患要及时请专业技术人员采取有效的灭治措施，阻止白蚁继续蔓延扩散侵袭。对于土蜂等其他墙内活体虫害的杀防，可用2.5%的敌杀死乳油、20%杀灭菊酯对其进行喷涂和注射渗透防治。

防蝙蝠（鸟）：保护自然生态，以驱赶为主。在蝙蝠（鸟）集中的地方安置超声波驱鸟器；同时查清蝙蝠夜出早归的通路，可以按时派人在通路上等候捕打或驱赶。

（10）修复材料统计

报恩寺大雄宝殿壁画保护修复主要使用的材料见表3–25。

表 3-25　主要保护修复材料汇总表

类别	品名	配比	用途
清理	去离子水	按 2A 或 3A 配比	软化、清理表面易除无机污渍；溶剂
	无水乙醇		
	丙酮		
	氯胺 T	2%～3%	除霉
	木瓜蛋白酶	适量	除霉
	霉敌	3‰～5‰	防霉
	白蚁净	商品配比	杀防白蚁
	敌杀死乳油	2.5%	杀虫
	杀灭菊酯	20%	防虫
	柠檬烯	30%	烟熏清理
	皂角苷	5%	烟熏清理
	柠檬酸	5%	去除白灰辅助用剂
（预）加固	AC33	1%～5%	颜料层、地仗层加固
	皮胶	3%～5%	颜料层加固
	tylose 水溶性胶	1%	脱盐封缝
	硅溶胶	10%	白灰修补加固
	专用灰浆	商品配比	支撑体修补
	环氧树脂	50%	粘接
	白灰膏	湿	白灰地仗修补
修补／填料	当地土	干	泥质地仗修补
	浮石粉	400 目	白灰地仗修补、灌浆填料
	玻璃微珠	10～250um	灌浆填料
补色	颜料	适量无机矿物颜料、3%～5% 动物胶	炭黑、铁红、朱砂、铅丹、铁黄、青金石、石青、人造氯铜矿、石膏

3.2.5　展储及维护管理建议

3.2.5.1　建立报恩寺文物监测体系

建立室外气象监测站，对建筑周围的温度、湿度、降雨量、风速、风向和日照环境指标等进行实时监测。

使用空气质量检测仪对有害气体和污染物进行定期定点检测分析。

针对建筑整体环境监测方面构建 GIS 系统，对建筑壁画外部环境以及保护修复、开发利用、保护规划等方面进行整体监测。

建立通讯网，采用视频、电话、传真、网络等多种联系方式，获取气象局、地震局等发布的气象预报信息，并与消防、防洪、抗震等部门密切联系，做好防范措施。

根据壁画在建筑中的不同空间层位安装若干不同类别的环境气象传感器，通过数据收集和后期的处理和分析，对建筑壁画室内的微环境现状及对壁画病害的变化的影响做出评估。

3.2.5.2 加强日常保养

建立日常保养制度，安排专人定期进行检查和记录。

壁画的保养方面应定期对表面的灰尘、泥渍、水渍、覆盖物、污染物等进行清理。

根据监测数据采取必要的防光、防潮、隔温处理，如加设窗帘，限制人流量、减少开放时间等，发现壁画出现突发性粉化脱落或酥碱应及时上报。

定期对鸟害、鼠害、虫害，特别是蝙蝠等动物损害进行排查，如发现必须及时驱除。

在文物环境的维护方面应每天注意保持卫生，及时清理室内外的灰尘、垃圾和杂物。

加强管理，禁止游客在室内对壁画进行拍照、吸烟、触摸文物或破坏文物。

在防灾设施的维护方面要定期对防火、防雷、防震设施进行检查和维修，查看是否完好，是否能够正常工作。

在水电系统的维护方面应定期检查和维护照明、取暖等各种电器设备，以及煤气、天然气管道的正常工作与安全，超出使用寿命的设备或线路应及时更换，同时保证给排水管道的通畅使用，为防火、防洪做好基础准备。

3.2.5.3 关于展示利用

大雄宝殿壁画是报恩寺壁画中的精华所在，但南北两墙距佛龛宽度不足2m，并且之间没有隔挡，长期以来各类人员与文物的"零距离"造成了壁画、彩塑墙磨损、划伤严重，特别是底部1.5m以下区域尤为严重。同时由于壁画年代久远，壁画胶结材料老化、环境潮湿、壁画酥碱、大面积脱落病害十分严重，因此必须聘请专业设计单位对壁画进行隔离展示处理，预期应达到即保证文物安全，不被人直接接触和破坏，又便于游客参观的目的。

3.2.5.4 保护修复档案建设

保存完善现状调查报告。记录壁画的历史、价值、保存环境、材质工艺等基本信息，绘制壁画病害图。利用高清摄影、3D扫描等数字化方法记录文物的原始图像信息。

保存完善保护修复方案资料。资料包括保护修复方案正式文本、保护修复方案的批复文件，保护修复材料的性能试验、材料筛选试验，与材料相适应的保护修复工艺筛选试验相关数据、照片、模拟实验、结论等。

建立保护修复日志。应对保护修复工程全过程进行作详细记录。主要包括文物保护单位名称或其单体名称、编号、保护修复人员、修复日期、工作区域、工作内容、使用材料、工艺、操作条件、现状描述、工作小结、存在问题、保护修复照片等。由保护修复人员根据实际工作情况填写。记录使用材料记录主要成分，工艺主要记录技术方法和操作步骤、操作条件主要记录仪器设备和操作环境的温度、湿度等。在保护修复过程中，如遇到方案设计需要技术变更的情况，应详细记录其现象和原因。

保存影像资料。记录壁画保护与利用的全过程，修复工作中对清理、加固、脱盐、粘接及补强、支撑体更换等技术实施工过程，以及修复前原状与修复后现状所采集的影像资料，包括视频、照片等。

其他资料。验收资料，包括工作报告、技术报告、自评估报告、验收意见（含验收专家组名单）。保护修复、试验、监测以及施工质量控制文件、保护修复工程监理等相关资料。

3.3 转轮藏勘察与保护实践

转轮藏位于平武报恩寺院内的华严藏殿室内，是现存明代可转动转轮藏的精品。该经藏既继承了宋法式中转轮藏的基本特征，又在明代小木作设计中有所创新发展。其工艺之精巧，雕饰之繁杂，令人叹为观止。经藏平面八棱形，由藏座、藏身、藏顶和两层天宫楼阁组成，通高10.75m，底径6.4m，一人在外侧即可将其推转。转轮藏建成至今已逾五百多年，因近年地震等外在因素影响，经藏整体出现倾斜，转动受阻，小木装饰也多有残损缺失，亟待进行保护维修。

2018年报恩寺转轮藏勘察及维修项目申报国家文物局年度计划并同意实施，批复项目名称为"平武报恩寺转轮藏前期勘察研究"。先期启动对转轮藏的基础研究工作，以期廓清转轮藏的构造做法、倾侧现象、倾侧原因等问题，旨在形成一套系统性的转轮藏勘察资料，并辅以分析，以指导保护修缮工作。

根据勘察研究，最终确认转轮藏倾侧的主要原因为华严藏殿大木构架的倾侧造成。在勘察研究的基础上，提出首先应对华严藏殿和转轮藏本体进行监测，从而确定倾侧趋势是否存在、稳定状态是否可以接受，从而进一步确定对结构的干预措施。

3.3.1 文物概况

3.3.1.1 转轮藏历史简介

转轮藏的安设应该是与报恩寺的建设同时完成的。就王玺奏请建报恩寺的原因来看，其中一条便是要建立寺庙来存放当年太祖皇帝所敕赐的一部大藏经。至于转轮藏是否专为贮存大藏经而设，抑或因转轮藏的安设而衍生出建设报恩寺的设想，都因没有确切资料而无法印证。但转轮藏以其自身体量之大，做工之精，已足可说明其在报恩寺内的价值与地位了。而且，这种在主要殿宇前形成藏殿与菩萨殿相对的格局，也是早期佛教寺院的特征之一。转轮藏和藏殿的建设带有明显的时代印记，是佛寺发展历史中的重要实物遗存。

明英宗正统四年（1439年），皇帝准许了王玺的奏请，正统五年（1440年），王玺大捐己资，正式大兴土木，开始建造寺院。至正统十一年（1446年），历时七载，报恩寺的主体工程基本完成，其中就包含"轮藏殿"，也即华严藏殿。景泰三年（1452年），王玺去世，其子王鉴继承父职，并续修报恩寺，"装塑佛像，彩绘楼阁，雕造藏经函具，铸造钟磬法器等"。天顺四年（1460年）报恩寺工程全部完成，转轮藏也即应在这一时期安设完毕。

3.3.1.2 转轮藏修缮沿革

报恩寺自创建以来，历经明、清、民国等时期。历代都有维修，但迄今无大规模的重建或增建活动，转轮藏也没有明确的大修记载。1912年以后，报恩寺一度成为关押壮丁，驻扎军队的场所，致使各殿的塑像、壁画、拦杆、门窗等遭受不同程度的破坏，转轮藏在这一时期可能也受到一定损失。20世纪50年代至60年代中期，四川省文化局为保护报恩寺内的建筑及文物共进行了三次维修工程。

与转轮藏直接相关的确切维修记录是在2000年，转轮藏内部结构进行了加固，藏轴顶部约束及底部藏针均经过维修更换，藏轴与下层横枋增加了铁箍和钢筋拉杆。

2007年，对华严藏殿进行过非落架维修，主要是墙体砌筑、斗栱构件归安、屋面保养，且对木构件涂刷过药剂进行防虫处理。

2008年5月12日汶川地震，报恩寺建筑多有损坏，其中华严藏殿墙体多处开裂、倾斜、倒塌，墙体与柱间开裂，东墙金柱与檐柱间内侧墙体倒塌，后墙心间直棂窗右下角墙体垮塌，转轮藏局部破损。而后针对华严藏殿残损进行了抢险加固工程。

2012年，随报恩寺整体维修二期工程，华严藏殿大修，挑换屋面，剔补糟朽木构件，补砌墙体，修补门窗装修，但对华严藏殿大木结构和转轮藏本体未干预。

2017年8月8日九寨沟地震，华严藏殿尚无修缮干预。

3.3.2 原状做法研究

所谓做法研究，即是对文物本体的结构组成、用料尺度、装饰特点的基本解读。只有梳理清文物本体的原有做法和结构关系，才好更为准确的开展病害调查和分析。所以，需要花费一些篇幅对转轮藏的原有做法进行一些深入的分析。分别从经藏结构、装饰还有经藏所依附的藏殿这三个角度分别阐释。

3.3.2.1 转轮藏结构

1．主体骨架

转轮藏内芯支撑结构构造逻辑简介如下：先立一八边形藏轴于正中，自藏轴向八面伸出横枋，上下八层，每层横枋端头连以立柱，形成藏身的八个转楞；转楞之间设横木并固定板壁，形成藏身各围护面。轮藏外部屋檐、天宫楼阁等装饰构件便固定于八面木板壁上；藏轴作为轮藏的旋转中枢，以向外悬挑的方式支撑了藏体的所有重量，其顶端与华严藏殿上屋架相约束，底端固定于地面上的铸铁针臼之内，结构形式类似门轴，仅凭一人之力便可推动，使其绕轴旋转。

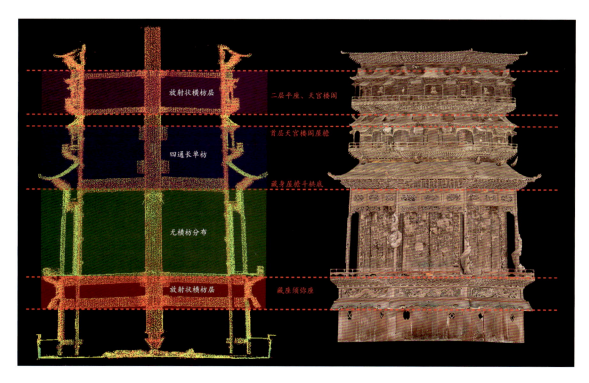

放射状横枋层 | 二层平座、天宫楼阁
四通长单枋 | 首层天宫楼阁屋檐
藏身屋檐斗拱底
无横枋分布 | 藏身屋檐斗拱底
放射状横枋层 | 藏座须弥座

3-3-1　转轮藏内部横枋分布图

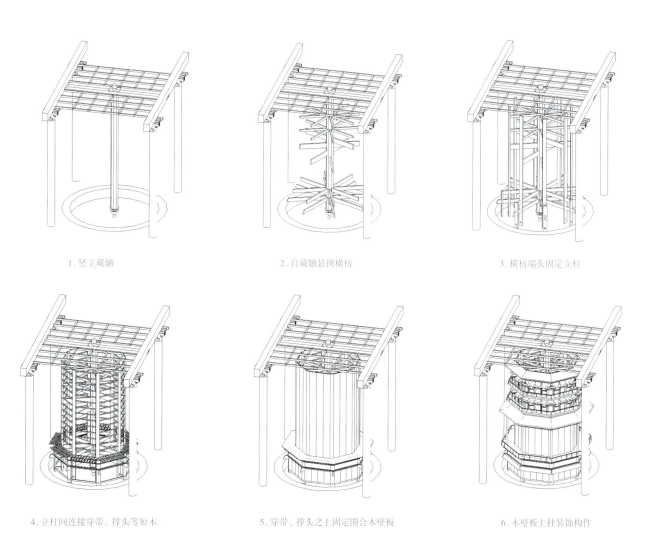

1. 竖立藏轴　　　　　　　　2. 自藏轴悬挑横枋　　　　　　3. 横枋端头固定立柱

4. 立柱间连接穿带、撑头等短木　　5. 穿带、撑头之上固定围合木壁板　　6. 木壁板上挂装饰构件

3-3-2　转轮藏构架生成图

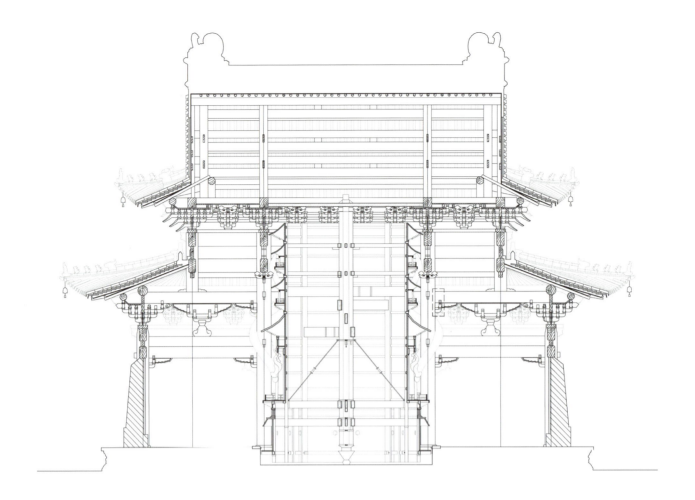

3-3-3　转轮藏与华严藏殿位置关系图(纵剖面图)

2.藏轴固定装置

转轮藏的藏轴固定方式是经藏的构造关键。总体看,藏轴即是一根类似门轴一样的装置,底部卧于"针臼"之内,如同门轴下的海窝;顶部穿入屋架中的横夹板,如同门轴上的连楹。因转轮藏在2000年进行过维修,底部顶部均经过局部改造,细节做法已非原貌。

(1)底部现状构造

现状藏轴底部仍可看到原有的铸铁构件,基本构造逻辑应仍保持了原有的"藏针"与"针臼"的容纳关系。其中,"针臼"

3-3-4　藏轴底部构造

3-3-5　藏轴顶部构造

（相当于《营造法式》中的"铁鹅台桶子"）仅显露为一埋入地下的球状铸铁件，其上包裹有当代制作的倒锥形铁皮容器，容器内贮有润滑油。上部藏轴底端的藏针即没入润滑油，并卧入针臼。

（2）顶部构造

藏轴的顶部约束与门轴上的连楹类似，只是这件"连楹"由两块跨空横贯明间的夹板构成。两块夹板并置一起，两端插入明间草架穿梁之下。夹板中间开口，转轮藏藏轴顶端即由此穿出。经过2000年的改造加固，穿出夹板的藏轴外面套有铁箍，铁箍下部通过角钢和螺栓与夹板固定，铁箍与藏轴的缝隙内抹饰黄油用以润滑。整体构造较为稳固，应延续了原有的约束逻辑，但具体构造当与历史做法有所差异。

3.3.2.2 转轮藏装饰

转轮藏外部形象装饰自下而上总体可分为藏座、藏身、藏顶三个部分。

藏座由上下两部分组成，上部轮廓仿照须弥座样式，下部为简单的素平板壁。"须弥座"部分由上下三层组成：底层为斜向下木牙板一周；中间部分为束腰，其上沿轮藏八面每面浮雕游龙一条；顶层为平座层，与底部木牙板轮廓对称，平座内为如意斗栱，具有很强装饰效果。

藏身高约3.3m，底部为地面、矮栏杆，中间部分为木板壁，板壁表面素平，并于两侧及上部固定高浮雕缠枝花板，整体具有门扇意向。板壁外设回廊一周，回廊檐柱上缠绕圆雕盘龙，柱头间连

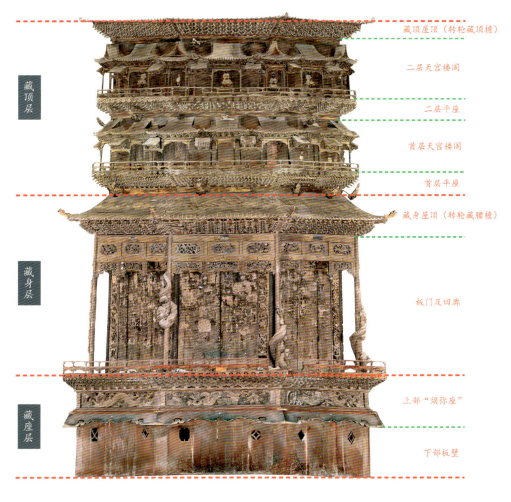

3-3-6 转轮藏外观构成

以两层额枋，额枋间为透雕花板，小额枋下有垂莲柱及透雕花牙子，大额枋上设平板枋。平板枋上为斗栱、藏身屋顶（转轮藏腰檐）。

藏顶包括两层平座、天宫楼阁及顶部屋顶（转轮藏顶檐），各层平座斗栱与屋顶斗栱形式无一雷同。天宫楼阁为缩小比例的木构楼阁模型，其每面均由居中正楼及左右夹楼、角楼组成，同时上下天宫楼阁正楼、角楼开间大小、建筑形式不同，形成变化，各楼及夹楼、角楼内均设佛像一座，各平座及屋顶额枋上以铁钩挂以飞仙。

1. 斗栱

转轮藏斗栱可以分为藏座平座斗栱、藏身屋顶（转轮藏腰檐）斗栱、藏顶两层平座斗栱、顶部屋顶（转轮藏顶檐）斗栱共五层之多。各层斗栱攒数、出跳甚多，增大了其在立面上所占比例，使得斗栱层成为整个轮藏立面构成的重要组成部分。同时，设计者为求轮藏立面的丰富华丽，使每层斗栱形式各不相同，本次勘察，对此进行了重点观察，并浅探了其变化规律。

（1）藏座斗栱

① 斗栱样式

藏座斗栱为如意斗栱做法，由于斗栱插挂于板壁之上，没有里跳结构，使得斗栱做法可以免于结构关系的约束，而在外观效果的设计上具有更多的自由度。藏座斗栱即在相邻面采用了不同的出跳形式，构成了更为繁复的外观效果。

藏座如意斗栱均出五跳，样式一主要为两方向斜栱相互垂直交错而成，其网状结构类似于"方胜纹"；样式二则加以垂直纵向出跳栱，其网状结构近于连续交替的六边形组成。两斗栱样式虽有不同，但其中暗含的轴线网格实则一致，轴线关系决定了斗栱每跳出跳尺寸以及各栱相交交点位置。

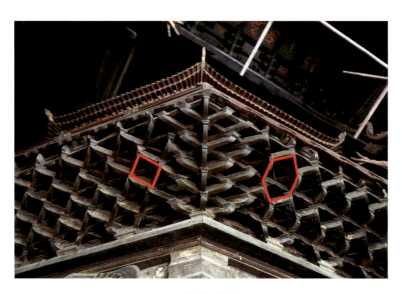

3-3-7 藏座如意斗栱

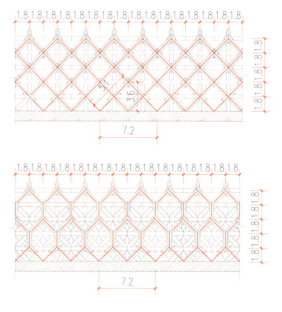

3-3-8 藏座如意斗栱的两种样式

② 斗栱尺寸

根据对报恩寺八角碑亭的已有研究[29]，推定其所用营造尺为319mm。本次勘察过程中对华严殿大木斗栱与转轮藏小木斗栱分别进行了用材测量，测得大木斗栱斗口及足材高分别为96mm和128mm，转轮藏藏座平座斗栱斗口及足材高分别为

16mm和32mm，均与当时所推碑亭营造尺相符，故平座斗栱斗口0.5寸，足材高1寸。

经测量，斗栱每跳出跳约60mm，平身科攒当在230mm上下浮动。由此根据斗栱轴线网格以及所推定的319mm营造尺，推测斗栱设计定位轴线为1.8寸×1.8寸方格网，每跳出跳合1.8寸（57.6mm），攒当7.2寸（230.4mm）。其可能由攒当7寸、出两跳3.5寸、两跳栱斜长5寸而来，但考虑到由此生成的1.75寸×1.75寸定位网格尺寸太过零碎，便稍加调整而成。

③ 斗栱构造

两种如意斗栱虽然外观有异，但实际的构造原理则十分相似。出跳、攒当以及平面轴线本出自同一设计，只是在斜栱的取舍位置做些调整，便形成了不同的外观效果。

由于斗栱只是挂在板壁上的一种装饰，并无实际结构作用，所以仅有正向出跳栱会插入背面板壁，其他斜栱则并不与板壁产生插接关系，仅靠正向出跳栱承托。正向的插栱后尾做法颇值得解释一下。据现场观察，插栱后尾做燕尾榫形，但其榫头高度只做一半。板壁上的卯口与插栱等高，并分为上下二等分，上部与栱等宽，下部与栱尾燕尾榫根部等宽，形成一个倒"凸"字形卯口。这样在斗栱安装时，便可先将燕尾榫插入上部宽卯口，然后再下落，以使燕尾榫

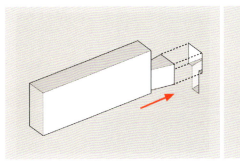

3-3-9　燕尾榫插入卯口上部

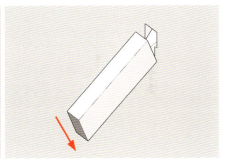

3-3-10　栱尾上翘、栱身倾覆

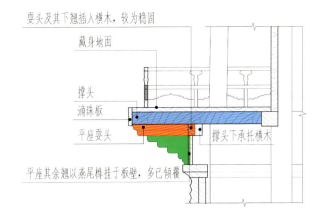

3-3-11　平座斗栱固定原理示意图

29　详见刘畅、郑凯竟《平武报恩寺碑亭大木结构设计浅析》，《建筑史》2014年第2期，第23～34页。该文除利用实测数据推定营造尺外，还利用"八角容方"等匠人口诀解释了八角碑亭的平面设计逻辑，并由此证明了319mm尺长的合理性。

3-3-12　栱尾燕尾榫与板壁卯口　　　　　3-3-13　斗栱倾覆现状　　　　　3-3-14　如意斗栱角科

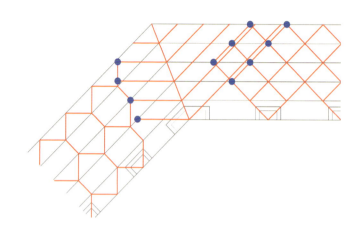

3-3-15　如意栱角科轴线网格示意图

根部嵌入下部的窄卯口内，便完成了插栱的固定，同时燕尾榫上部栱尾可完全遮盖上部宽卯口，以使不露缝隙。

其实这种榫卯做法就是木装修中"捋子榫"的翻版，只是"捋子榫"所固定的木构件为两侧反向卡死。而藏座斗栱后尾则缺乏必要的约束，在上部诸多斜栱压力的作用下，出跳栱普遍出现外跳下垂后尾起翘的问题，造成整组斗栱的向外倾覆，几乎成了藏座斗栱的通病。

另外，需要指出，斗栱的撑头和耍头均较为稳固，撑头木深入藏座之内，是藏座顶板的支撑梁，耍头木虽未深入藏座，但其依附撑头，也与藏座框架构件直接咬合。这两种斗栱构件实则参与藏座的结构组成，结构逻辑清晰，现场观察也未发现明显走闪变形，从而保证了藏座的结构稳定。

两种如意斗栱沿轮藏各面交替使用，虽可使藏座立面更加丰富，但也因此形成其角部的交接缺陷。如图所示，平座角科与两侧如意斗栱并不能完美的交接在统一轴线内。因为一侧斗栱的横栱经由角科伸至另一侧斗栱网格中时，由于角度的变化，其横栱间垂直距离已与斗栱网格中斗间距离不等，故角科本身交接存在设计缺陷，无法完美交接。现场观察，各角科均由此作出微调，或渐渐调整横栱方向，或微调整小斗位置，方法不一。近看角科做法较为凌乱，但远观则并不影响整体效果，这可能也是匠人设计取舍中的一种权变。

（2）藏身其他斗栱

藏身其他斗栱均以细密繁复为特征，做法上大体不出"如意斗栱"的模式，用材尺寸也与前文藏座斗栱完全相同。下文仅将斗栱轴线图示一一列出，大体可见"繁华"背后的简约设计逻辑。

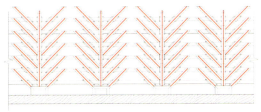

3-3-16 藏身屋檐斗栱轴线网格

3-3-17 藏身屋檐斗栱

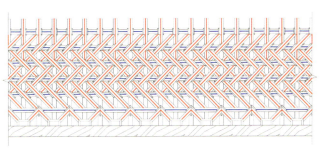

3-3-18 一层平座斗栱轴线网格

3-3-19 一层平座斗栱仰视

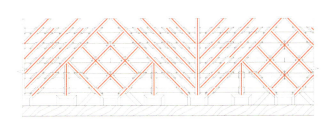

3-3-20 二层平座斗栱轴线网格

3-3-21 二层平座斗栱两种昂嘴形式

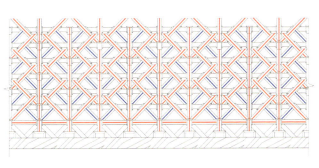

3-3-22 藏顶屋顶（转轮藏顶檐）斗栱轴线网格

3-3-23 藏顶斗栱仰视

　　综上所述，转轮藏六层斗栱变化丰富，看似复杂，实出自一相似定位方格网。因各层斗栱均无结构受力，也无斗栱里跳、与梁柱交接等问题需要处理，匠人便可专注于斗栱立面，于定位网格上以各斜栱正向栱交叉排列生发出各种花样组合。同时，报恩寺向以寺内建筑斗栱数量、花样之多著称，此次勘察发现转轮藏各层斗栱样式与报恩寺各建筑大木斗栱之间有对应关系。这也说明转轮藏与报恩寺建筑确是同一时期建造，转轮藏上的斗栱是建筑大木斗栱的缩写与集锦。

2．藏身壁板装饰

转轮藏藏身高约3.3m，主要由底部地面，中部板门、回廊，顶部斗栱、屋顶层三部分组成。其中底部地面四周围有矮栏杆，中间部分木板壁现表面素平，并于两侧及上侧固定有高浮雕缠枝花板，整体具有大门意向，板壁外回廊檐柱上缠绕圆雕盘龙，檐柱间连以两层额枋，额枋间为透雕花板，小额枋下有垂莲柱及透雕倒挂楣子，大额枋上设平板枋，平板枋上为斗栱、藏身屋顶。

轮藏各面板门表面均有孔眼，孔眼排布无规律，各孔周围均有白渍一圈。此痕迹与江油市云岩寺飞天藏十分类似。飞天藏据档案与历史照片记录，板门表面原挂有大量木质圆雕精美人像，推测

3-3-24　藏身板门孔眼　　　　3-3-25　江油飞天藏板门圆雕人像

转轮藏板门表面原也挂有人像。

3．天宫楼阁

天宫楼阁为缩小比例的木构殿阁模型，构成了转轮藏多重建筑形式组叠的华丽外观，每面均由居中的正楼及左右夹楼、角楼组成。同时上下天宫楼阁正殿、角楼开间大小、建筑形式不同，以求变化。各楼及夹楼内均设佛像一座，各平座及屋顶额上则以铁件挂以飞仙。

天宫楼阁建筑于高空为求稳定，采用了较大侧脚。以香客从下向上望的视角观察，其形象重点在于斗栱、屋檐、翼角，而设计者亦由此增大了角梁的长度，以强化翼角灵动飞扬，檐口"生势圆和"如展翼翅的艺术形象特点。而屋顶部分，匠人则采取了简化的做法，椽上所撑屋顶实为薄木片，屋瓦仅以小短木贴于檐口而成。

转轮藏两层天宫楼阁斗栱中，下层为重翘五踩，上层为三翘七踩，且做法不同。需要指出，天宫楼阁斗栱中存在厢栱与瓜栱等长的特点。此样式特点在报恩寺内其他建筑大木斗栱上亦存在，如后院碑亭下檐平身科厢栱与瓜栱等长，但并非所有建筑斗栱均如此，如大雄宝殿下檐斗栱中厢栱明显长于瓜栱。

3-3-26 天宫楼阁侧脚与屋顶

3-3-27 二层天宫楼阁斗栱

3-3-28 首层天宫楼阁斗栱

3-3-29 藏座束腰板浮雕游龙

3-3-30 藏顶飞仙

4. 佛像、飞仙

转轮藏天宫楼阁各殿内均置佛像、罗汉等，自藏身向上每层屋顶、平座额枋上均以铁件挂以腾云飞仙。佛像、罗汉等均正身坐立，神态宁静追求静态。飞仙则伴以腾云充满动态，且所有飞仙动态方向均一致，为顺时针方向。同时，转轮藏上其余部分动态纹饰如藏座束腰板上浮雕游龙、藏身檐柱额枋上所绘龙凤以及额枋间花板上透雕游龙等动势方向均为顺时针，且上文已述，轮藏内部结构中通长横枋的布置方式亦是顺时针螺旋向上，由此可见，顺时针方向在转轮藏的设计中具有特别的意义，也与"右旋周绕"的佛教礼拜仪式相符。

转轮藏除十分重视斗栱变化，建筑各层样式丰富华丽，无一处重复，同时也十分重视飞仙、佛像、雕龙的搭配（今已大量遗失），联想到板门上原存有大量圆雕人物，整个藏体所围绕人物可谓众多。加之人物雕龙形象本身常蕴含相同方向动态，相互之间位置又常上下变化，不难想见藏体转动时众仙环绕、群龙舞动的仙境效果，轮藏的最初设计应充分重点考虑了其转动的动态效果。

3.3.2.3 藏殿

华严藏殿坐南朝北，重檐歇山屋顶，面阔三间，上屋架进深九檩。大殿为穿斗—抬梁式混合结构，天花以下为抬梁做法且带斗栱层，天花以上屋架则采用穿斗式做法，以小料组合承托屋面。

华严藏殿室内仅四根露明金柱，下檐前部无出廊空间。从横剖面图看，上檐的前檐柱为童柱，用下檐檐柱与前金柱之间的抱头梁承托，上檐后檐柱即为室内后金柱。前檐上檐柱不落地等于将前金柱的位置后移了，为大殿前部留出了较为开阔的礼拜和观览场地；偏居后部的前后金柱则限定了转轮藏的容纳空间。

从纵剖面图看，上檐的山面檐柱和角柱则均以童柱的方式，骑在下檐抱头梁上，做法与横剖面图前檐做法基本一致。这种普遍将上檐柱处理成童柱的做法使得室内空间较为开阔，也与转轮藏的安放有一定联系，但也应指出，上檐均以童柱方式处理，室内下部空间更为开阔，但也增加了下檐柱和抱头梁的负担，较少落地的承重柱在一定程度上也削弱了建筑的抗形变能力。

3-3-31　华严藏殿柱梁结构图（横剖面图）

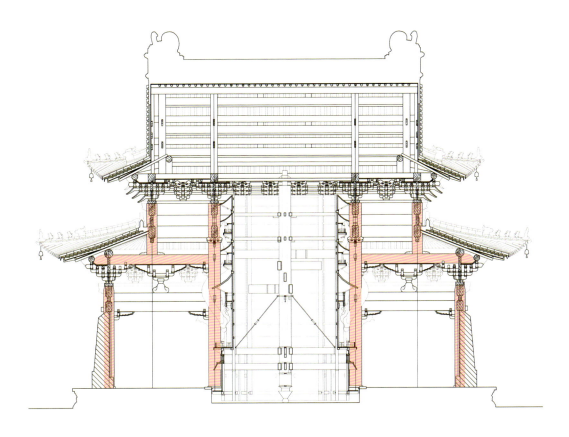

3-3-32　华严藏殿柱梁结构图（纵剖面图）

按明清建筑普遍不具备明显的侧脚，如有侧脚，往往见于檐柱，内部金柱多为正直。考虑到报恩寺建筑始建于明前期，且带有地方特色，尚不能以惯常北京官式建筑简单比对。就已有的三维激光扫描数据并结合现场观测，基本可以断定，华严藏殿内外柱设计初始均带有侧脚，原因如下：

内金柱情况可通过三维激光扫描点云观察，进深方向前金柱头向后倾斜数值较大，分别为197mm和265mm（参见"转轮藏勘察与保护"一节相关图），而后金柱向后倾侧值则很小，东缝为68mm，西缝几乎为0。如原初状态金柱为正直而无侧脚，那么前后金柱倾侧数据相差悬殊则不易解释。如前金柱倾侧小，而后金柱倾侧大，尚可推测与梁枋脱榫有关，实际情况正相反，柱头全是向后倾侧，但后金柱倾侧值反而小，相对合理的解释即是原本带有侧脚，前后金柱均以相同的角度向内倾侧，在此基础上屋架向后倾斜，原本向前倾的后金柱趋于正直，而本就向后倾的前金柱则倾角进一步增加，形成现状的角度。

建筑面阔方向柱头仍保持向内倾侧的状态，仅东缝后金柱头略向外闪。

3.3.3　病害勘察

3.3.3.1　勘察范围及手段

勘察内容主要针对转轮藏倾侧情况、内部结构和外部装饰构件的保存情况（不含油饰彩画内容）。

（1）三维激光扫描

采用三维激光扫描仪对转轮藏的内部和外部进行完整扫描，获取精确的尺寸信息。设备选用精度最高的中距离Surphaser三维激光扫描仪，扫描距离适中，精度可达0.3mm。转轮藏内部空间狭小，需要采用特定的支架来辅助扫描仪的站位布设。三维激光扫描仪获取的点云可对转轮藏的结构和现状几何形状进行完整记录，并可用于结构分析。同时，三维激光扫描的数据亦可为摄影测量提供尺寸控制基础信息。

（2）摄影测量

采用摄影测量对转轮藏的八个外立面进行精细采集。转轮藏的外立面，结构复杂和精细，并有比较细小的雕刻及纹饰，为了比较精细化获取细节和纹理，特采用摄影测量的技术手段进行。采用专业单反数码相机尼康D810结合辅助标准光源系统和色彩管理系统，对转轮藏的八个立面进行采集和处理。摄影测量可以生成可视化更高的精细三角网模型和可用于量测分析的正射影像图。

（3）手工测量

对转轮藏各层斗栱等小木作装饰构件，利用手工测量其特征尺度，并细部观察构造、残损情况。

3.3.3.2　倾侧勘察

1.藏殿倾斜情况

从华严藏殿的整体扫描点云图也可以观察转轮藏所依托的大木构架整体情况，用以分析整体倾侧原因。因转轮藏的藏

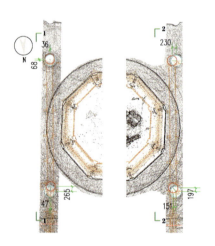

1.华严藏殿金柱柱头与柱脚偏移平面关系图

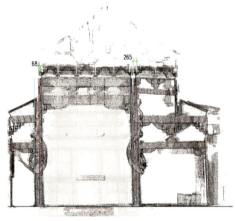

2.剖面，华严藏殿东金柱缝，金柱倾侧情况

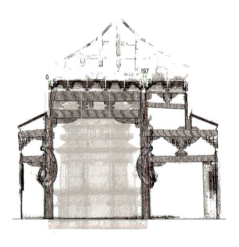

3.剖面，华严藏殿西金柱缝，金柱倾侧情况

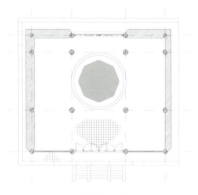

4.华严藏殿平面图

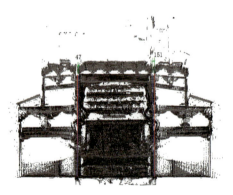

5.华严藏殿前金柱缝纵剖面图

6.华严藏殿后金柱纵剖面图

3-3-33　华严藏殿柱子倾侧点云测量图

轴是间接与华严藏殿的两根主梁相连接的，为观测大殿主梁是否已存在偏移情况，特截取了大殿金柱顶和柱脚的点云平面进行比对。经比对可以发现，四根金柱均出现不同情况的倾斜。

南北向倾斜情况：前金柱向南倾侧严重（东侧265mm，西侧197mm），但考虑到金柱本身应存在向内的侧脚，其歪闪倾侧值应比实测值小；后金柱在东缝存在少许向南倾斜（68mm），西缝则几乎为垂直状态，考虑到后金柱本应存在向殿内（北向）侧脚，则东缝后金柱已经呈"倒升"状态，后金柱的歪闪倾侧显然要大于实测值。

东西向倾斜情况：四根金柱东、西方向的倾侧值相对较小，除东缝后金柱柱头出现向殿外倾侧，即"倒升"外，其余金柱均向殿内倾斜，尚为正升状态。

经对大殿屋架的点云初步观测，华严藏殿屋架存在向南的扭闪倾侧，因转轮藏中轴与华严藏殿屋架存在约束关系，华严藏殿的倾侧对转轮藏的倾侧势必产生影响。

华严藏殿内部情况：华严藏殿除与转轮藏直接相关的金柱位置存在倾侧外，其余上架枋木也存在下垂和拔榫情况。但四个金柱内侧的枋木拔榫均较轻微，有的基本紧密，而四金柱以外的各向枋木则下垂拔榫较为明显。

华严藏殿外部情况：华严藏殿各个立面观察，次间额枋存在一定的下垂和拔榫情况，前后檐柱侧脚也存在一定差异。但墙体和台基并未发现裂缝和明显破损。

稳定性评估：从华严藏殿内部拔榫和外部额枋下垂等情况看，华严藏殿大木构架存在倾侧和形变是较为明显的。华严藏殿于2012年经过维修，从工程记录来看，当时并未涉及大木拨正，主要工程集中在屋面和墙体的砌筑，但新砌的墙体、台基并没有出现明显的开裂和破损，推测自2012年维修以来，华严藏殿大木结构应未发生严重的变形和地基沉降。当然也应指出，平武地区经受地震余震较为频繁，2017年九寨沟7级地震是近年较为严重的一次，不能排除地震对屋架和转轮藏本身的稳定性造成影响。因木构建筑构件插接复杂，相互制约情况较多，现状发现的倾侧和拔榫问题已可以认定：房子的变形影响到转轮藏，至于建筑本身是否已趋于完全稳定的状态，细微的形变量和倾侧趋势是否仍存在，还需要进一步提供长期监测数据予以佐证。

2．转轮藏倾斜情况

根据肉眼观察，转轮藏整体有向南（后侧）倾侧趋势，内部藏轴底部外观上并无明显脱节错位，

3-3-34　华严藏殿东柱缝前金柱进深方向枋木基本紧密　　3-3-35　华严藏殿背立面上檐西次间额枋下垂拔榫

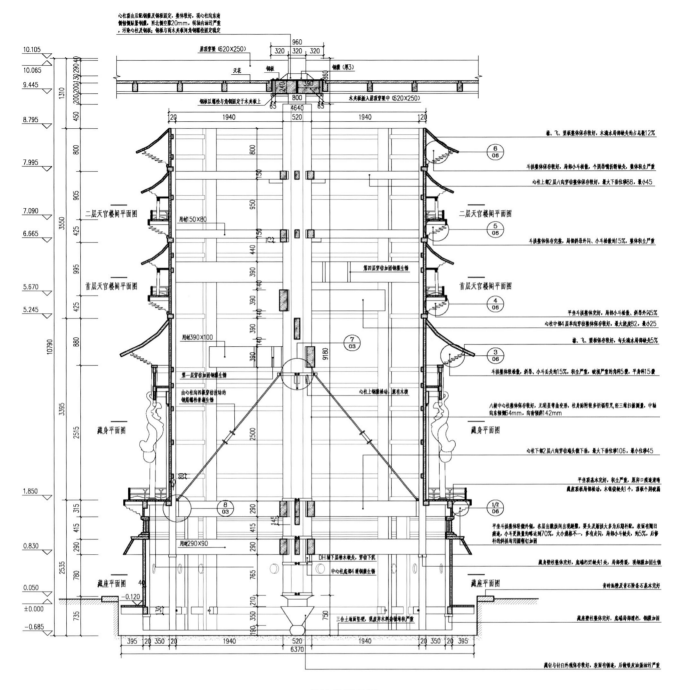

3-3-36 转轮藏剖面图

天花板以上的顶部约束也较为稳固，因铁套筒略大于藏轴，现藏轴紧靠一侧，另一侧空隙20mm。利用三维激光扫描，对转轮藏内外采集现场数据，并将各站拼合，可以较为清晰的观察转轮藏整体倾侧情况。扫描各站是在转轮藏固定不动的前提下进行采集的，因主轴顶部和底部均有可靠约束，可以基本认为扫描数据可以代表藏身转动到其他方向的倾侧情况。

就转轮藏本身观察，中心柱顶部圆心与底部圆心偏差向东偏移64mm，向南偏移142mm。

转轮藏藏顶情况：转轮藏中心柱顶部经过2000年的改造，局部已非原貌。就目前情况观察，虽然油污严重，角钢生锈，但螺栓紧密，并无松散现象。从改造的构造形式看，两块夹板并置紧密，中心柱顶也无法与两块夹板产生滑脱。

两块夹板随面阔方向插入明间草架穿梁下，虽然并无其他紧密措施，但观察两夹板与其两侧的天花枝条的缝隙基本均等，则可以认定，固定藏轴的两夹板与草架穿梁的相对位置未出现明显滑脱。需要指出，两夹板通过透榫穿入穿梁下部，其卯口大于榫头，榫头两侧均有5～6cm余量，推测应是吊装入位时留置的"涨眼"。虽然涨眼的存在，使得夹板榫头可

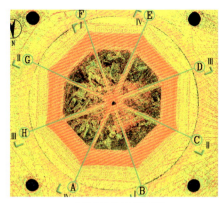

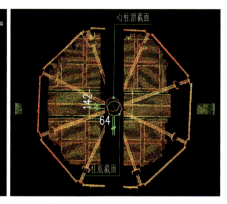

1. 轴线编号及剖切面索引   2. 心柱顶面、地面剖切位置示意   3. 心柱顶较心柱底向东偏移64mm，向南偏移142mm

3-3-37　转轮藏三维激光扫描点云图

3-3-38　夹板穿过穿梁卯口背面情况，
两侧有富余量

3-3-39　转轮藏中轴顶部出头与后做
紧固措施和夹板

3-3-40　转轮藏轴底情况

3-3-41　藏座四周与池壁关系

能出现位移，但回看其与天花枝条的关系，仍可认为两夹板未出现相对穿梁的移动。

另外，关于草架穿梁、夹板、天花枝条的原真性需要分辨。

第一，穿梁作为大木构架的重要构件，为原物无疑。

第二，夹板虽然在转轮藏转轴处可能出现修整改造，但考虑到夹板长达面阔，两侧又有天花枝条，不易在大木不落架的情况下吊装抽换，2000年的修缮只是局部的修整，也没有大规模关于木结构的记录，可以推定，两夹板为原物无疑。

第三，天花板本身大多为新做，但枝条木件老旧，应为旧物。但天花枝条在夹板南北两侧分当不匀，横纵均不对称，十分随意，是否经过历史上的改造，尚不明晰。

转轮藏藏底情况：转轮藏中心柱底部虽然经过2000年的改造，做法已局部修改，但最下面的藏臼仍是埋在三合土以下，没有挪动的痕迹，至少在上次改造之后，没有移动过。而中心柱的藏针也仍插在藏臼之内，虽然有所歪扭，但可以肯定并未脱出。另外，就转轮藏整体看，藏座深入到圆形的池壁之内，如藏底出现位移，势必造成藏座外轮廓与池壁挤压，现场并未见到此类异常情况。综合可以认定，藏底定位准确，没有出现偏移。

3. 转轮藏内部框架变形情况

转轮藏外围的筒壁并无拔榫散落的情况，尚比较紧密；横枋两端与板壁垂柱和藏轴的插接也没有松散的迹象。但通过现场观察和三维激光点云的测量，是可以看出诸多横枋下垂挠曲的形变的。无论是贯通藏轴的横枋还是悬挑插接的横枋，在三百年的重力作用下，出现挠曲变形是必然存在的。就每一根横枋的挠曲下垂情况，特截取转轮藏四个截面的三维点云，分别加以说明。

以垂直于心柱的方向为水平参考面，以横枋下皮为测量面，可以基本量化所有横枋在端头位置相对于插入心柱的根部之间的垂直位移。详列如下。

表3-26 转轮藏内部框架形变情况

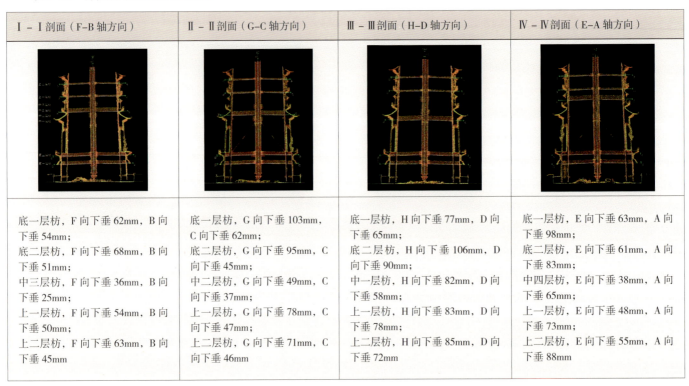

Ⅰ-Ⅰ剖面（F-B轴方向）	Ⅱ-Ⅱ剖面（G-C轴方向）	Ⅲ-Ⅲ剖面（H-D轴方向）	Ⅳ-Ⅳ剖面（E-A轴方向）
底一层枋，F向下垂62mm，B向下垂54mm； 底二层枋，F向下垂68mm，B向下垂51mm； 中三层枋，F向下垂36mm，B向下垂25mm； 上一层枋，F向下垂54mm，B向下垂50mm； 上二层枋，F向下垂63mm，B向下垂45mm	底一层枋，G向下垂103mm，C向下垂62mm； 底二层枋，G向下垂95mm，C向下垂45mm； 中二层枋，G向下垂49mm，C向下垂37mm； 上一层枋，G向下垂78mm，C向下垂47mm； 上二层枋，G向下垂71mm，C向下垂46mm	底一层枋，H向下垂77mm，D向下垂65mm； 底二层枋，H向下垂106mm，D向下垂90mm； 中一层枋，H向下垂82mm，D向下垂58mm； 上一层枋，H向下垂83mm，D向下垂78mm； 上二层枋，H向下垂85mm，D向下垂72mm	底一层枋，E向下垂63mm，A向下垂98mm； 底二层枋，E向下垂61mm，A向下垂83mm； 中四层枋，E向下垂38mm，A向下垂65mm； 上一层枋，E向下垂48mm，A向下垂73mm； 上二层枋，E向下垂55mm，A向下垂88mm

4. 转轮藏倾斜对上部约束结构的影响

（1）转轮藏自重估算

根据测绘尺寸并结合不同部位的木材密度[30]，可以粗略计算转轮藏自重，分项如下：

表3-27 结构部分木材：楠木（气干密度：610kg/m³）

部位	藏轴	横枋	横枋端头立柱	穿带及撑头
体积	2.17m³	2.41m³	3.05m³	1.71m³

体积：9.34m³；重量：5697.40kg（约5.7吨）

表3-28 装饰部分木材：山桐子（气干密度：481kg/m³）

名称	围合木板	藏身层	天宫楼阁（两层）	藏顶屋顶
体积	4.95m³	5.83m³	3.02m³	2.51m³

体积：16.31m³；重量：7845.11kg（约7.8吨）

总重量：13542.51kg（约13.5吨）

（2）转轮藏倾斜后对上部夹板产生的压力

转轮藏一旦出现倾斜，势必对上部约束结构产生一定压力，这个压力是否会间接作用到建筑上，产生连带的倾斜趋势，可以进行简单验算。

首先，将转轮藏结构模型简化，下部有藏臼约束，理论上可转动、承受支撑但不能平移，可以简化为固定铰支座，而藏身则简化为一根直杆，上部侧靠在夹板侧壁上。如右简图：

杆件所受重力G在其几何中心，上端受支撑力N，下端铰支座处也受到支撑和水平约束力。以支座处求力矩，则有：

$Gl_2 = Fl_1$，则 $F = l_2/l_1 G$

其中 $G = 13542.51 \times 9.8 = 132716.6N$，$l_1 = 10.2m$，$l_2 = 0.1557$（偏移水平距离）$/2 = 0.0779m$，则支撑力 $F = 132716.6 \times 0.0779/10.2 = 1014.1N$。即转轮藏上端对夹板产生的压力约为1014N，约合103.5kg重量产生的压力。如严格计算水平向分力则会更小一些。

而每根夹板本身长约7m，宽0.39m，厚0.24m，合体积0.655m³。如按楠木610kg/m³密度计算，则单根夹板重量 $610 \times 0.655 = 399.67kg$，现两根夹板被固定在一起，总重量799.34kg，合7833.53N。

如想推动夹板而暂不考虑榫卯的约束，只计算木材间的摩擦力的话，按木材与木材间的摩擦力在0.25～0.5之间，按摩擦力 $= \mu G$，则要推动两根夹板需要抵消1958.38～3916.77N的摩擦力，均大于转轮藏产生的1014N水平推力。

转轮藏产生的水平向压力尚不能抵消夹板重量产生的摩擦力，更无从谈起对建筑产生倾覆压力了。虽然不能完全忽略经藏与建筑间存在的协调变形机理，但经藏对建筑的影响显然较为轻微。

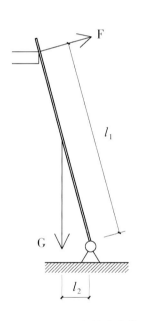

3－3－42　倾斜反力简图

5．其他残损

转轮藏除整体结构尚好，主要病害为藏轴向西南方向倾斜，藏轴顶部和底部均经过当代修复；内部枋木均有轻微下垂，局部替木缺失，底层横枋有钢筋拉结加固；板壁、壁柱等及附属结构构件整体完好，仅局部少量糟朽缺损。转轮藏外装饰整体尚完整，逐层均有局部构件缺损情况，斗栱存在外倾和部分构件缺失、松散，局部构件经过后期修补更换。通过正向影像图大体可以看到外装饰面的缺损情况。

3.3.3.3　勘察结论及病因分析

1．结构倾侧

转轮藏主要结构问题即为"倾侧"。顶、底轴线南北偏移142mm，东西偏移64mm，两向加和（斜向）偏移155mm，按中轴全高1075mm计，偏移比约

30　周家骏、高林《优良阔叶树种造林技术》，浙江科学技术出版社，1985年，第113～118页。

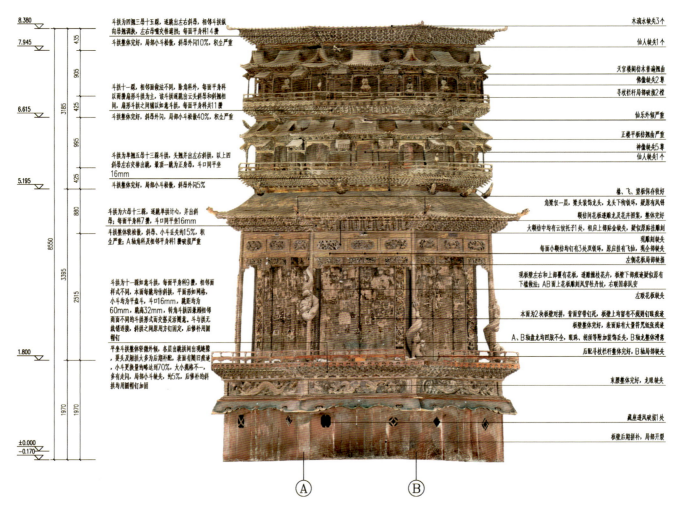

3-3-43　立面正射影像及表观残损

1/69，经藏本身转动已较为困难。虽然转轮藏主轴的顶部和底部均经过2000年的改造，但底部"针臼"埋入地下，固定未动，顶部铁箍虽然不算严丝合缝，但富余量有限，且铁箍与夹板螺栓固定紧密，夹板也无明显向一边滑移的情况。可以认为，轴顶与华严藏殿屋架的约束尚较为可靠，活动范围不大。据此推定，中轴的偏移主要还是随着华严藏殿屋架的形变侧倾造成的。

据三维激光扫描数据显示，华严藏殿四根金柱有较为明显的向南倾斜（东、西向也有轻微倾侧），东缝后金柱已改"正升"为"倒升"，西缝后金柱正升已消失，现接近垂直状态。因约束转轮藏主轴的夹板是插入穿梁固定的，金柱的倾斜，势必影响到柱顶的斗栱和以上草架穿梁，进而连带插入穿梁的夹板出现整体位移。

经访谈，转轮藏在2000年修整更换轴顶轴底构造，2008年汶川地震之后其倾斜尚不明显，2012年的华严藏殿维修中未对大木构架和转轮藏进行干预，2017年8月九寨沟地震后转轮藏倾侧才引起人们关注。因前两次地震未曾对转轮藏和相关的大木构件进行详细测量，尤其较近的2017年地震前后情况缺乏可资对照的资料，尚无法量化地震对转轮藏和华严藏殿的影响。但可以肯定的是，华严藏殿经历五百年的历史中，其地震作用与自身老化造成的大木构架形变显然是存在的，这种多方形变的积累最终影响了转轮藏中轴的偏移。

2．内部构架形变

转轮藏中轴与横枋骨架外围板壁，形如箍筒，整体性尚好。主要病害是各横枋出现挠曲和轻微下垂，因未见明显拔榫和劈裂，其挠曲主要原因应是五百年来重力作用使然，其偏心受力的现状也有一定负面影响。

3. 外装饰构件缺损

关于小木装修的残损缺失，主要还是年代久远，木构自身老化和人为干预等多方原因造成。如小木斗栱多为插接在筒壁上的悬挑结构，年久榫卯松动即造成整体外闪；至于上部仙人、花板的缺失，则与人为破坏和缺乏日常检修维护有关。另外，转轮藏常年偏心放置，也使得插枋、板壁整体受力不均，部分应力过于集中，加剧其形变。

3.3.4 保护策略

3.3.4.1 保护策略分析

通过勘察报告分析，转轮藏的倾侧主要是源于华严藏殿大木构架的倾侧和形变，因转轮藏中轴底部未出现位移，顶部也与大木构架基本呈对中的状态，如单独纠偏转轮藏中柱，则势必要进一步改变夹板、草架穿梁卯口甚至天花枝条的构造关系。而未能去除大木构架的倾侧病因，则无法根治转轮藏的倾侧病害。这就使得转轮藏的纠偏必须在解决华严藏殿大木问题后方具备可行性。

关于华严藏殿大木的稳定性评估，因历史上的历次维修和近年的地震影响，均缺乏监测数据，其倾侧情况，尤其是有无继续倾侧趋势无法量化。转轮藏侧倾的治愈是否需要对华严藏殿进行大木拨正，因华严藏殿倾侧造成的转轮藏倾侧是否就存在结构性的险情，这些问题都无法确切回答。鉴于此，建议对华严藏殿和转轮藏本身进行以倾侧为主的监测观察，时间 1 ～ 2 年，通过监测数据，确定建筑和经藏是否还存在继续侧倾的趋势及其相互连带关系。如确系存在继续倾侧趋势，则需首先对华严藏殿进行大木构架的拨正和保护维修，从而彻底解决转轮藏本身倾侧的病因。如建筑和经藏均较稳定，则需要重新评估现有倾侧程度对结构安全的影响，以制定可行而适中的干预策略。

3.3.4.2 倾侧观测点的设计

华严藏殿所选定的观测点为内外各柱柱头（檐柱12根、金柱4根、童柱8根），即通过对柱头倾侧位移的监测来反映屋架的倾侧和变形。需要指出的是，由于固定转轮藏夹板的穿梁由斗栱承托，斗栱又由金柱承托，金柱又由插梁等构件联系下层重檐，柱的倾侧所连带的斗栱、梁架变形还存在各种不确定性，经过综合形变才传导到转轮藏中轴。转轮藏的倾侧不见得单一来自金柱倾侧值，但金柱一旦倾侧必然会影响到上部屋架，从而连带转轮藏。如考虑上部屋架整体形变这一影响因素，则所需观测的点位就很多了，但因屋架内部各点与藏针各自位移不易找到可靠的固定参照点（封闭的屋架内部无法找到固定不动的测点），且涉及点位过多也不易操作，本着突出重点并考虑实际操作可行的思路，仅对支撑上屋架的各个柱头进行倾斜观测，从倾侧根源上观测其倾侧趋势。

转轮藏的观测点选定在中轴藏针，并应在中上部和顶部为宜。中轴是骨架的核心，构造相对外部板壁的各种装饰要简单，避免了其他构件形变的干扰因素。

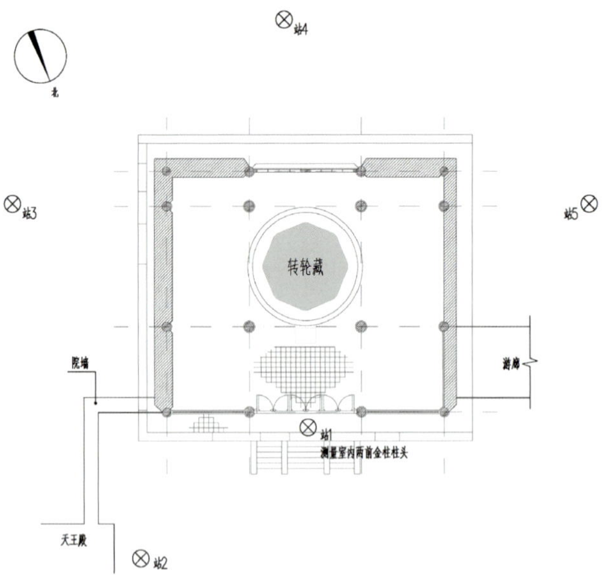

3-3-44　全站仪布站示意图

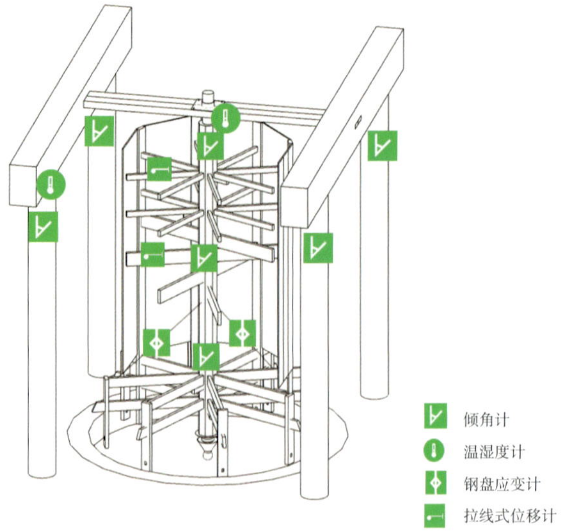

3-3-45　测点布设图

3.3.4.3　倾侧观测方式设计

拟采取人工全站仪测点与倾角计等传感器实时监测相结合的方式。

1. 人工测点监测

首先，因基本认定转轮藏的倾侧主要来自大殿屋架倾侧，则在地面设站测量大殿各柱头坐标（包括上檐童柱），因转轮藏中轴在地面观测不到，则改用倾角计来弥补其位移测量。倾角计虽不如坐标测量直观，但通过三个方向的倾角曲线也可在一定程度上反映初始点的位移情况。测站与倾角计相结合的方式虽无法统一测点与监测点的坐标系，但其各自的位移情况和相对趋势还是可以相互对应观察的。

另外需要补充的是，转轮藏与华严藏殿之间的相对位移可以通过固定藏针顶部的两夹板来观察。因两夹板与藏针基本是夹死的，不存在明显滑脱可能，那么夹板入穿梁的榫卯以及夹板与其相近标高的天花枝条的缝隙均可作为位移的参照点。可以采用贴附小标尺或侧缝计等自动化监测设施，相对较为简单易行。

2. 传感器实时监测

转轮藏因外部板壁斗栱较为复杂，对其倾斜监测造成一定干扰，使得无法从外侧用全站仪打点测量中轴倾侧坐标，如钻入转轮藏内部，又囿于空间狭小和框架遮挡，无法直接测量中轴心柱。限于实测环境的障碍，拟选择倾角计对心柱倾侧进行监测。拟在转轮藏心柱上、中、下安设三组倾角计。

因转轮藏现状内部框架已出现一定下垂，底层框架现用钢筋加花篮螺栓加固，可在已用钢筋加固的位置，增加钢筋应变计，通过观测钢筋受力变化间接监测内部框架有无下垂趋势。中、上部横枋框架可酌情增加拉线位移计，同样是为了观测横枋有无继续下垂情况。另外，在转轮藏内外还可安设温湿度计，以了解温湿度有无明显变化，是否对转轮藏形变产生轻微影响。

肆

活化利用

周边区域调查、梳理及评估

周边整治改造的探索

寺内展陈利用及整治改造的探索

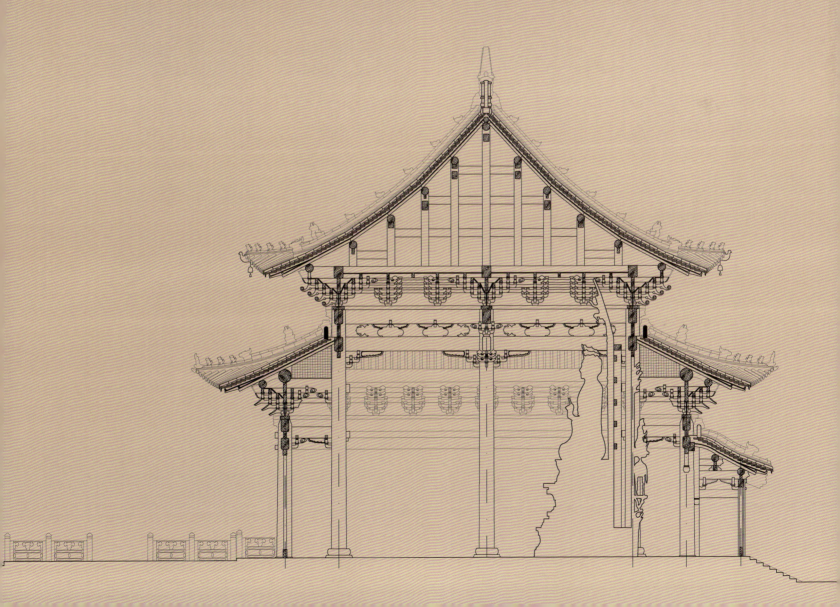

4.1 周边区域的调查、梳理及评估

4.1.1 周边文化资源的调查与梳理

报恩寺作为平武县老城区最为重要的文化资源，对于平武县城的建设及规划都有着重要的影响。寺院本身是平武现存规模最大、年代最为久远的建筑群遗存，是平武县文化溯源的核心资源，更是平武文化历史的标志性遗存。本次调查工作，以报恩寺为核心，通过梳理平武县旧城区主要的文化资源，形成串联地方文化历史发展完整的脉络，整合发挥文化遗产资源的价值，探索系统保护及与城市经济社会发展共生共赢的可能。

平武旧城区古时作为龙安府城所在，城内迄今保存有不同历史时期丰富的文化资源，除报恩寺外，还包括城墙、西城门、北岳殿、王玺公衙旧址、红军碑林、松平地震纪念碑、平江公路纪念碑等，共同形成了平武县城文化资源集群，从历

4-1-1 道路通行状况分析图

4-1-2 道路绿化分析图

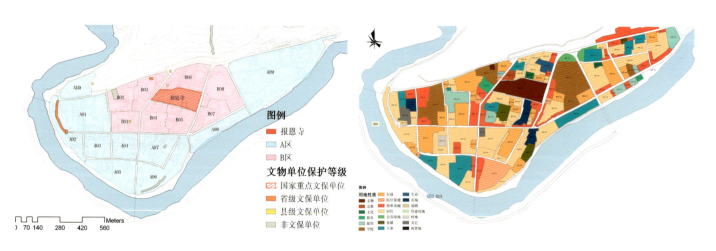

4-1-3 县城区域用地分区图

4-1-4 现状用地分析图

史纵向上串联起龙安府城的发展脉络。平武为九环东线上重要的节点，平武县城的文化资源是地方文化强县的重要载体，是县城推动文化和旅游融合发展的重要抓手。结合报恩寺的保护与利用需求，对上述资源保存概况进行系统梳理和统筹考虑，以期形成对平武县老城区历史文化资源的良好保护与展陈。

4.1.2　针对周边城市建成区域现状的评估

报恩寺位于城市建成区，周边用地、城市建筑等较为复杂，规划中尝试根据其与报恩寺的空间关系、历史文化关系等，对其进行分类分级评估。

其中，对于周边城市建成区域的一般建筑物，根据其距离报恩寺的空间距离及区位关系，分为 A、B 两区进行评估。对于两个区域内的建筑物的基本要素，包括建筑高度、色彩、外装材料、功能等统一开展评估。同时，A 区为临近报恩寺的周匝区域，对其的评估除去建筑本体风貌及危害性的评估之外，还应考虑建筑物与报恩寺及在城区的空间区位，包括是否沿街，与报恩寺的空间区位关系等，规划通过工作模型的搭建，以期进一步研究梳理其与报恩寺的关联，并就这一区域的城市空间形态开展探索。

4-1-5　万佛阁环视

4-1-6　大雄宝殿南北向现状剖面图

4-1-7　大雄宝殿南北向改造意向剖面图

4.1.3 从文化遗产的保护出发，加强对于周边区域的管理

在报恩寺保护规划中，确立了对其保护应遵循如下原则：

① 文物保护的十六字方针，即："保护为主、抢救第一；合理利用、加强管理"；

② 不改变文物原状；

③ 保持文物的真实性；

④ 保障文物遗存的完整性和安全性；

⑤ 强调文物环境保护，使文物保护、旅游发展、生态环境保护和城乡建设协调发展。

在上述原则的指导下，通过对报恩寺涉及各要素的全面评估，从全面、合理、有效保护报恩寺文化遗产体系出发，综合考虑实际实施的可行性，合理划定保护区划。

4.1.3.1 区划的划定依据

文物保护单位现存分布状况：文物保护区划的划分需考虑该文物保护单位内各文物点的分布情况，可以根据文物的分布和文物性质将距离、性质接近的文物划分为群组划分保护范围，便于管理与标识。

保护对象的安全性和完整性：文物保护区划划定必须考虑到文物点在历史上的原状，历史原状不光指其始建状况，还有各时代改造扩建状况。由于安全需要，文物保护不主张对所有文物遗迹进行考古发掘，所以在保护范围及建控地带的划分上要考虑文物可能留存的遗址的范围。

环境风貌的协调性，周边区域自然、人文环境现状：以上两项主要是针对建设控制地带的划分，建设控制地带要包含可能对文物产生影响的自然、人文环境。自然环境主要指从各个重要文物点视线可及的范围；人文环境主要考虑可能会对文物产生影响的活动，本规划所涉及的影响内容主要包括：农业、林业生产活动，居住、交通等生活活动以及道路、建筑等建设活动。

便于实际管理中的操作与执行：区划的边界按照地块及道路边界勘定，考虑到城区其他文物保护单位区划现状，结合城市相关规划要求，以城市发展及文化遗产资源保护协调共进为出发点，综合划定。

4.1.3.2 区划的划定分类及管理措施

划定保护区划，分为三级：保护范围、建设控制地带、风貌协调区。其中，建设控制地带又细分为Ⅰ类及Ⅱ类。

对各级保护区划提出了明确的管理要求：保护范围内除文物保护利用的相关工程外，严禁其他形式的建设活动；建设控制地带内的建设活动，不得破坏文物保护单位的历史风貌，不得进行任何有损景观效果与和谐性的行为，不得建设有污染的生产性建设项目，不得进行可能影响文物保护单位安全及其环境的活动。建设项目应事先开展必要的考古勘探工作；风貌协调区内以自然环境保护为主，不能丧失其生态环境特征。

4.1.4　对报恩寺相关环境要素提出保护与改造利用要求

对报恩寺寺内院落、附属建筑，寺院周边用地、附属建筑、道路、绿化、基础设施、视廊、人口控制、基础设施建设（水、电、安防、消防、环卫系统等）、管理体系等提出整治改造建议及要求，并设定规划分期及估算投资。

4.1.4.1　寺内院落及附属建筑

寺内院落主要措施分为现状修整及整治改造两类：现状修整主要是针对报恩寺内保持原有格局的院落以及院落现状景观评估得分较高的。院落的修整应根据历史原貌对院落铺装、院墙等进行现状维修、局部整理，修整工程必须保证使用传统工艺和相同材料。整治改造主要是针对与报恩寺内改造后的附属院落，根据规划整治改造，以便和报恩寺内历史风貌相吻合。采取此类措施的院落是院落景观评估得分较低的部分院落。结合参观游览与办公管理的规划调整，配套开展改造工程，以便完善报恩寺的保护与展陈体系。

表4-1　历史院落改造统计表

改造措施	报恩寺历史院落面积（m²）	比例（%）
现状修整	8180.6	32.5
整治改造	16972.8	67.5
总　计	25153.4	100

寺院附属建筑改造措施分为现状维护、改造、拆除和新建四类。规划对于报恩寺内附属建筑的改造措施原则为：在满足必要办公、服务需要的前提下，尽量恢复报恩寺内原有建筑院落格局，并且对景观影响较严重的附属建筑进行拆除或改造。

表4-2　附属建筑改造统计表

改造措施	面积（m²）	比例（%）	数量（栋）
现状维护	77.9	6.0	3
改　造	665.4	51.6	6
拆　除	516.1	40.0	7
新　建	30	2.3	1
总　计	1289.5	100	17

4.1.4.2 周边用地

结合平武县城市发展相关规划，报恩寺区域宜突出文化遗产保护及文旅融合的主题，逐步疏解区域内其他功能形态，如长途车站、学校等。

表4-3 用地性质调整规划一览表

类别	调整策略
A	基本保持现状，规整建筑格局，保证景观与舒适
B	加强居民及人员管理，保证区内良好的社会环境
C	按照总体规划进行建设，有效降低建筑密度及高度
D	整治区内环境，拆除改造废弃建筑物，保证绿化率
E	调整用地布局合理有效，防止过度建设
F	调整用地性质
G	整治环境，拆除改造废弃建筑，降低建筑密度高度
H	整治区内环境，控制居民构成，有效管理外来人员
I	调整用地性质，整治区内环境
J	调整用地性质，调整用地范围

4-1-8 规划用地性质调整图

4.1.4.3 周边建筑

对于报恩寺周边建筑提出整治改造要求，主要的措施分为三类，即现状维护、改造和拆除。

1．现状维护

主要针对建筑高度对报恩寺景观无影响、或影响较小、立面材料、色彩与环境协调，建筑质量较好的建筑；建筑功能与报恩寺保护无冲突，并适用于规划用地性质。

2．改造

依据评估体系及结论，分为立面改造、降层、立面改造及降层三类。

（1）立面改造

主要针对建筑立面材料、色彩与环境不协调或立面造型缺少美感并与整体环境不协调的建筑。

（2）降层

主要针对建筑高度对报恩寺景观影响较大的建筑。

（3）立面改造及降层

主要针对同时存在以上所述两种状况的建筑。

3．拆除

主要针对建筑质量较差，改造难度较大或规划后需要调整用地性质的建筑。

4.1.4.4 道路

依据道路与报恩寺的关联程度及影响程度，将道路的改造要求分为 A ～ F 六个类别；根据道路的等级、红线宽度、功能、路面铺装材料及城市交通组织、路侧建筑形态及风貌、路侧绿化等指标和要素，按单条道路进行列表详控。

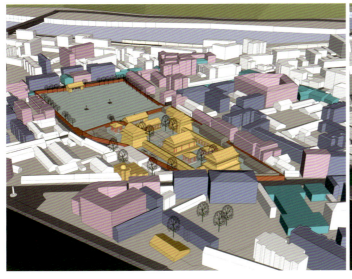

4-1-9　周边建筑改造模式探讨——降层（改造前）

4-1-10　周边建筑改造模式探讨——降层（改造后）

表4-4 道路改造措施一览表

类别	路面材料	交通状况	沿街绿化	道路宽度	改造措施
A	√	√			修整路面，主要道路为沙土路面的应铺设硬质路面；调整道路使用状况
B	√		√		修整路面，主要道路为沙土路面的应铺设硬质路面；加强道路两侧绿化
C	√			√	修整路面，主要道路为沙土路面的应铺设其他硬质路面
D		√			明确道路使用要求，引导分流车辆和行人
E	√				修整路面，主要道路为沙土路面的应铺设其他硬质路面
F				√	根据实际交通需求调整道路交通使用状况，必要时可调整宽度

表4-5 道路系统整治措施一览表

道路编号	道路等级	道路宽度	使用控制	铺装材料	绿化要求	街巷风貌控制
P_02	支路	双车道	盘山道路	水泥砖、石板	北山自然绿化	自然生态风貌
P_04	次干道	双车道	城市道路	水泥、柏油	灌木、高大乔木	风貌协调
P_09	主干道	四车道	城市道路	水泥、柏油	灌木、高大乔木	风貌协调
P_12	步行	单车道	步行景观、传统街巷	水泥砖、灰砖	灌木	传统风貌
P_13	步行	单车道	步行景观	水泥砖、灰砖、石板	灌木、小型乔木	传统风貌协调
P_14	步行	单车道	步行景观、传统街巷	水泥砖、灰砖	灌木	传统风貌
P_15	支路	双车道	传统街巷，限制车辆	水泥、水泥砖	灌木、小型乔木	传统风貌协调
P_20	次干道	双车道	城市道路，确保报恩寺视线的通透	水泥、水泥砖	灌木、小型乔木	传统风貌协调
P_23	步行路	单车道	步行街道，旅游利用	水泥砖、灰砖、石板	灌木、小型乔木	传统风貌协调
P_24	主干道	双车道	城市主要道路、商业街	水泥	灌木、高大乔木	风貌协调
P_25	主干道	双车道	城市主要景观道路，控制交通流量	水泥、水泥砖	路西：灌木、小型乔木 路东：灌木、大型乔木	传统风貌协调
P_26	公路	双车道	过境公路	水泥、柏油	县城侧密植大型乔木	风貌协调
P_36	支路	单车道	传统街巷，限制车辆	水泥砖、灰砖	灌木、小型乔木	风貌协调

4.1.4.5 视廊控制

通过工作模型的规划，对报恩寺周边视域进行了分析，报恩寺作为龙安府城重要的文化遗存，万佛阁曾是城市里最高的建筑物之一，保障报恩寺在城市中相对的高度与凸显，有利于区域文化旅游融合的定位，也符合城市规划的诉求。因此，在规划中，一是保障由报恩寺向外视线的通畅，二是保障从周边一些主要城市节点与报恩寺间视廊的通畅，包括北山 — 报恩寺、寺前广场 — 报恩寺、北岳殿 — 报恩寺等，保障天际线及区域平面的自然和谐；同时，从城市布局上，保障寺前广场 — 报恩寺轴线与北岳殿轴线，尽可能体现地域原有格局特点。

4.1.4.6 展陈利用措施及要求

报恩寺的展陈应统筹考虑各文物要素的价值，并充分利用周边其他既有资源。展陈内容一方面主要是寺内文物建筑、院落、附属文物以及与报恩寺相关的历史文化信息等；另一方面，报恩寺的展陈利用应与周边环境相结合，包括周边相关文物建筑及自然、文化资源。

展陈方式以实地参观展陈为主，辅以集中陈列展示，并做好展陈利用的管理与运营工作，做好文旅结合的延伸与衍生。并对展陈线路提出规划建议，估算旅游规模及限额，提出对外宣传的要求。规划中对于报恩寺寺前广场的改造及博物馆的选址与建设也提出了相应的建议。

以寺内展陈为例，依据各文物单体价值及现状陈列状况，分为文物本体展示、陈列展示两类。

1. 文物本体展示

文物建筑的价值评估得分较高的文物建筑：山门、天王殿、大雄宝殿、万佛阁、华严殿、大悲殿、南斜廊、北斜廊、南碑亭和北碑亭，不改变建筑本体及附属文物的原状，真实地展示自身的历史形象。万佛阁二层出于保护需要，暂不对一般游客开放。

2. 陈列展示

文物建筑的价值评估得分较低的，及室内无附属文物而宜于展示利用的几座文物建筑，包括王玺公衙大堂、南廊、北廊、南耳房和北耳房。规划建议在王玺公衙大堂内进行王玺与报恩寺始建沿革陈列展示，在其他文物建筑内进行平武及报恩寺相关的历史文化陈列展示，为了公共开放和合理利用而增改的设施，限制在最小的范围内，绝不允许损伤原有结构和艺术构件，所有工程都应当是可逆的，必要时能全部恢复至原有状态。

展陈应突出报恩寺自身的文物价值，注意通过一定的主题，如报恩寺自身历史沿革或佛教造像、壁画等题材，实现对展陈线索的串联。

表4-6　主要文物建筑展示利用要求一览表

建筑名称	建筑编号	展示现状	展示规划		
			展示方法	内部陈列主要内容	开放对象
山门	01W01	文物本体展示	文物本体展示	原址保留的附属文物	游客
天王殿	02W01	文物本体展示	文物本体展示	原址保留的附属文物	游客
钟楼	02W02	文物本体展示	文物本体展示	原址保留的附属文物	游客
王玺公衙大堂	02W03	旅游商店	陈列展示	王玺与报恩寺始建沿革	游客
大雄宝殿	03W01	文物本体展示	文物本体展示	原址保留的附属文物	游客
华严藏殿	03W02	文物本体展示	文物本体展示	原址保留的附属文物	游客
大悲殿	03W03	文物本体展示	文物本体展示	原址保留的附属文物	游客
南斜廊	03W04	文物本体展示	文物本体展示	无	游客
北斜廊	03W05	文物本体展示	文物本体展示	无	游客
万佛阁一层	04W01	文物本体展示	文物本体展示	原址保留的附属文物	游客
万佛阁二层		不开放	有限开放	原址保留的附属文物	专业人员
南碑亭	04W02	文物本体展示	文物本体展示	原址保留的附属文物	游客
北碑亭	04W03	文物本体展示	文物本体展示	原址保留的附属文物	游客
南廊	04W04	石碑陈列展示	陈列展示	平武及报恩寺相关的历史文化资料，包括报恩寺收藏的石碑	游客
北廊	04W05	旅游商店、服务	陈列展示	平武及报恩寺相关的历史文化资料，包括报恩寺收藏的石碑	游客
南耳房	04W06	不开放	陈列展示	报恩寺收藏的佛教相关文物	游客
北耳房	04W07	小会议室	陈列展示	报恩寺收藏的佛教相关文物	游客

4.2　周边整治改造的探索

4.2.1　区域现状概况

报恩寺周边区域是平武县城最重要的文化资源分布区域，这一区域内密集分布着报恩寺、清真寺、北岳殿、王玺公衙旧址、龙安府城墙（北山段）等重要的文化遗产资源，同时保存有一定数量的传统民居，这一区域向周边可辐射至龙安府城西城门及城墙、北山红军碑林、松平地震纪念碑等，是地方实现文化资源利用重要的区域。

目前，因为历史原因，这一区域内现状存在较多不利因素：第一，区域属平武旧城区，现状建设状况、产权状况复杂；

第二，区域内现状城市职能复杂，文化主题尚不够清晰，各功能相互交叠，相互影响，包括长途车站、学校等；第三，5·12汶川地震对区域造成了不小的影响，区域内存在不少结构震损严重的建筑，其中包括清真寺主殿等重要建筑；第四，区域内主要的文化资源载体未充分整理，保存状况普遍不佳。

4.2.2 北岳殿整治改造

北岳殿位于报恩寺西北侧北山小学院内，紧邻松平公路，原为龙安府城城隍庙主要建筑之一。城隍庙为龙安府城重要集会场所之一，据传始建于明永乐年间，明末为雷电击毁。据殿内遗存的花梁题记来看，现存建筑应重修于清嘉庆八年冬。原城隍庙为一进四合院式布局，北岳殿为正殿，殿前有大门，两侧有厢房，但目前除北岳殿外，其他建筑均已无存。殿前尚存四株明代古柏，树形高大，参天蔽日。1980年平武县人民政府公布其为县级文物保护单位，2000年，将其误定为昭忠祠，并由四川省人民政府公布为省级重点文物保护单位，沿用至今。

北岳殿北靠箭楼山，紧邻报恩寺，坐北朝南。现存建筑绝大部分应为嘉庆年间遗构，少部分经过了后期修补，如地面、正脊等。该殿面宽三间，进深五间，采用楠木建造，用材粗大，古朴素雅，

4-2-1 从学校操场北望北岳殿

4-2-2 北岳殿（东—西）

4-2-3 建筑后檐采用接檐形式

4-2-4 北岳殿内景

系单层尖山悬山、大木小式抬梁结构，前廊后无廊，部分梁枋下设雀替、替木、丁头栱等构件，前檐老檐柱间设隔扇、槛窗，大小木作均采用红漆饰面。该建筑前后檐屋面不对称，后檐屋面采用接檐形式。前檐设檐椽和飞椽，檐椽为方形板椽，飞椽为圆椽，后檐无飞椽，只设檐椽；屋面采用当地传统的干摆小青瓦做法，无望板、望砖等，直接将瓦铺设在方形板椽上。后檐及两山墙为黄土与卵石砌筑，室内一侧白灰抹面，室外一侧红灰抹面。后檐墙西端与公路堡坎有交叠部分，目前被加厚的墙体遮盖。明间脊檩下书有大清嘉庆年间重修的题记："大清嘉庆捌年岁次癸亥季冬月朔捌日穀旦重修。"北岳殿台基地坪比屋后公路路面低约4米，因此在雨季期间，建筑长期浸泡于水中。该殿之前曾被北山中学当作教学用房使用，后期为保护此建筑物，管理单位砌筑围墙，将其与学校及公路隔开。西侧围墙紧贴于西侧木柱包砌；东侧围墙在离东侧木柱2米处砌筑，二者间留有通道；南侧围墙距建筑台明外侧0.6～0.8米，北侧围墙紧贴建筑檐椽砌筑并紧邻公路，墙东端距离人行道约0.8米，西端则凸出于人行道之上。

北岳殿年久失修，多年处于闲置状态，周匝砌筑围墙封堵，建筑主体构架歪闪明显，部分木构件存在劈裂、虫蛀、糟朽、缺失、尺寸不当等现象。由于地势低，雨季时地面常年积水。门板、墙面等存在后期不当维修，屋面杂草丛生，瓦件、椽望破损，雨漏现象明显。5·12汶川地震加剧了北岳殿残损程度，建筑整体病害普遍。

其病害产生原因，主要归纳为年久失修、地震影响、排水不畅、通风不畅以及不良人为干预。

基于上述病害状况，2011年，对北岳殿实施了保护修缮工程，工程内容主要为台明、地面修整；墙体加固及整治；木结构修补及防虫防腐处理；更换加固失稳构件；纠正以往修理不当构件；重铺屋面；补配缺失瓦件及木件。随着北山小学的搬迁，修缮后，将北岳殿周匝围墙拆除，结合周边土司文化的相关遗存，形成了龙安土长官私署，作为地方文化资源对外开放。

4.2.3 周边区域整治规划

对于报恩寺周边城市区域的整治规划，主要从以下几方面作为出发点。第一，从建筑色彩、高度、体量等方面整理周边杂乱建筑，进一步突出报恩寺在区域及平武老城区的形象。第二，通过整治，强化区域传统元素，包括街巷肌理，建筑布局、立面等。第三，从城市功能需求出发，结合房屋权属，梳理区域功能布局。第四，探索区域环境及景观提升的可能。

1. 功能设置

对报恩寺入口广场进行设计，恢复山门，以绿化来烘托前导空间的气氛，使之不至于显得空旷，使寺前广场及周边地区成为现代化的城市公共活动场所。

北侧布置多个主题性建筑群，如民俗博物馆、清真寺及北岳庙。一条东西贯穿的水系串起整块场地，水边布置各种商业设施，如特色小店、康体设施、餐饮及住宿等功能。

南侧建筑布置较集中，设有企业会所、住宿及特色小店的功能。

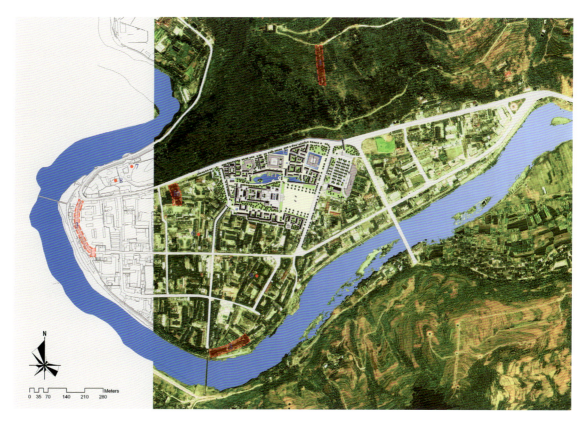

4-2-5 规划总图

4-2-6 总平面图

4-2-7 总鸟瞰图

4-2-8 功能分析图   4-2-9 交通分析图

2．空间布局

报恩寺两侧建筑群借鉴川北传统街巷空间及建筑布局，体量小巧，呈院落围合形态，若干进院落组成各种特色建筑组群。以尺度适当、色彩和谐的环境及建筑设计，重塑静谧的街道环境，宜人的街道尺度，恢复古城早期的街道感觉。街道建筑及环境的整治力求烘托报恩寺，保持街道立面高度及街道宽度的适当比例，保留古树名木，以维持浓厚的生活氛围以及丰富的空间感受。整治后的公共设施不仅有各种街道活动和市井生活的场所，也有引致青山、视野开阔的各种休闲空间。通过建筑及环境小品的设计，弘扬地方文化，体现地域特色。

维持报恩寺的主体地位，寺庙前阔大的广场依旧作为市民活动的中心，在寺庙的最末端新建展示馆及其后侧的茶坊树院，完善原有院落空间的序列。

报恩寺北侧设置有多条空间序列：围绕水景设置一系列空间节点，分别作为水环境的入口院落、中间段各个水景景观节点眺望北山处以及末端北岳庙入口空间；民俗博物馆结合其馆前场地串联起停车场、馆后庭院及水景；清真寺及其东侧建筑间的街道空间组成空间序列；中部水景小品节点与北山上的佛像节点连接形成开阔的绿轴；北岳庙在两侧建筑的拱卫下形成另一空间序列。

3．交通系统

报恩寺区域东、北、西三侧皆比邻城市干道。本规划在地块内实行人车分流系统，并设置三块停车场地。

地块内车行道路沿报恩寺环状设置，并连接起各个主题建筑。

人行道路主要沿水景设置，散布在场地内。形成各种漫游闲逛的小径。

场地东侧设置一大型停车场，满足游客集散及商业活动的停车需求。场地北侧中段及西侧设置小型停车场，满足内部停车需求。

4．景观设置

场地内景观绿化层次丰富：沿场地东、北、西三侧的城市道路设为林荫道、场地东侧为大型绿化停车场，加上西侧大片的树林，有效地界定了规划场地的绿色界面；场地北依北山，内部设置多条街巷及开阔空间以眺望青山；沿报恩寺两侧设置大面积长条形绿化，寺前开阔的广场两侧种植成排

4-2-10　周边环境意象　　　　　　　　　　4-2-11　周边环境意象

的大树，塑造大气严整的寺庙前导空间，以烘托报恩寺庄严静谧的宗教氛围；沿报恩寺北侧设置一东西向水系贯穿整个场地，结合水景布置各种小品，形成宜人舒适的休闲场所；各个院落中的绿化为场地中最细腻的点缀。

5. 开发建设模式

采取市政环境及公共设施建设以及商业地产开发的建设模式，形成政府管理加企业经营的体系，可取得市场规范条件下的经济效益最优化。

目标人群为当地居民及外来游客，采取当地居民投资底商，二层居住的模式，使区域保障一定的人流量。

4.3 对于寺内展陈利用及整治改造的探索

4.3.1 现状概况

报恩寺是平武县城重要的文化资源及开放景点，寺内文物对象遗存丰富，相对集中，除寺院建筑群本身外，还存有大量可移动文物，合计数量2000余件，其中一级文物7件、二级文物53件、三级文物686件，具有极高的观赏价值。但现状寺院以不可移动文物实物参观为主，可移动文物未能有效展出，寺院相应的集中展陈及附属管理功能配套等硬件设施严重不足，无法系统、有序、全面地呈现报恩寺的价值。

寺内主要文物建筑均为传统古建形式，山门、天王殿、华严藏、大悲阁、万佛阁、大雄宝殿等主体建筑是明代地方建筑最杰出的典范，建筑室内壁画、彩画、彩塑、雕塑、小木装修等遗存丰富，美轮美奂，具有很高的实物观赏性。但这些建筑室内空间有限，作为主要文物建筑对于水电等基础设施改造局限性较大，不适于作为系统集中展示场所。

寺内周匝现存数座附属建筑，原为后勤办公及游客接待使用。主要集中于寺院东北、东南及西南三处。寺院东北处：一进院北侧建有后勤服务用房，一层，仿古硬山建筑，原用作游客服务接待使用，后废弃。在5·12汶川地震中，屋面瓦件大面积脱落，建筑整体受损严重；寺院东南处：20世纪为便于保护工作，将王玺公衙大堂迁建于此，大堂东侧为卫生间，一层，仿古硬山建筑，现状保存状况较好；寺院西南处：原为寺内后勤办公及员工宿舍，后勤办公用房为一层，硬山坡顶，个别为对外门店，员工宿舍两层，平顶，5·12汶川地震中，两组建筑均受损严重，办公用房屋面大面积落瓦，员工宿舍结构受损，震后鉴定为危房。

4.3.2 设计思路及原则

报恩寺作为全国重点文物保护单位和旅游景点，承担着保护、展示、收藏、研究及教育等诸多功能及职责。

考虑到寺院周边为城市建成区，房屋权属及居民居住生活情况较为复杂，系统调整报恩寺展陈设施及游线存在相当的困难。同时，也考虑到为保障报恩寺展陈利用的紧凑性与连贯性，在对展陈利用及后勤部分管理功能所需面积等指标进行测算的基础上，尝试基于寺院内附属配套建筑开展改造利用可能性的探索。

设计任务以实现报恩寺院内的文物陈列展示及文物库房功能为目标，以寺院内现状东北角游客服务用房及西南后勤用房为对象开展。通过对原有后勤建筑的加固改造并整合串联，实现新功能的植入。

设计方案

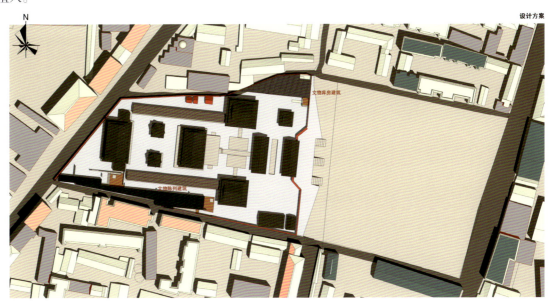

4-3-1　设计构思

设计方案

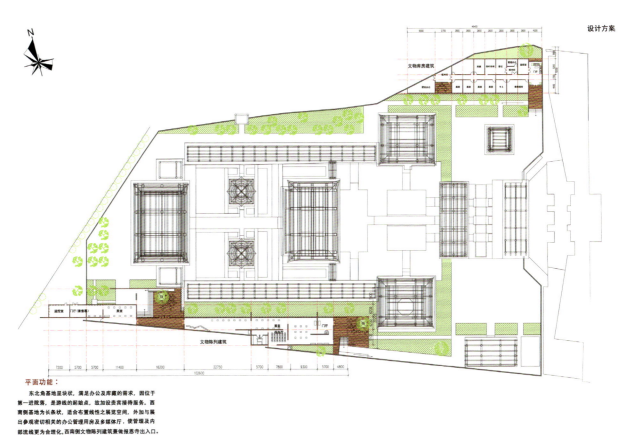

平面功能:

　　东北角基地呈块状，满足办公及库藏的需求，因位于第一进院落，是游线的起始点，故加设贵宾接待服务。西南侧基地为长条状，适合布置线性之展览空间，外加与展出参观密切相关的办公管理用房及多媒体厅，使管理及内部流线更为合理化。西南侧文物陈列建筑兼做报恩寺出入口。

4-3-2　设计构思

4-3-3 鸟瞰图

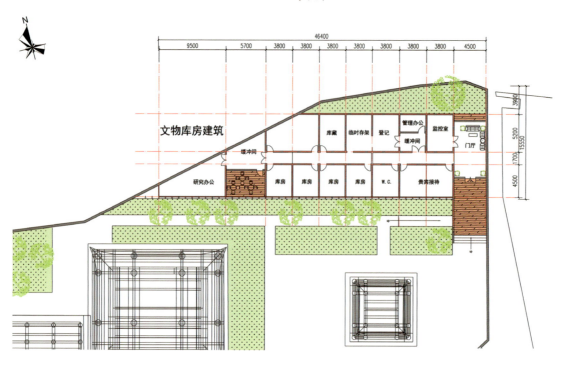

4-3-4 文物库房平面图

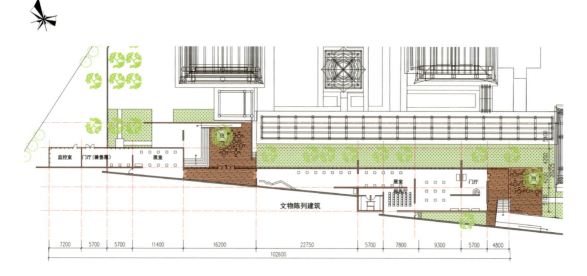

4-3-5 展览馆平面图

设计以保护维系报恩寺文物的真实性及完整性为原则，改造建设满足可识别性、最少干扰、可逆性及环境协调的要求。受限于场地及空间，设计应保障精致、紧凑和高效。

改造后建筑的高度、体量、外观形象及建筑色彩与文物建筑相协调，并做到和而不同，一方面通过采用寺内文物建筑修建所使用的传统建筑材料弱化自身，在视觉上凸显、衬托并尊重文物建筑的视觉主体，保证报恩寺主体格局的完整性；另一方面，尝试将传统的建筑材料、建筑工艺通过新的建造方式体现，表达自身鲜明的时代性，避免对文物建筑信息的误读，加强自身的可识别性。

改造基于现有建筑，结合建筑物现有结构稳定性状况，进行必要的加固，同时，对建筑立面、屋面等进行一定的更新，新加的主体结构考虑采用具有可逆性的轻质材料，遵循最小扰动的原则。同时，新加的结构体系应便于撤除并兼具可逆性。

设计确保与包括南廊、钟楼等文物建筑本体保持一定的距离，保障文物建筑在消防、安防、景观及通风等方面的需求，确保不对文物本体产生负面的影响，同时，将现围墙内部周匝用地有效利用并整合，在尊重原有寺院格局的同时，充分利用寺内既有用地资源，优化寺院整体环境。建筑自身在形象上简练平直，在色彩、体量上与文物建筑相协调，使之完好的融入周边环境之中，通过如玻璃等通透材料的使用，及植被绿化的种植，减少建筑自身的视觉影响。

4.3.3 平面功能布局及建筑形象设计

东北角基地呈块状，满足办公及库藏要求。考虑到其位于报恩寺第一进院落，是游客参观的起点，因此将游客接待服务功能设置于此，远期考虑将可移动文物的修复等专业工作作为这一区域拓

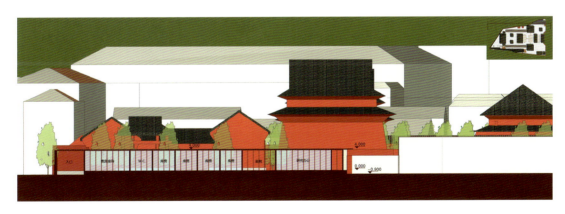

4-3-6 东北角文物库房建筑剖面图

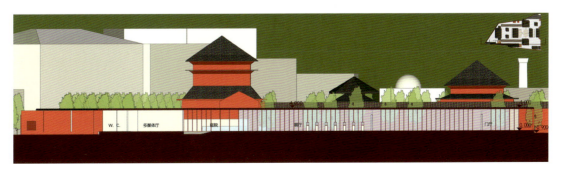

4-3-7 西南侧文物陈列建筑剖面图

展功能;西南侧基地为长条状,适合布置线性展览空间,交互空间、文化衍生品销售空间及休憩空间,同时,将报恩寺西门结合建筑设置,使管理及内部流线更为合理化。

两组建筑靠围墙布置,朝向寺院内部的立面是设计的重点。立面的处理提取寺院中随处可见的竖线条元素,如窗棂、屋面布瓦、椽檩排布、隔扇门等,为玻璃加以细密的木质竖梃分隔,呈现出简洁明快的效果,通过传统元素和韵律的使用,加之颜色上的协调,在寺院中营造出井然有序的空间节奏,突出宁静的氛围和深厚的文化底蕴。通过大面积玻璃的使用,形成通透的联通空间,通过光影的变化,加强建筑内外空间的交互,室内空间的简洁素雅与外部文物建筑的华丽恢宏、室内的现代感与室外的历史厚重感、室内空间的流动性与室外时间的凝固性。通过这些对比,将历史的积淀与现代的质感交叠出层层美感,为游客提供更为丰富的展陈体验。

两处配套设施,有效地完善了寺内游线的组织序列,也丰富了寺内管理及游客参观的层次,形成集游客接待、不可移动文物实物展陈、系统解说、可移动文物展陈、多媒体及交互展陈、文化衍生品的销售、休憩在内的系统的展陈体系。

4.3.4　建筑细部设计

屋面采用瓦、玻璃及钢材结合的方式,传统的瓦件以现代手法加以排列,再覆盖以简洁的玻璃,形成传统屋面与现代屋面的融合。参考古建筑花格门扇被阳光投射到地上形成的斑驳光影,设计采

4-3-8　设计构思之细部设计图

4-3-9　设计构思之细部设计图

用鱼鳞纹排列的瓦质天窗，投射在展室地面，形成斑斓的光影，使空间更具意趣。同时，这种做法给予室内柔和的漫反射光线，利于展陈的需求。

立面上大量使用借鉴于古建筑直棂窗的红色竖梃，以大面积玻璃为后衬，形成接续古建筑的连续的竖向韵律，强化寺院传统建筑风格的秩序。同时，这些竖梃结合周边绿化，形成丰富的光影效果，增加空间的意趣。

4-3-10 设计构思之建筑形象

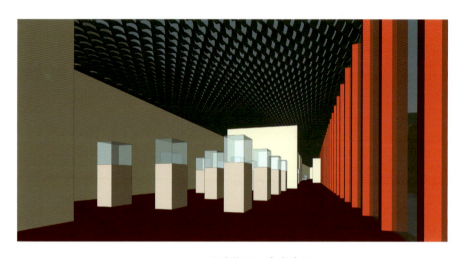

4-3-11 设计构思之遗产展示

4.3.5 经济技术指标

两组建筑合计建筑面积约1120平方米，其中，西南侧文物陈列建筑约650平方米，东北侧文物库房建筑约470平方米。

4.3.6 方案评估

本方案的设计立意在于在寺院内有限的空间解决报恩寺展陈和库房的需求，使报恩寺形成较为紧凑精致的保护展示格局。方案充分利用了寺内现状周匝边角处的附属建筑改造扩建而成，提升了寺内空间的利用效率，对于改善寺内环境也有着积极的意义。同时，也便于文物保护与管理的工作。

方案位于报恩寺院内，距离文物建筑较近，对文物建筑会形成一定的影响，包括在空间、风貌、场地布局、工程实施环节等，在具体实施前，应进行系统的评估。

4.3.7　多方案对比

考虑到报恩寺周边区域整治改造多种可能性的情况，对于报恩寺展示陈列馆的选址及方案也进行了多种可能性的对比。

报恩寺现状西侧围墙因北街的建设而有过较大变动，原有寺院格局也发生变化。本方案结合报恩寺西侧北街的改造，修正原寺墙及周边道路走向，增加寺庙辖地，在扩大的地基内，将展示陈列馆设于报恩寺内西侧，万佛阁后方。

建筑以陈列展示及可移动文物库房为主要功能。沿寺庙中轴线在场地中央布置二层（局部三层）主体展览建筑，两侧安排功能性一层附属建筑。建筑后方做竹园，供饮茶休憩。

主建筑形体采取与寺庙建筑协调的坡屋顶形式，结构则采用现代钢结构。原斜角院墙拆除后将成为报恩寺的历史记忆，在景观规划中亦有对此片段的体现，故建筑形体上也做了一道切分，与之呼应，在视觉上也联通了城市道路和寺庙北侧广场。

切分后的主建筑有高低错落的三个空中廊道相连，解决了功能上的衔接问题，也创造了视觉上的层次感，使建筑空间更加吸引来客。展厅主入口设在北侧一层附属建筑院内，院内还安排了商品部和连接北侧广场的出口。

入口门厅处设坡道，沿主立面内侧向上延伸至二层展厅，依次参观完二层两个展厅后，游客可使用楼梯上至三层阁楼观景展厅，从高空眺望报恩寺及广

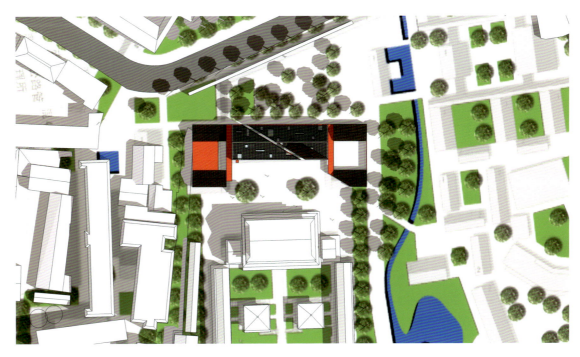

4-3-12　对比方案总平面图

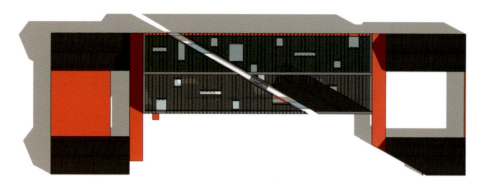

4-3-13　对比方案屋顶平面图

4-3-14　对比方案东立面图

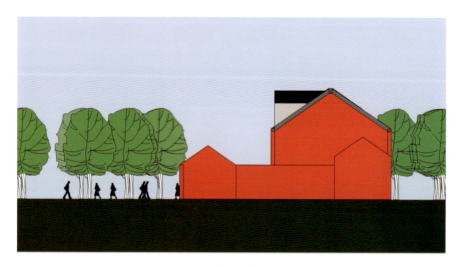

4-3-15　对比方案北立面图

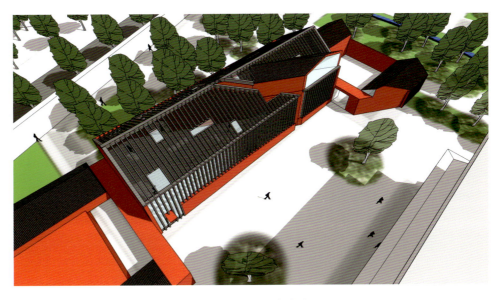

4-3-16 对比方案鸟瞰图

4-3-17 对比方案鸟瞰图

场。然后沿楼梯下到一层继续参观，并设多媒体展室，丰富时空体验。之后回到门厅结束参观。

游客接待室设独立入口于主立面南侧，靠近库房及办公室，利于特殊游客观览重要藏品，也可方便地进入公共展厅。库房采用现代化电子控制，恒温恒湿。

总建筑面积1710平方米，其中一层建筑面积1075平方米，二层建筑面积505平方米，三层阁楼面积130平方米。

实测图

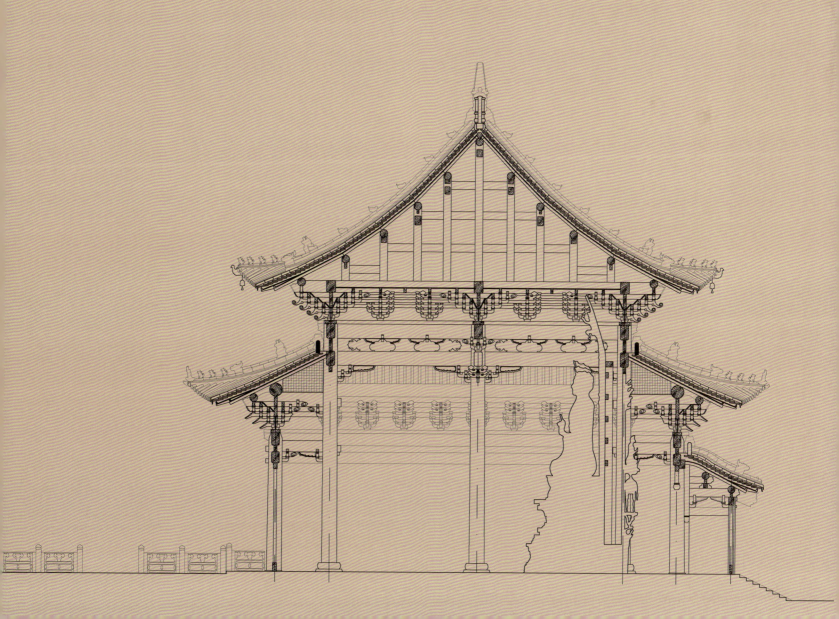

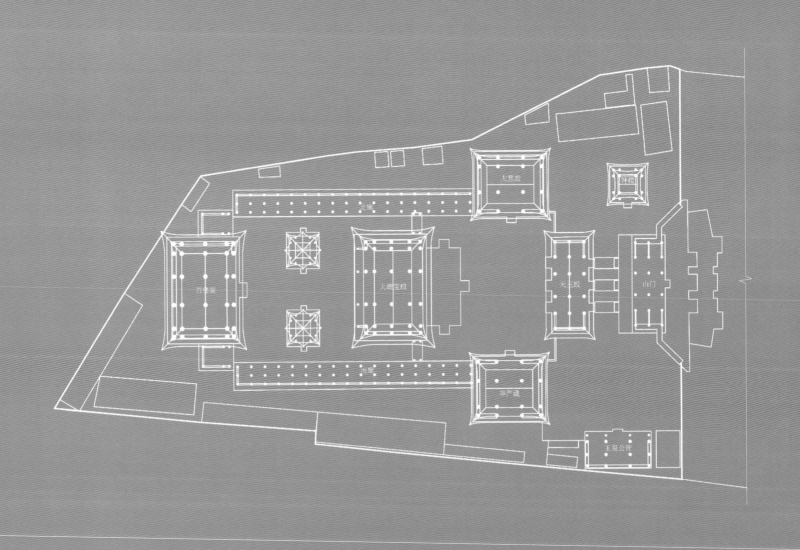

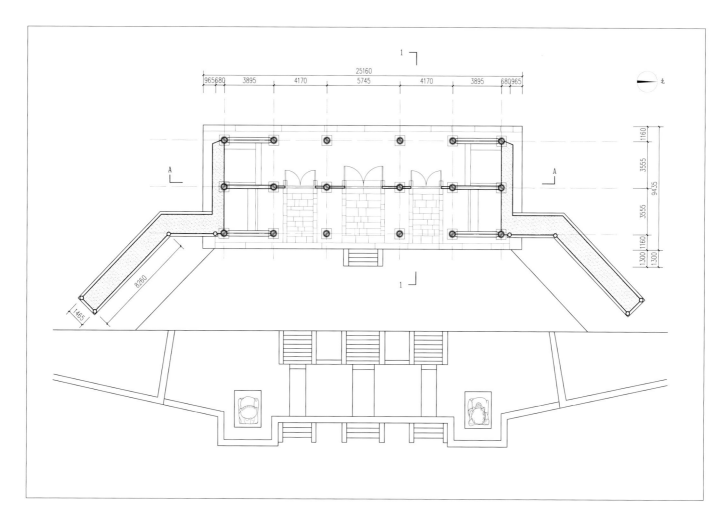

一　山门平面图

二 山门东立面图

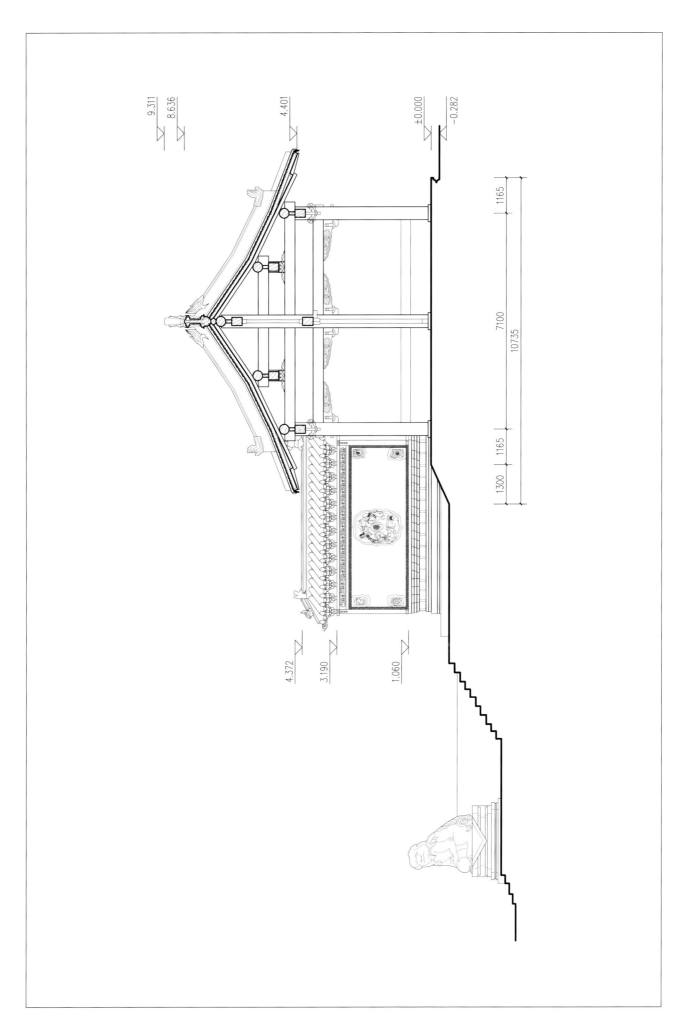

9.311
8.636

4.401

±0.000
−0.282

1165

7100
10735

1165
1300

4.372
3.190
1.060

三　山门1-1剖面图

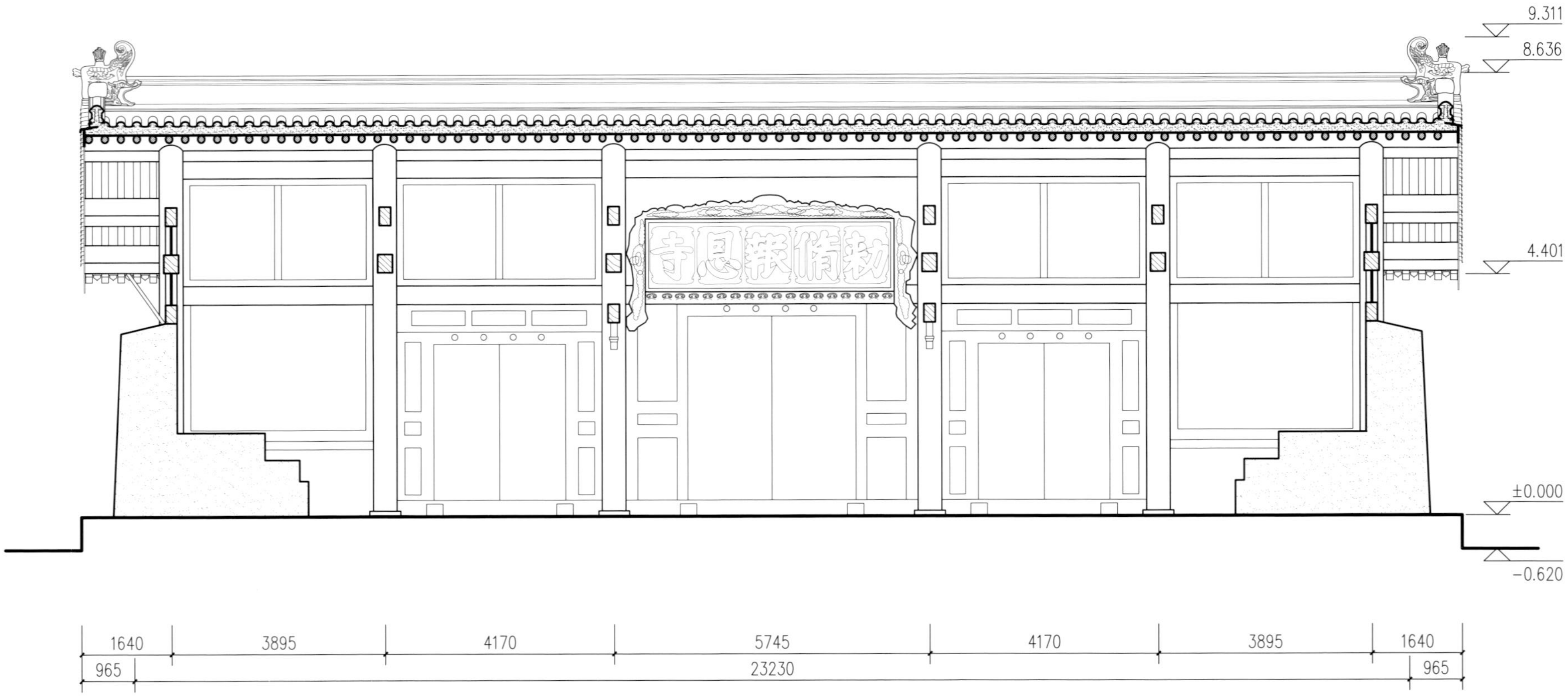
9.311
8.636
4.401
±0.000
-0.620
敕脩报恩寺
1640
3895
4170
5745
4170
3895
1640
965
23230
965

四　山门 A-A 剖面图

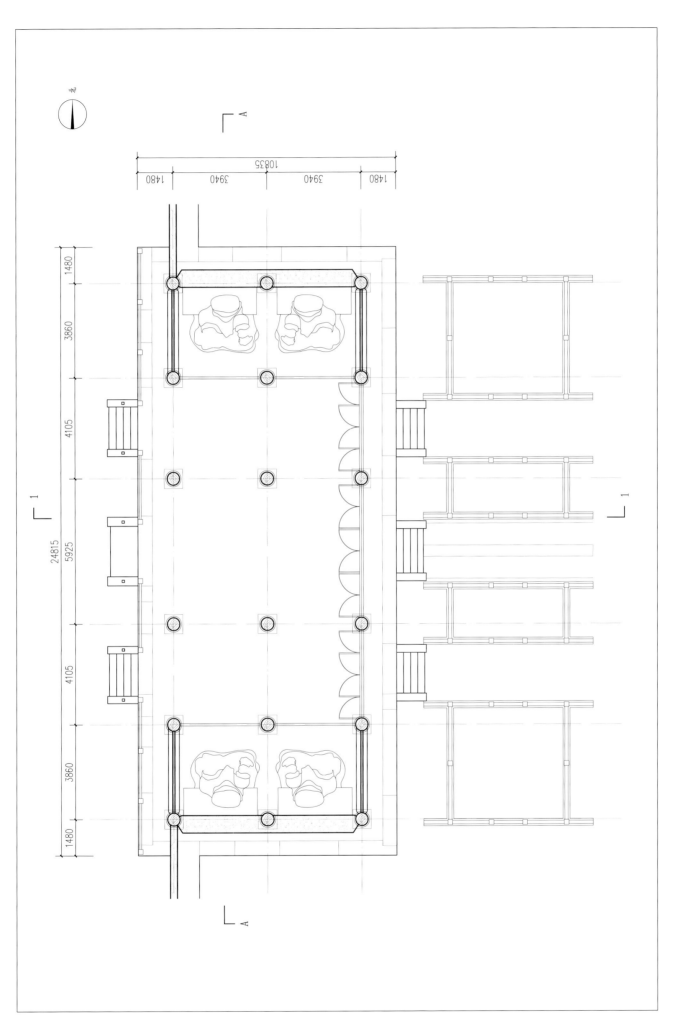

北

10835

1480 3940 3940 1480

1480
3860
4105
5925
4105
3860
1480

24815

五 天王殿平面图

六 天王殿仰视平面图

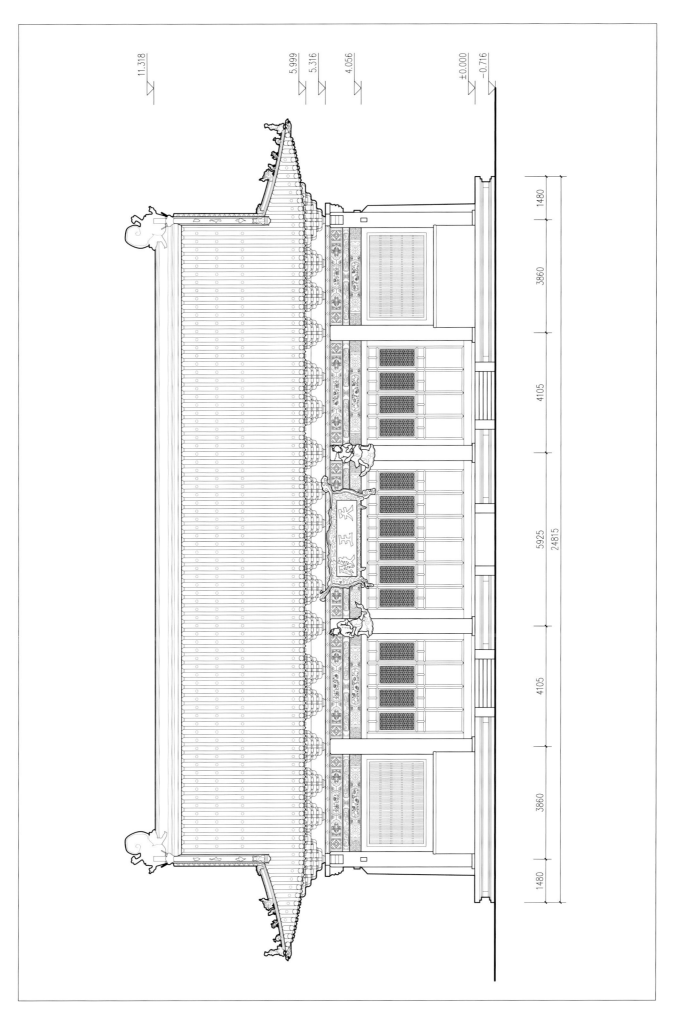

七 天王殿东立面图

11.318

5.999
5.316

4.056

±0.000
-0.716

1480

3860

4105

5925

24815

4105

3860

1480

露王天

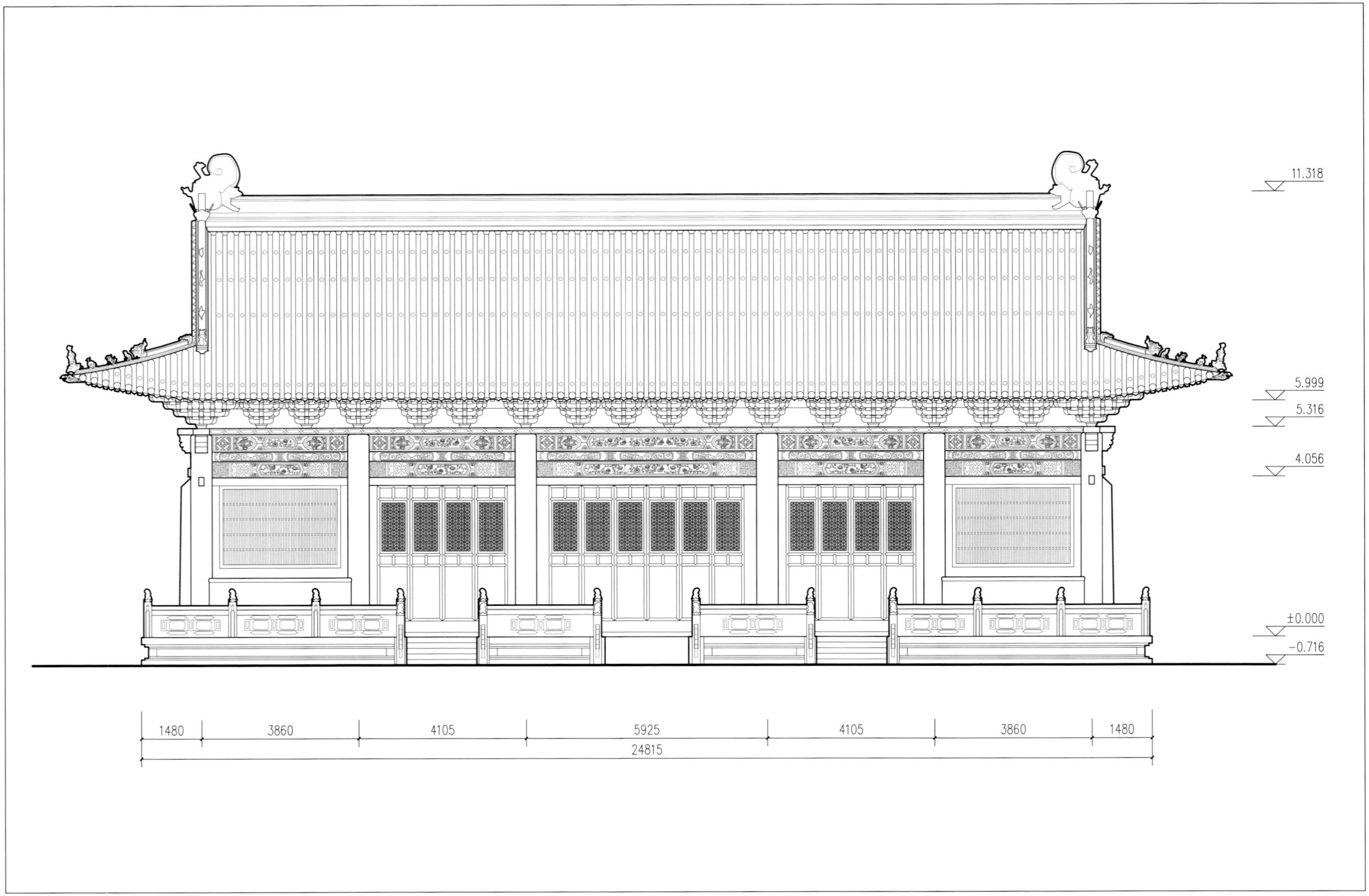

八　天王殿西立面图

11.318

5.999
5.316

4.056

±0.000
-0.716

1480

3860

4105

5925
24815

4105

3860

1480

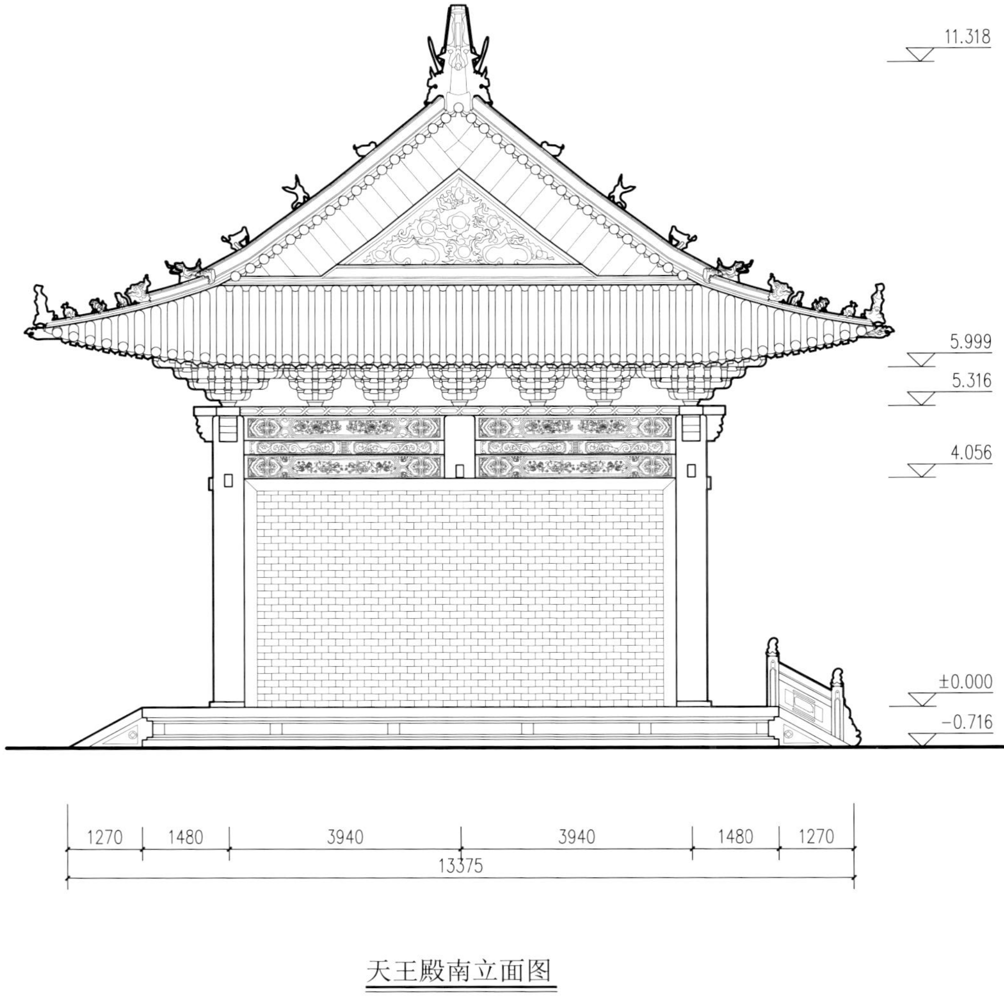

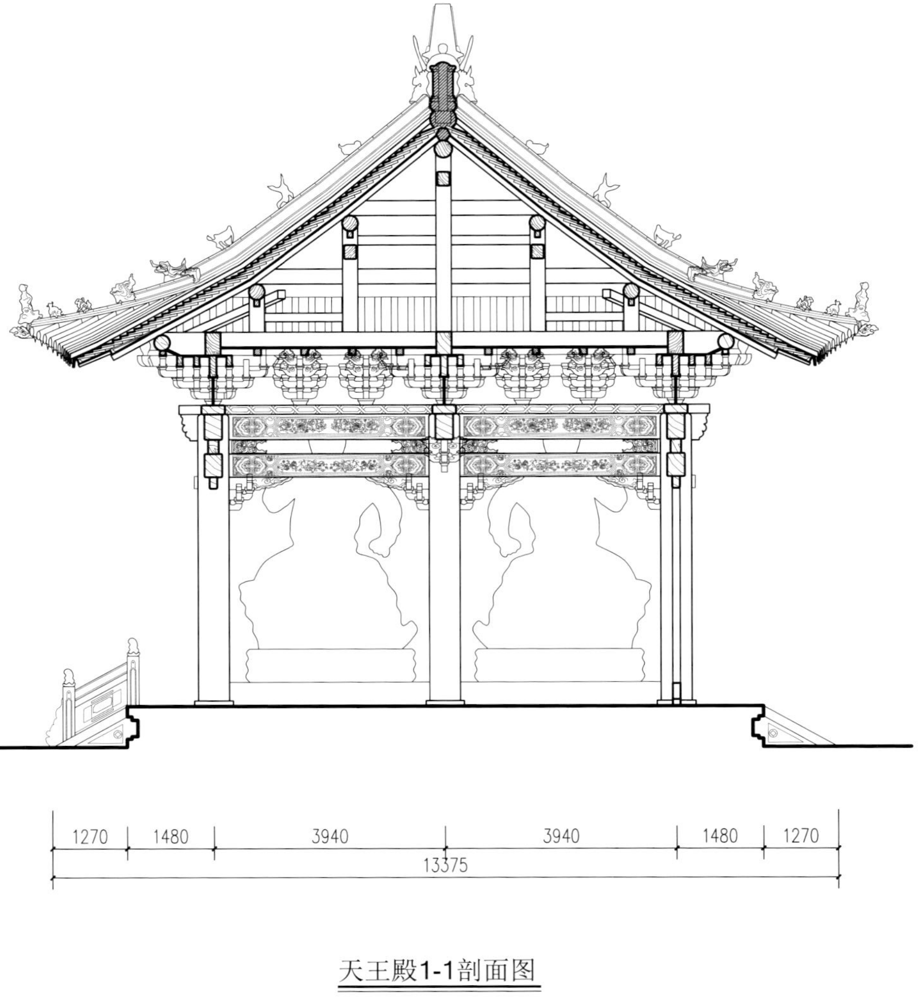

11.318
5.999
5.316
4.056
±0.000
-0.716
1270
1480
3940
3940
1480
1270
13375
天王殿南立面图

1270
1480
3940
3940
1480
1270
13375
天王殿1-1剖面图

九　天王殿南立面图、1－1剖面图

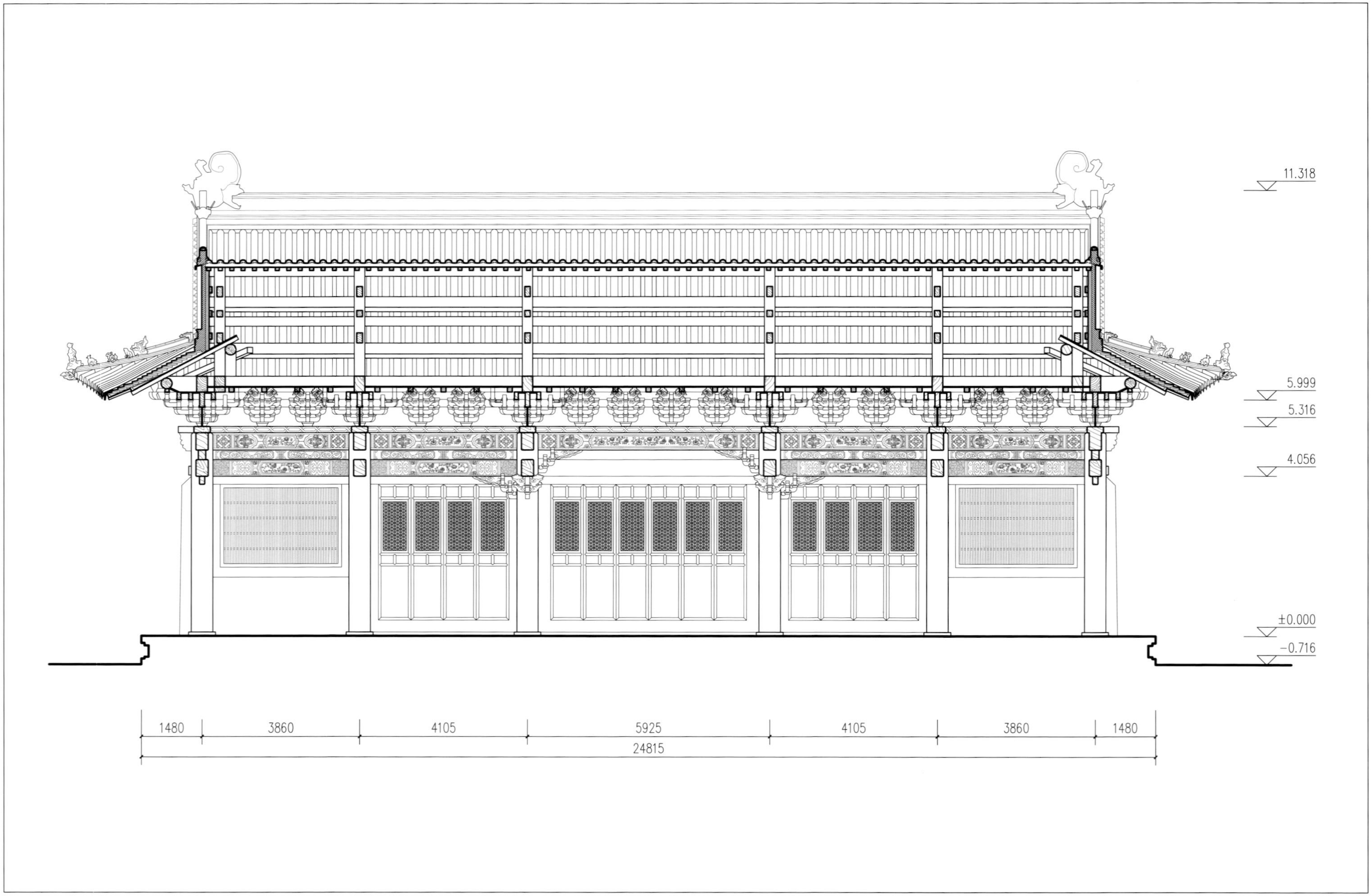

一〇 天王殿 A—A 剖面图

11.318

5.999
5.316

4.056

±0.000
−0.716

1480

3860

4105

5925
24815

4105

3860

1480

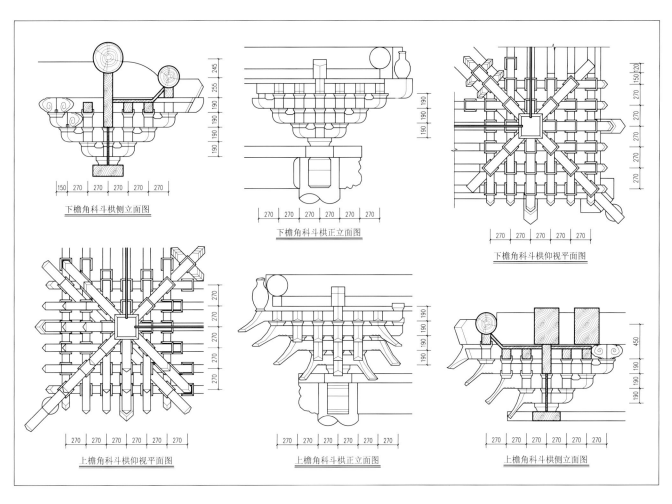

下檐角科斗棋侧立面图

下檐角科斗棋正立面图

下檐角科斗棋仰视平面图

上檐角科斗棋仰视平面图

上檐角科斗棋正立面图

上檐角科斗棋侧立面图

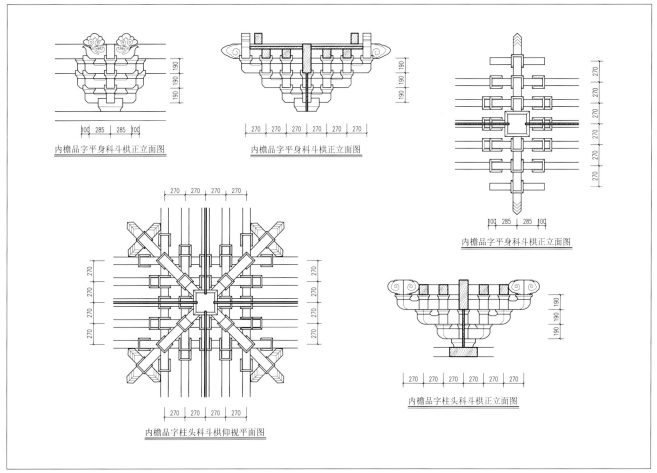

内檐品字平身科斗棋正立面图

内檐品字平身科斗棋正立面图

内檐品字平身科斗棋正立面图

内檐品字柱头科斗棋仰视平面图

内檐品字柱头科斗棋正立面图

一一　天王殿斗棋详图

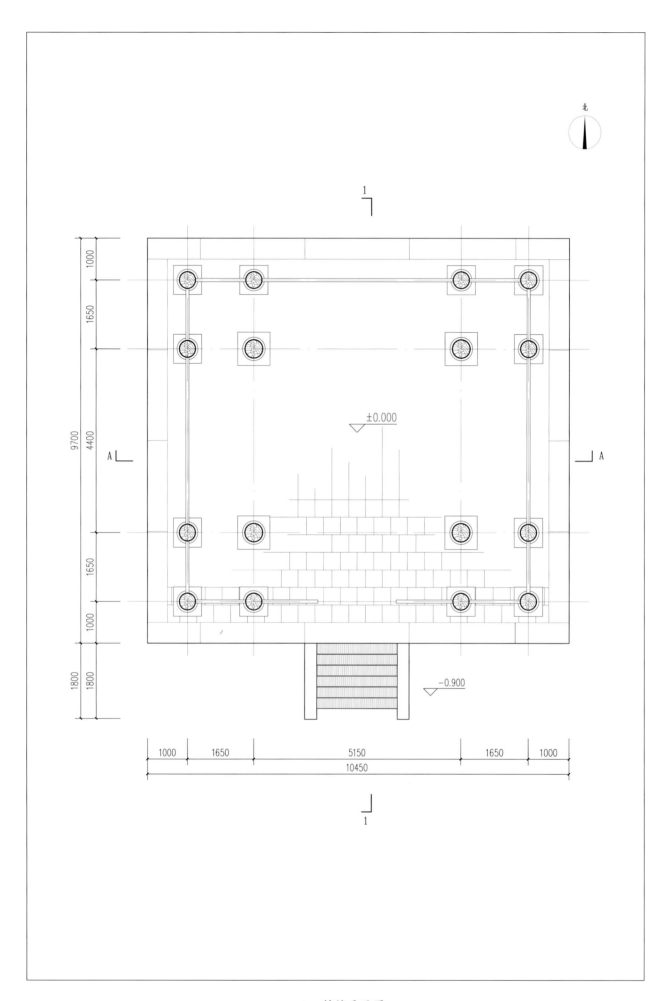

北

1

±0.000

−0.900

9700
4400
1650
1000
1800
1800
1650
1000

1000 1650   5150   1650 1000
10450

A⌐   ⌐A

1

一二 钟楼平面图

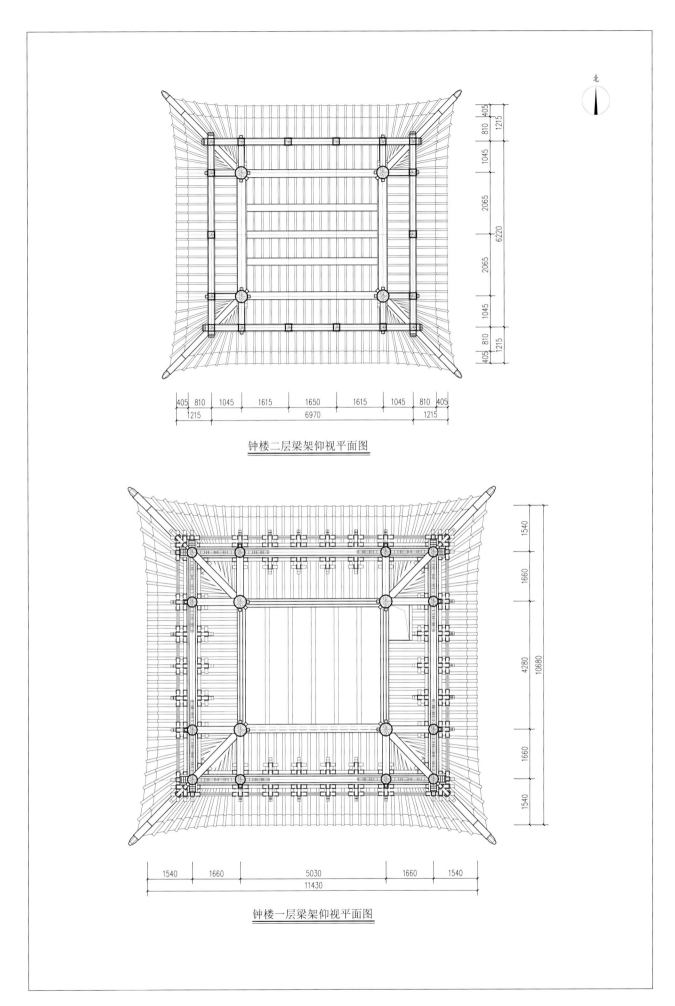

北

钟楼二层梁架仰视平面图

钟楼一层梁架仰视平面图

一三　钟楼一、二层梁架仰视平面图

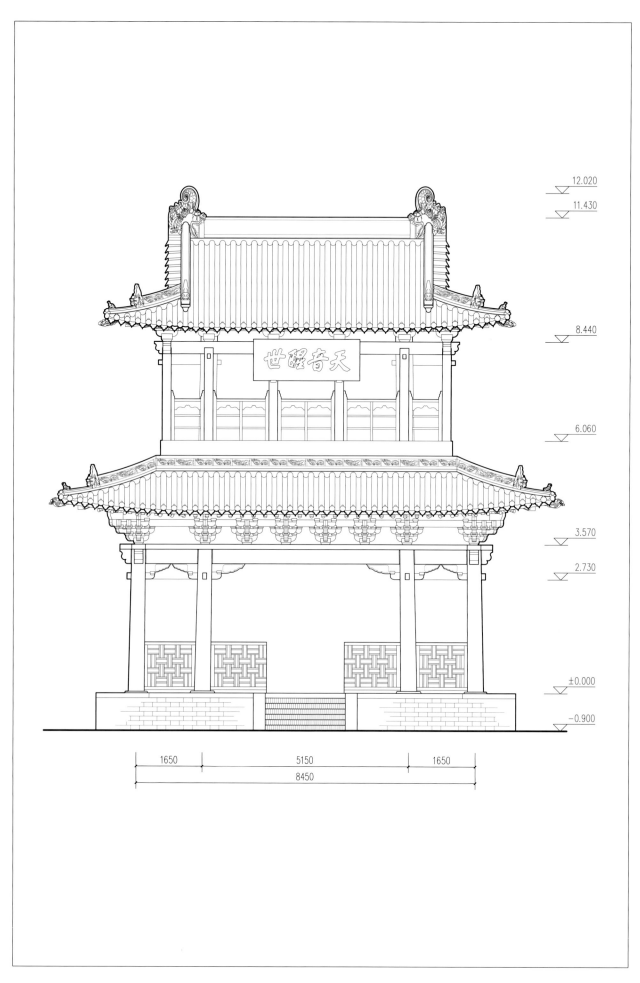

12.020

11.430

8.440

6.060

世醒音天

3.570

2.730

±0.000

−0.900

1650 5150 1650

8450

一四　钟楼南立面图

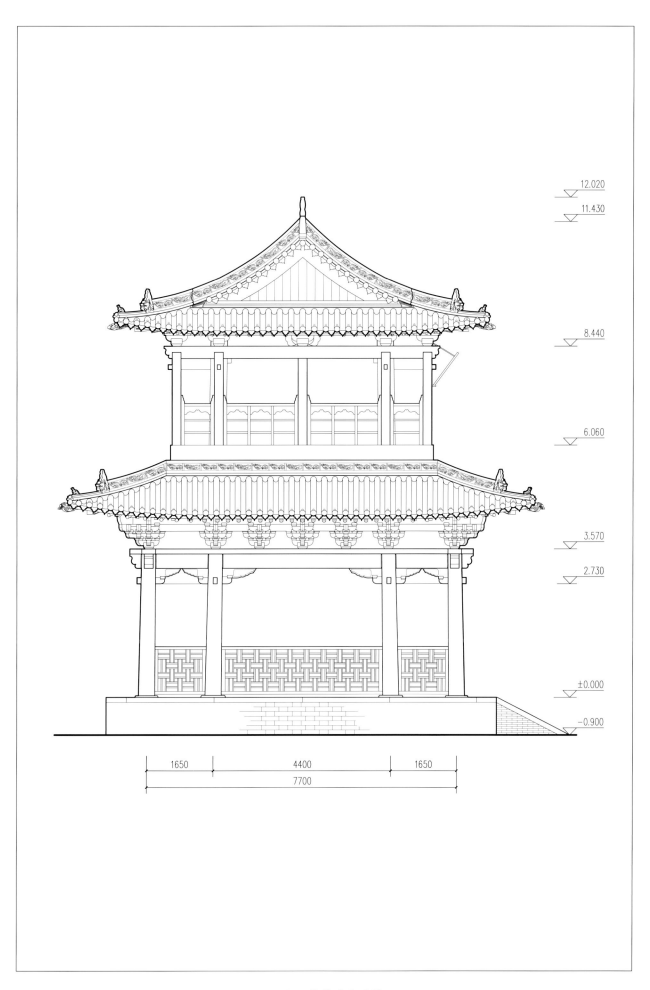

12.020

11.430

8.440

6.060

3.570

2.730

±0.000

−0.900

1650   4400   1650

7700

一五　钟楼西立面图

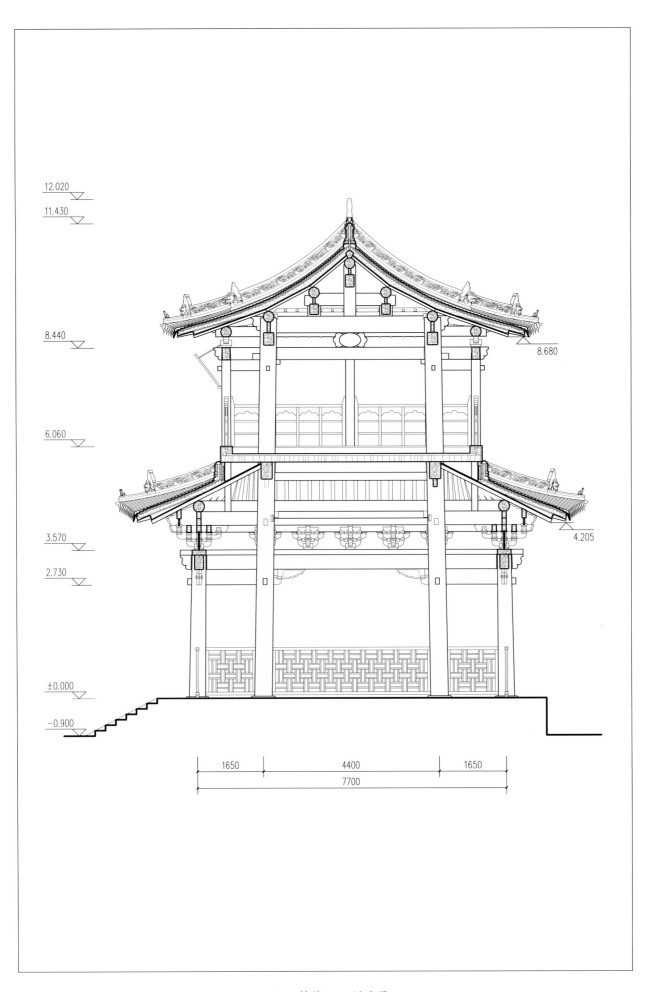

12.020
11.430

8.440

8.680

6.060

3.570

2.730

4.205

±0.000

−0.900

1650   4400   1650
7700

一六　钟楼1-1剖面图

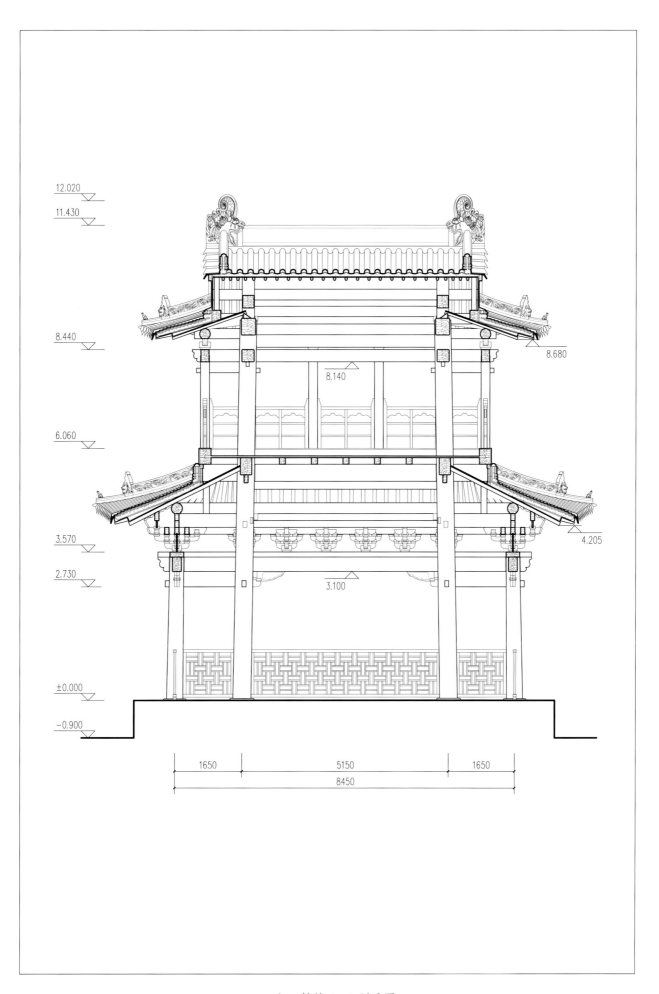

12.020

11.430

8.440

8.680

8.140

6.060

3.570

4.205

2.730

3.100

±0.000

−0.900

| 1650 | 5150 | 1650 |

8450

一七　钟楼 A—A 剖面图

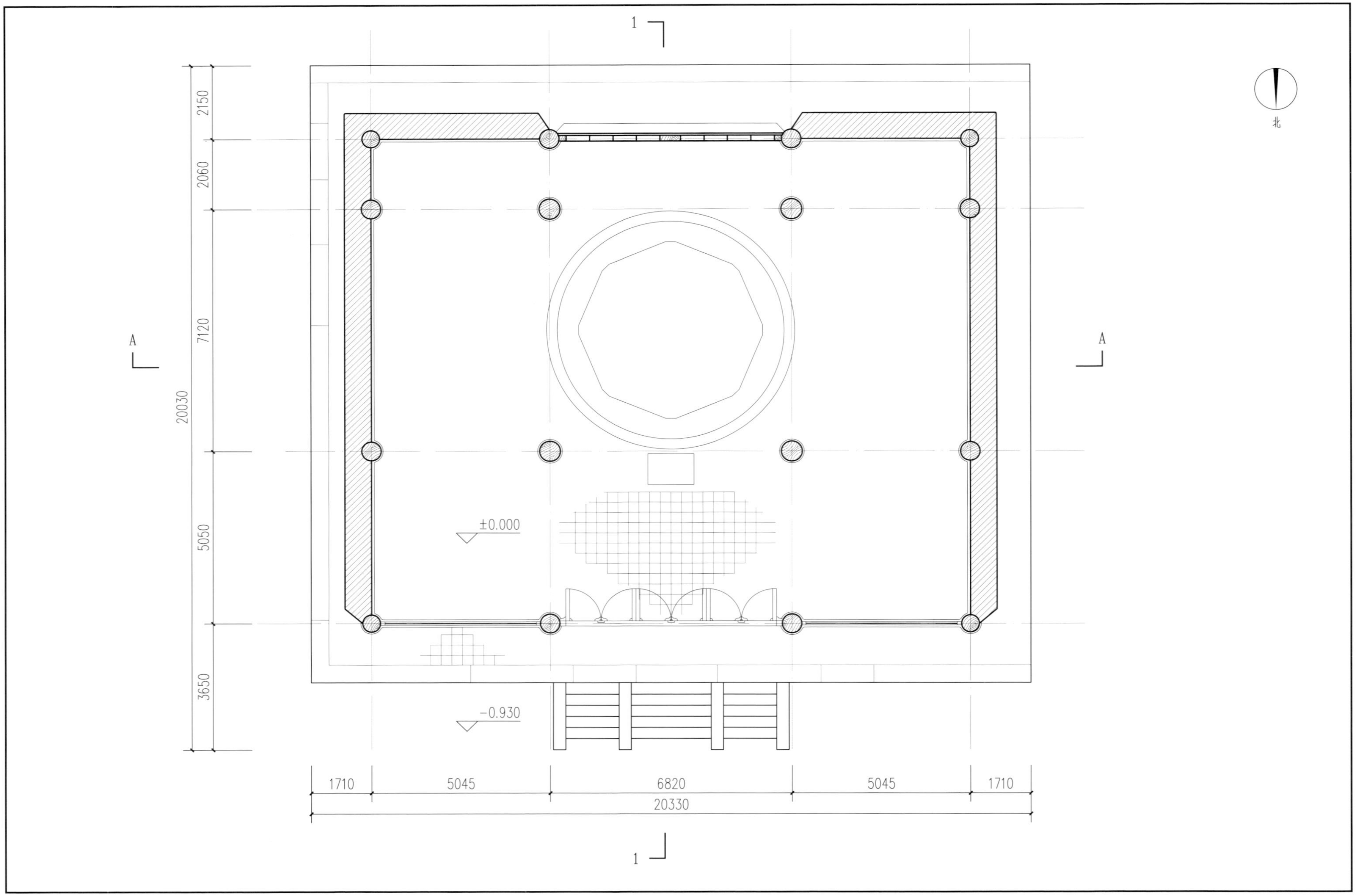

1
A
A
北
2150
2060
7120
20030
5050
3650
±0.000
-0.930
1710
5045
6820
5045
1710
20330
1

一八　华严藏殿平面图

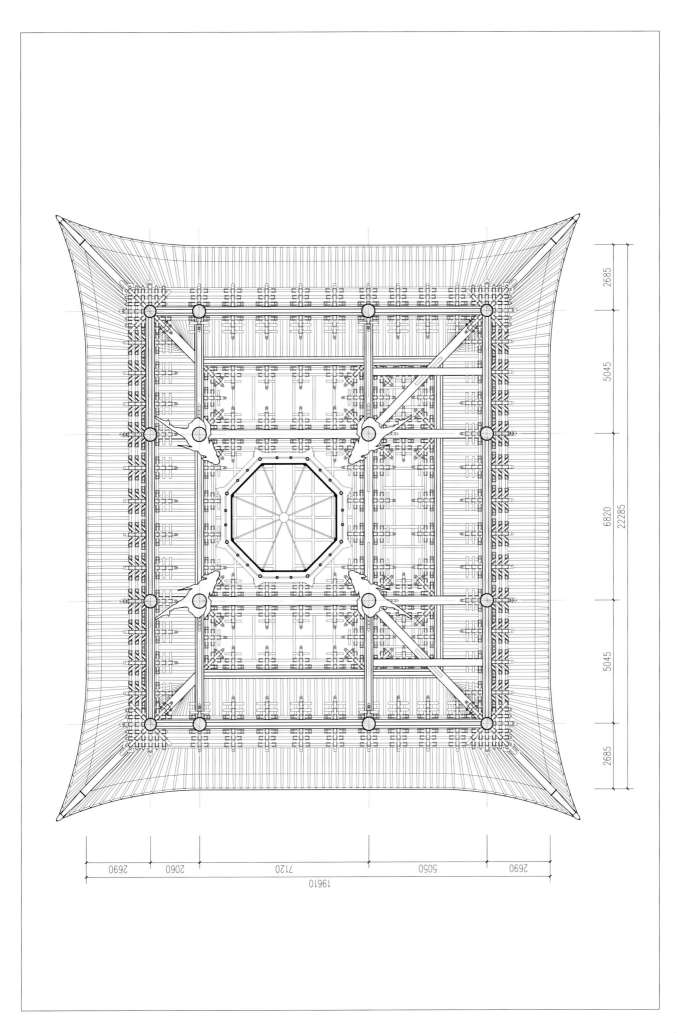

2685

5045

6820 22285

5045

2685

2690 2060 7120 5050 2690
5050
19610

一九 华严藏殿仰视平面图

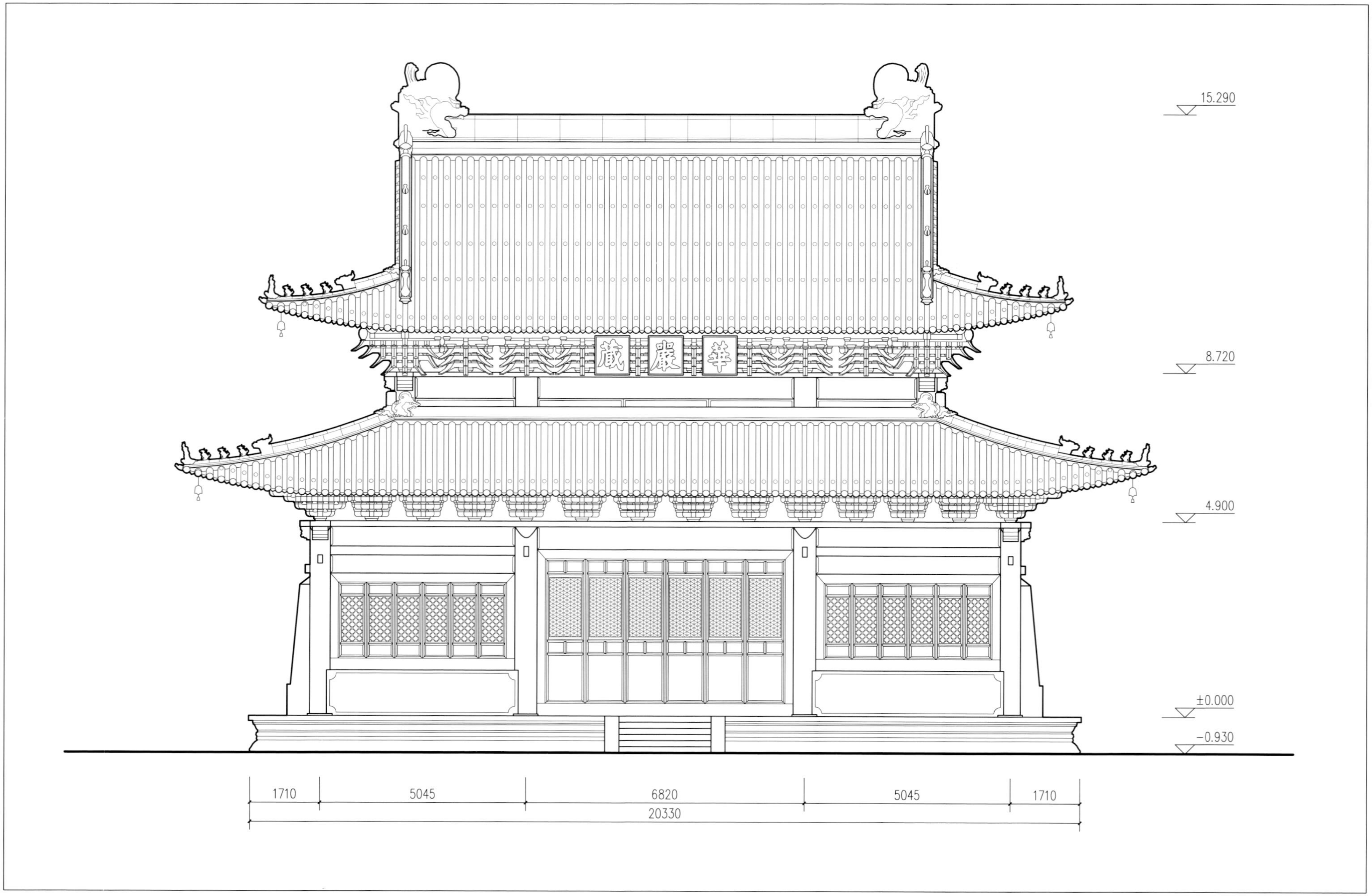

二〇 华严藏殿北立面图

15.290

8.720

4.900

±0.000
-0.930

1710

5045

6820

20330

5045

1710

华

严

藏

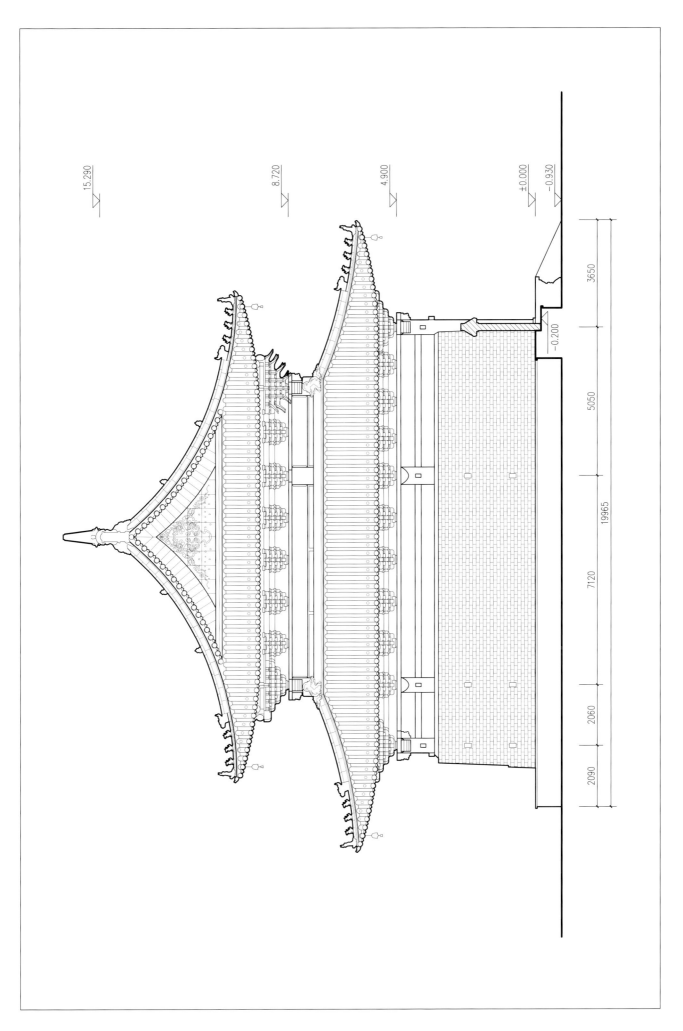

15.290

8.720

4.900

±0.000
−0.930

−0.200

3650

5050

19965

7120

2060

2090

二一　华严藏殿东立面图

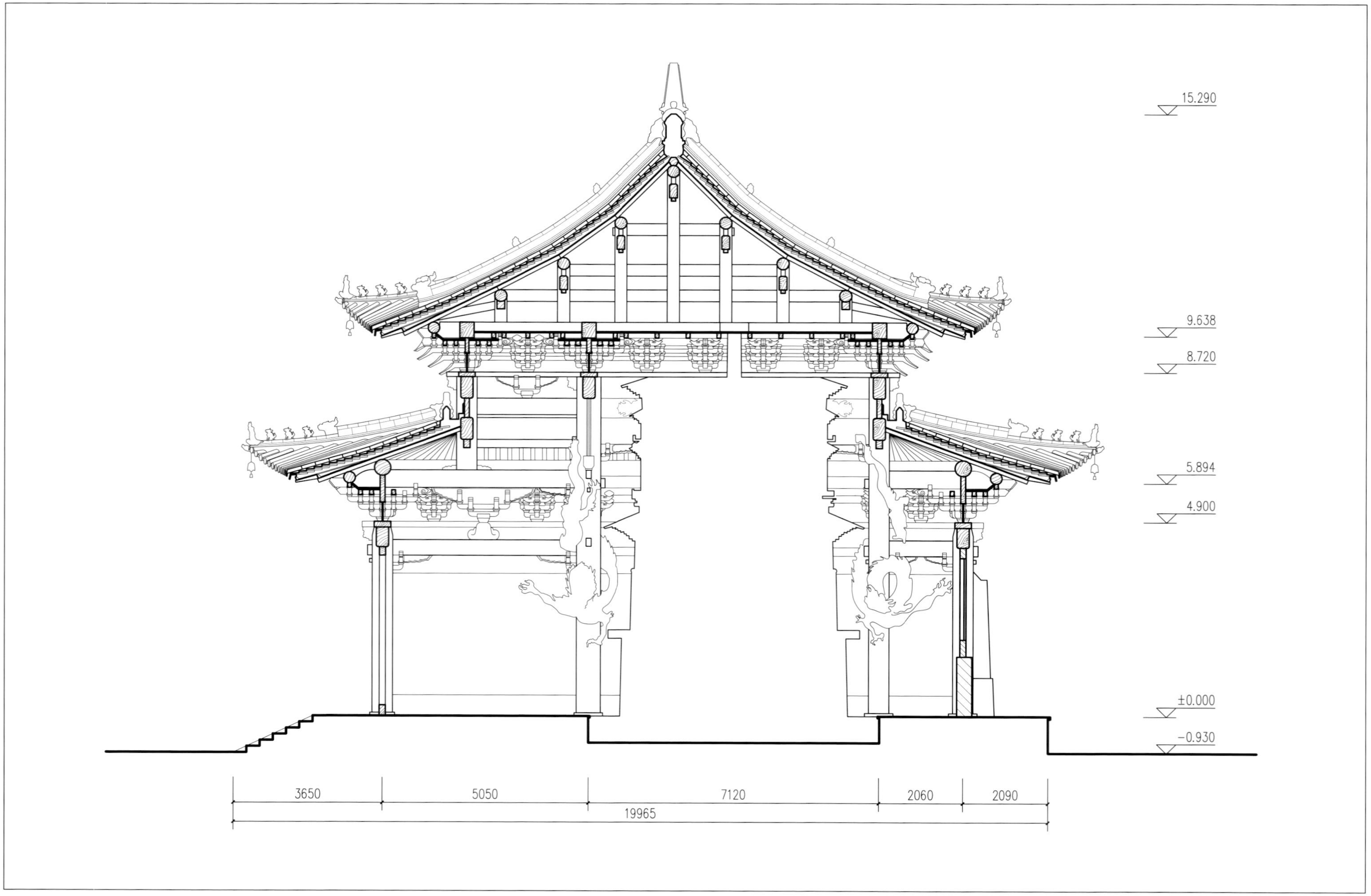

二二 华严藏殿 1—1 剖面图

15.290

9.638
8.720

5.894
4.900

±0.000
−0.930

2090

2060

7120

19965

5050

3650

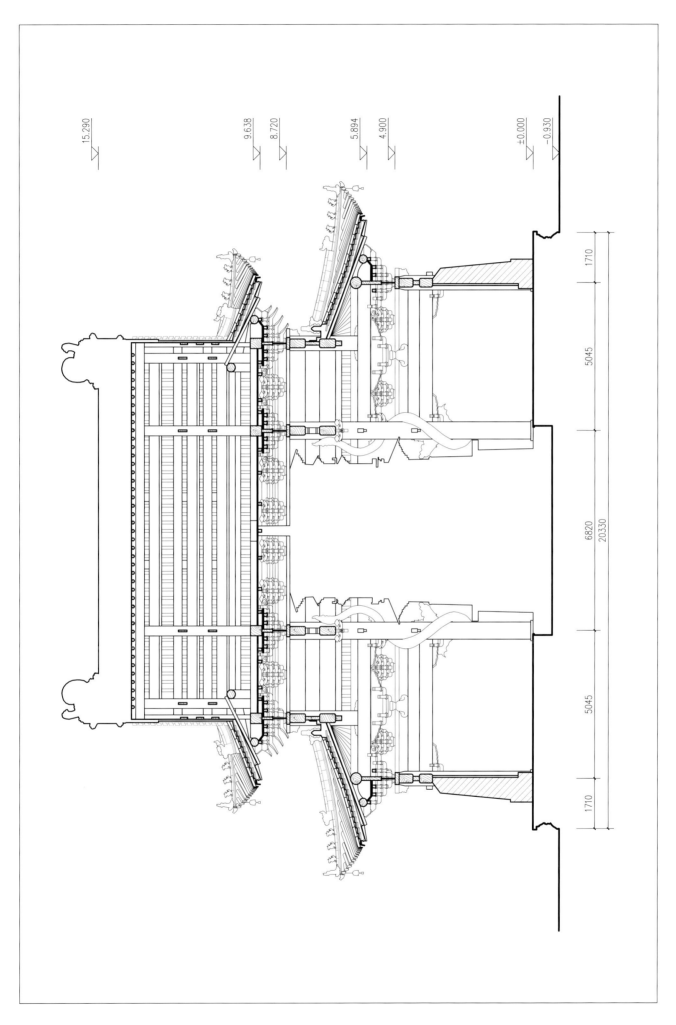

15.290

9.638
8.720

5.894
4.900

±0.000
-0.930

1710

5045

6820

20330

5045

1710

二三 华严藏殿 A—A 剖面图

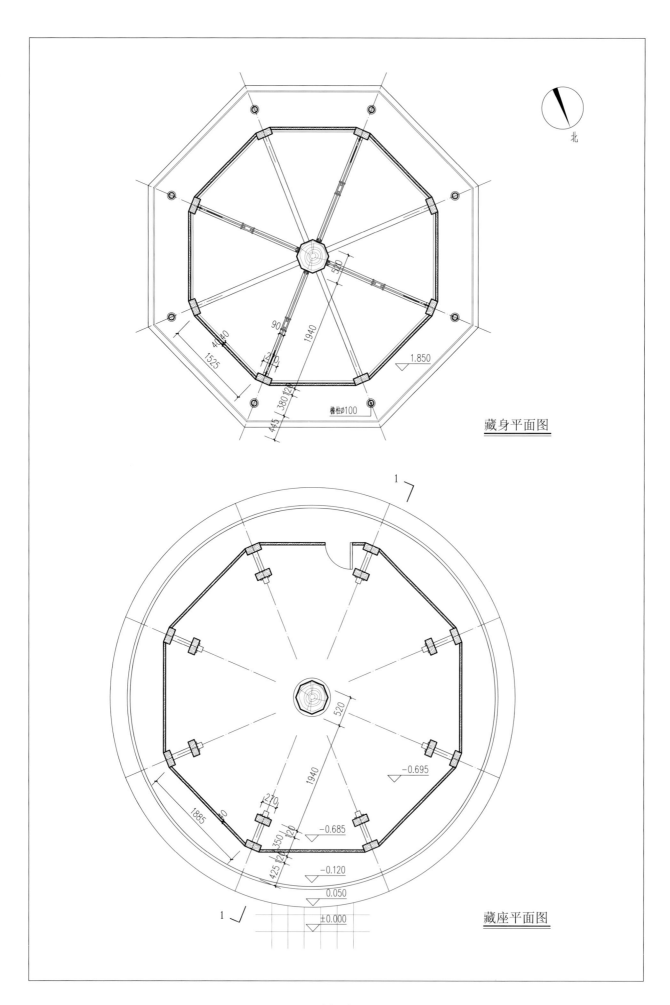

北

藏身平面图

藏座平面图

二四　转轮藏平面图

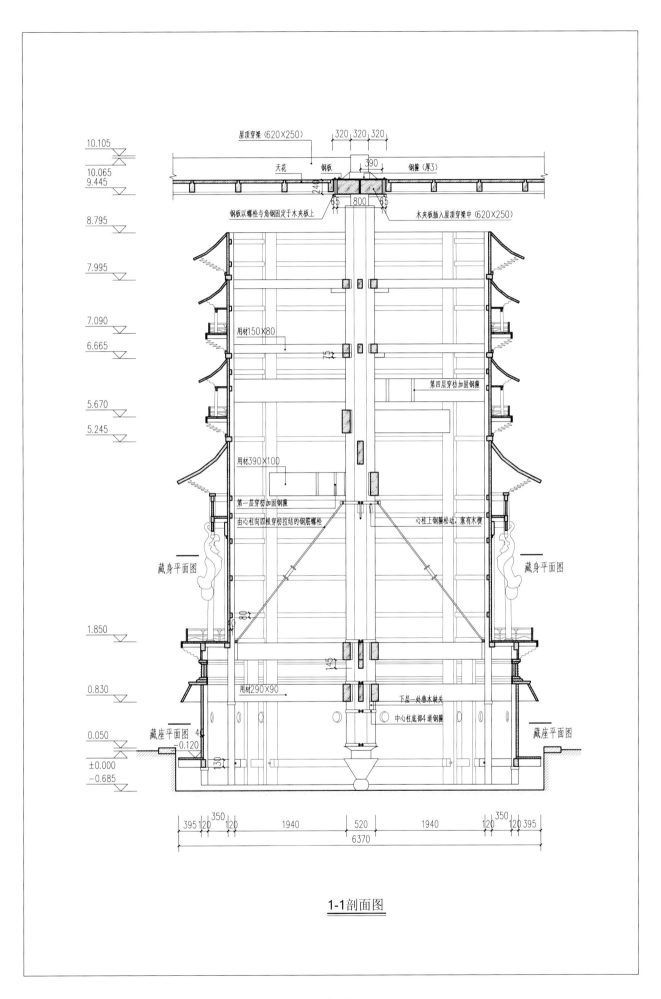

10.105
10.065
9.445
8.795
7.995
7.090
6.665
5.670
5.245

1.850

0.830

0.050
-0.120
±0.000
-0.685

屋顶穿襟（620×250）
320 320 320
天花　钢板　390　钢箍（厚3）
240
65 800 65
钢板以螺栓与角钢固定于木夹板上
木夹板插入屋顶穿襟中（620×250）

用材150×80

第四层穿枋加固钢箍

用材390×100

75

第一层穿枋加固钢箍
由心柱向四根穿枋拉结的钢筋螺栓
心柱上钢箍松动，塞有木楔

藏身平面图　　　　　　　　　　　　　　　藏身平面图

80

145

用材290×90
下层一处替木缺失
藏座平面图　4 ⊕　中心柱底部4道钢箍　藏座平面图

130

395 120 120　　1940　　520　　1940　　120 350 120 395
350
6370

1-1剖面图

二五　转轮藏剖面图

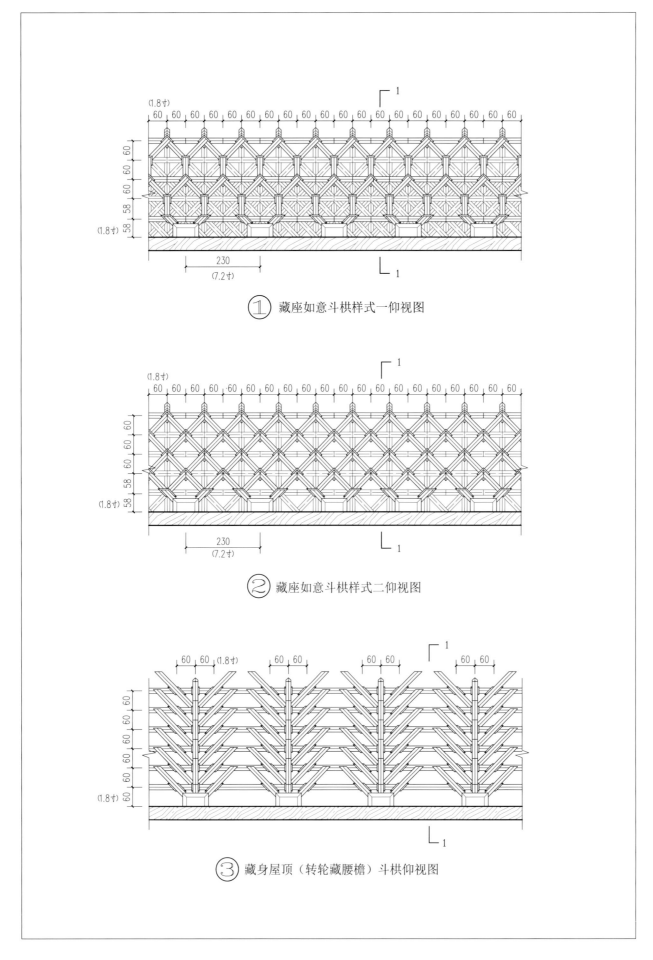

① 藏座如意斗栱样式一仰视图

② 藏座如意斗栱样式二仰视图

③ 藏身屋顶（转轮藏腰檐）斗栱仰视图

二六　转轮藏斗栱详图一

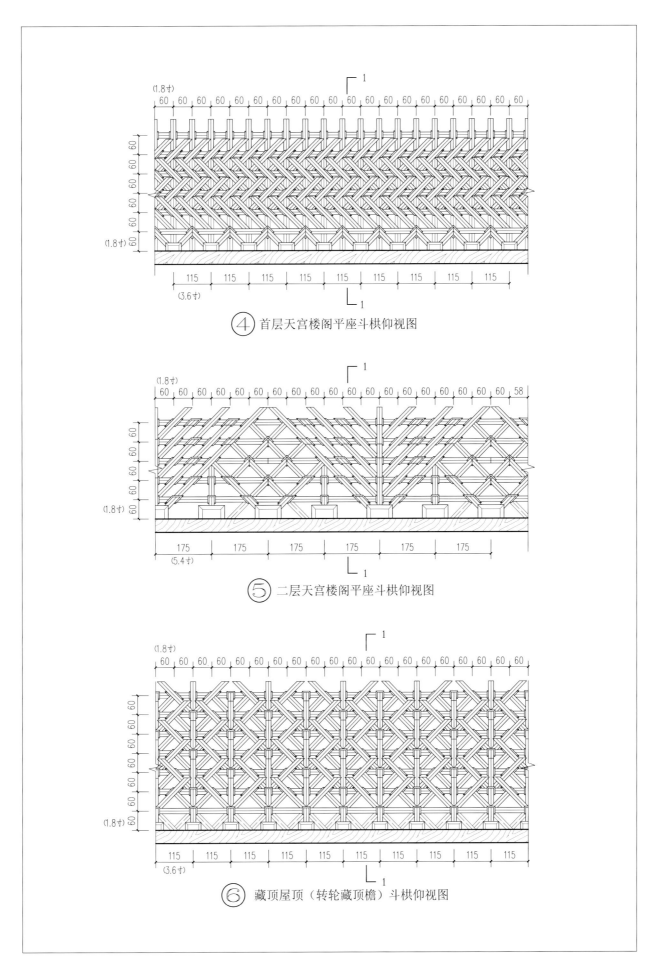

④ 首层天宫楼阁平座斗栱仰视图

⑤ 二层天宫楼阁平座斗栱仰视图

⑥ 藏顶屋顶（转轮藏顶檐）斗栱仰视图

二七　转轮藏斗栱详图二

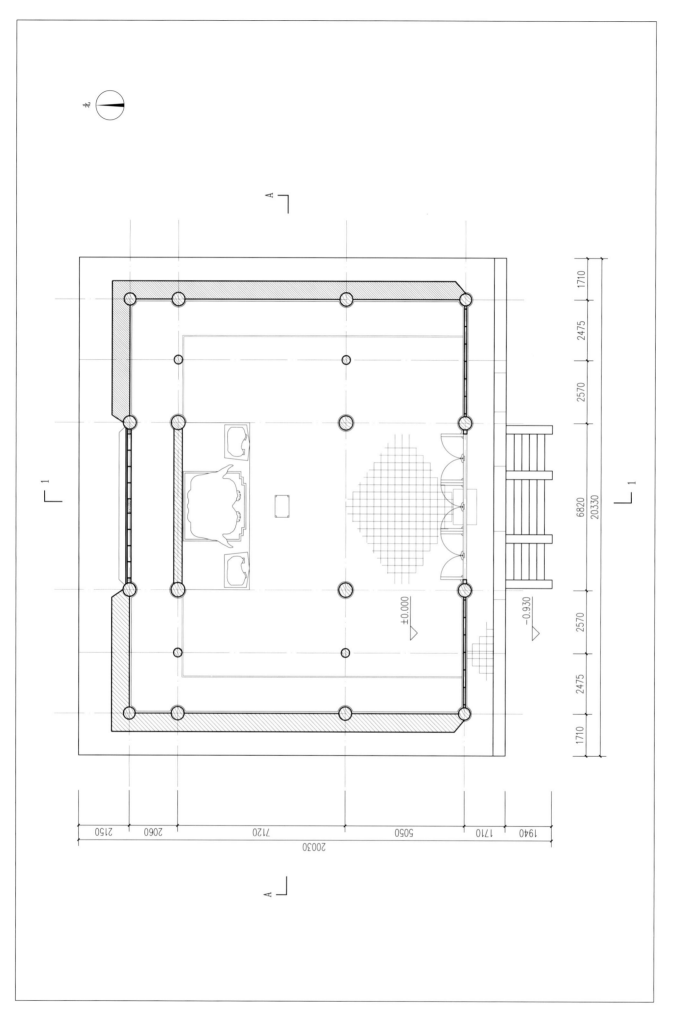

二八 大悲殿平面图

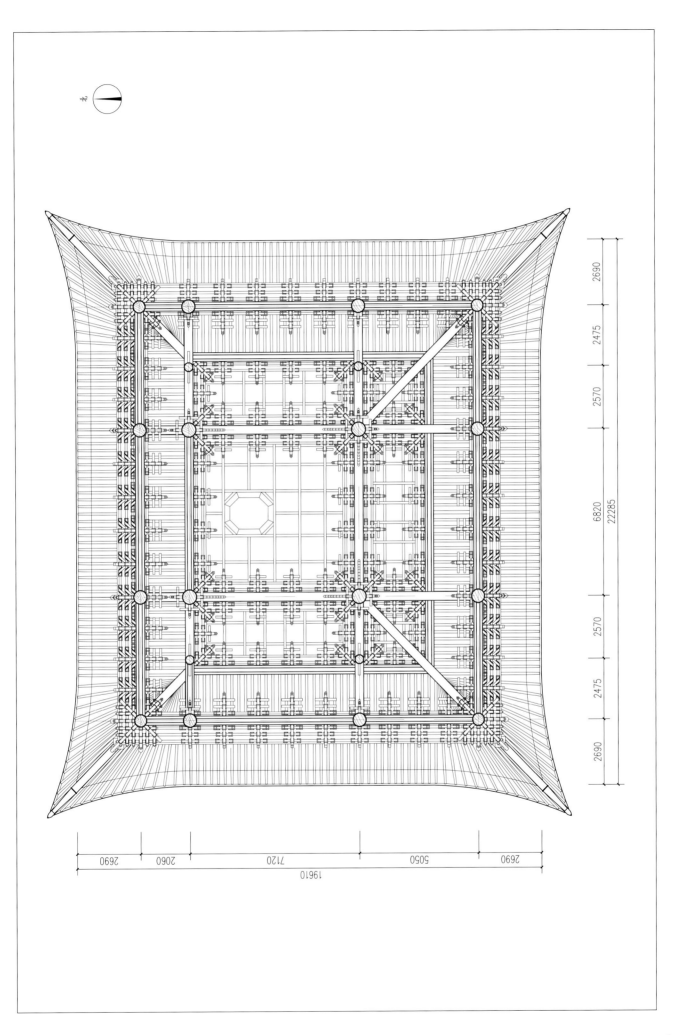

北

2690
2475
2570
6820　22285
2570
2475
2690

2690　5050　7120　2060　2690
19610

二九　大悲殿仰视平面图

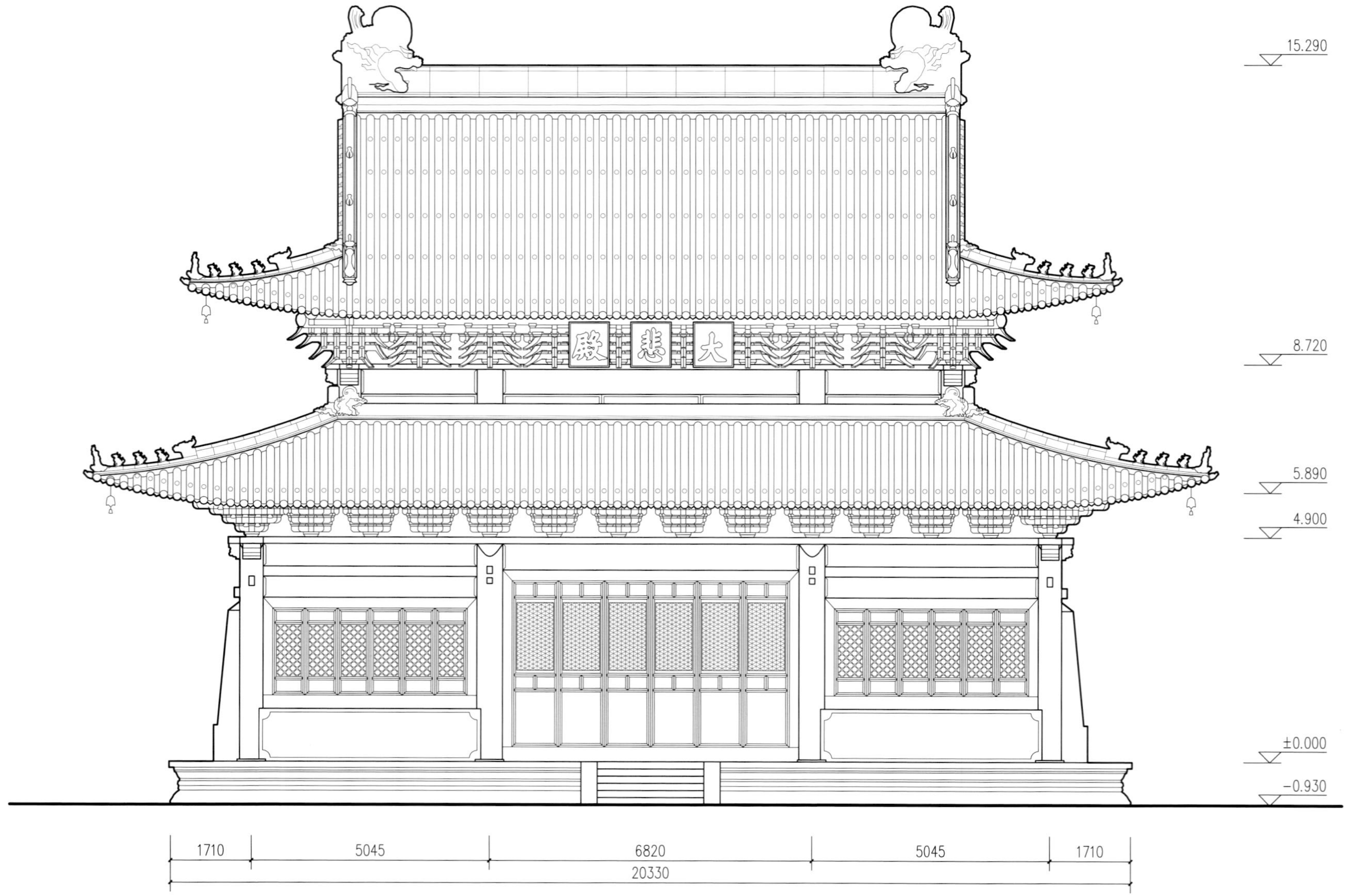
15.290
8.720
5.890
4.900
±0.000
−0.930
大悲殿
1710
5045
6820
5045
1710
20330

三〇 大悲殿南立面图

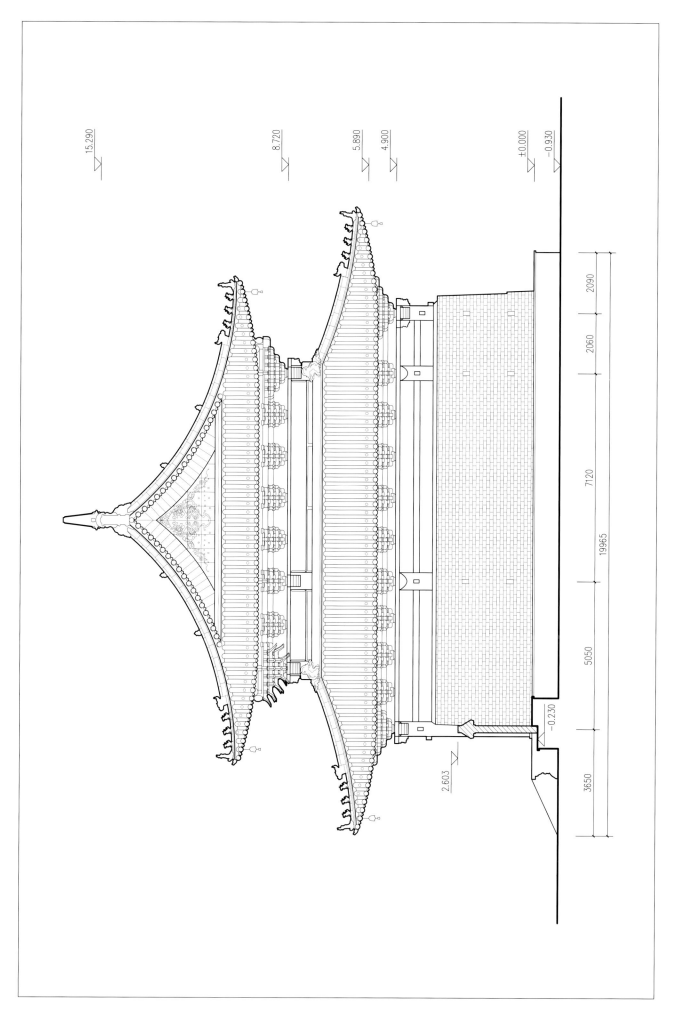

15.290

8.720

5.890

4.900

±0.000

-0.930

2090

2060

7120

19965

5050

3650

-0.230

2.603

三一　大悲殿东立面图

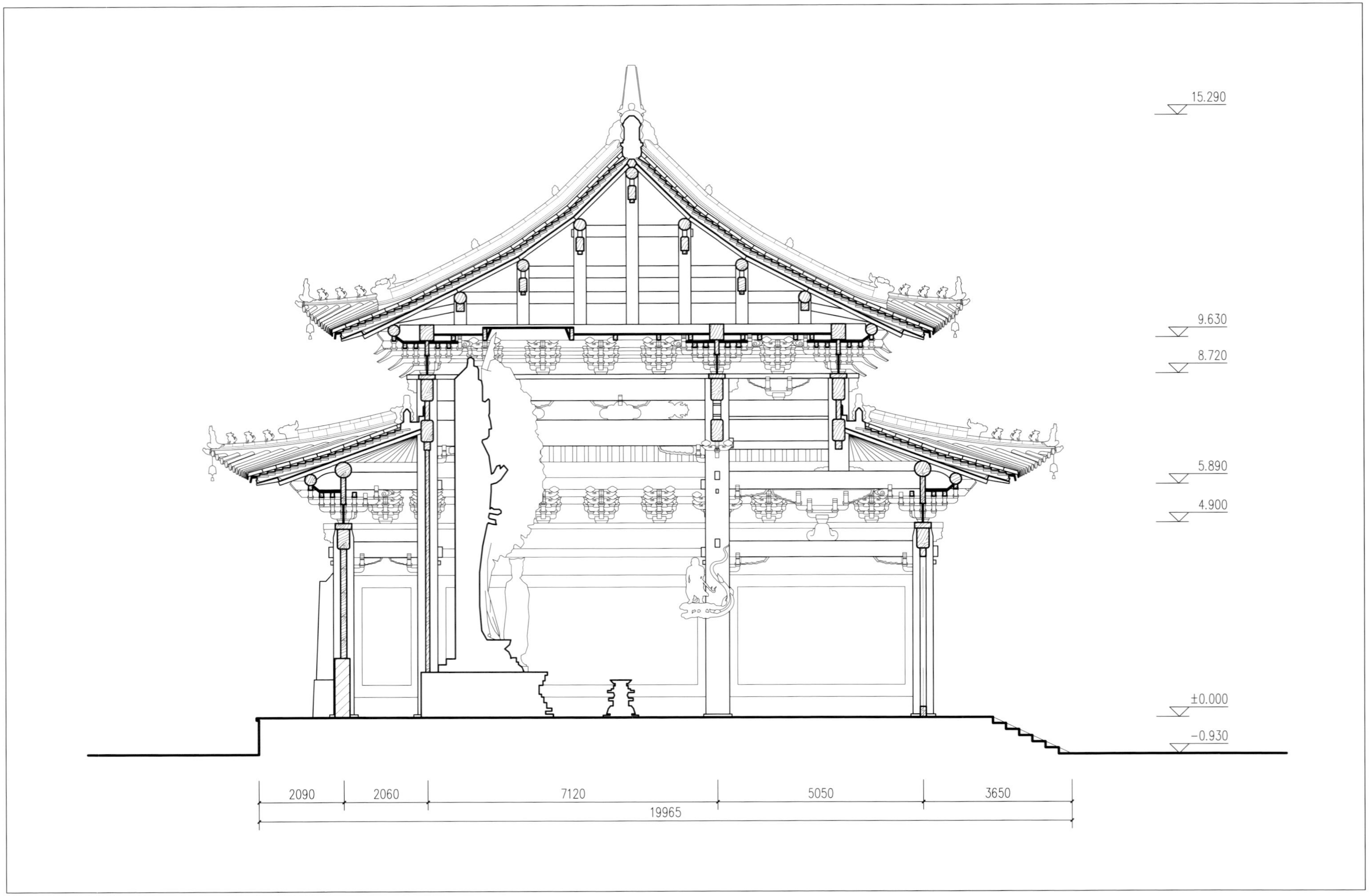

15.290

9.630
8.720

5.890
4.900

±0.000
-0.930

2090   2060   7120   19965   5050   3650

图三二 大悲殿1—1剖面图

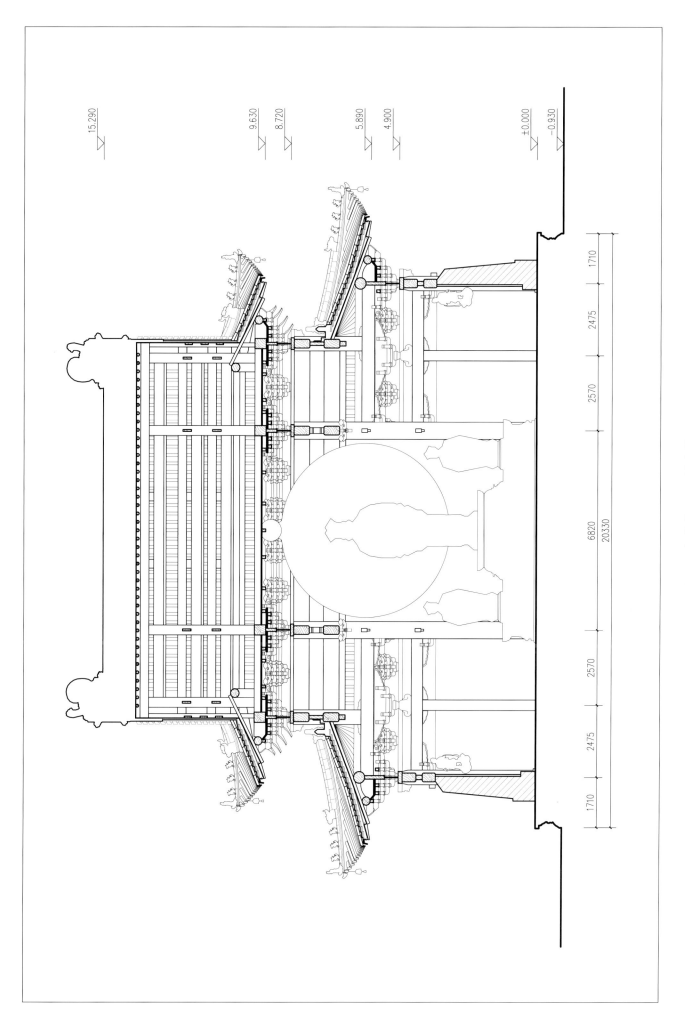

15.290

9.630
8.720

5.890
4.900

±0.000
−0.930

1710 2475 2570 6820 2570 2475 1710

20330

三三 大悲殿 A−A 剖面图

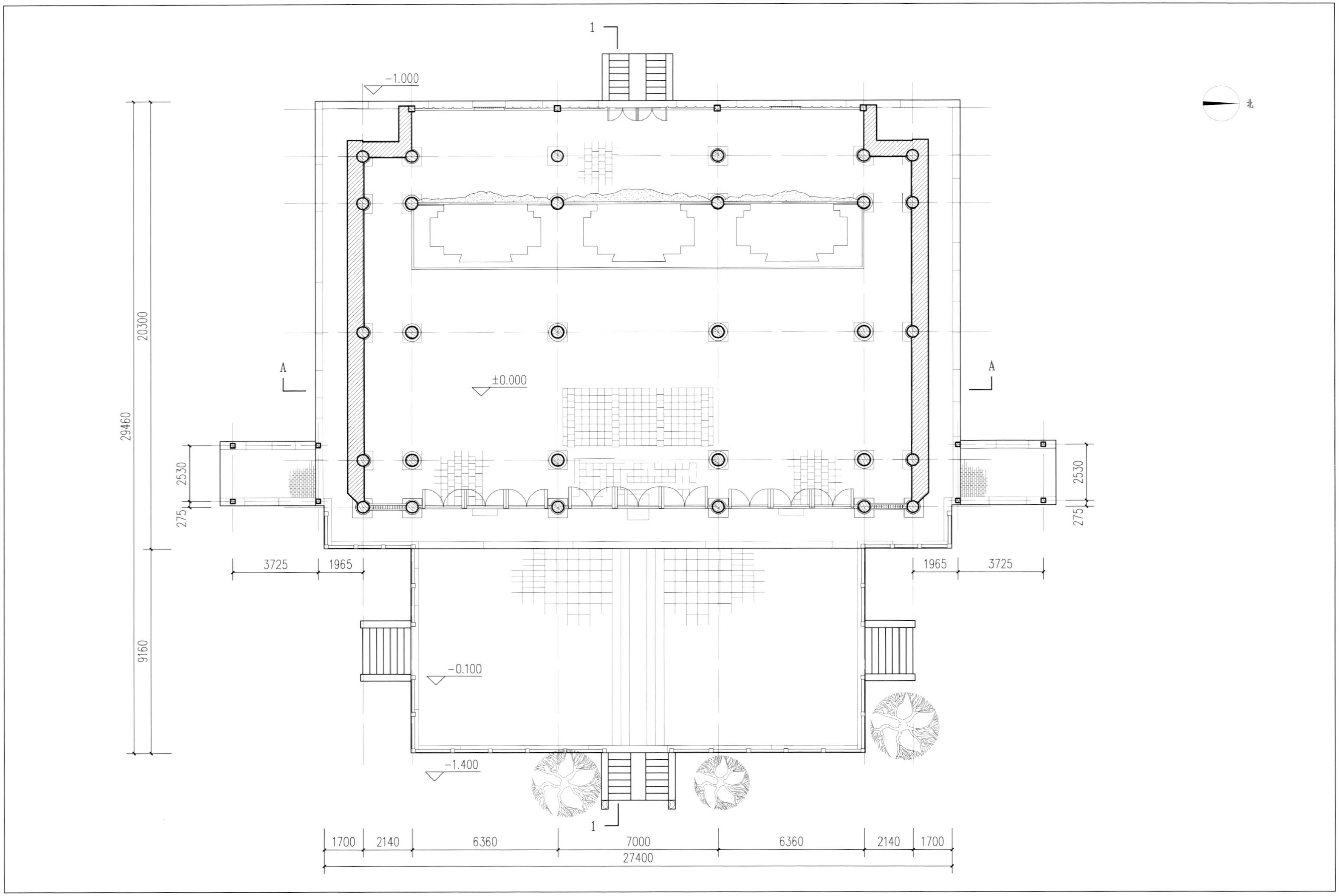
1
-1.000
北
20300
29460
9160
A
±0.000
A
2530
275
2530
275
3725
1965
1965
3725
-0.100
-1.400
1
1700
2140
6360
7000
6360
2140
1700
27400

三四 大雄宝殿平面图

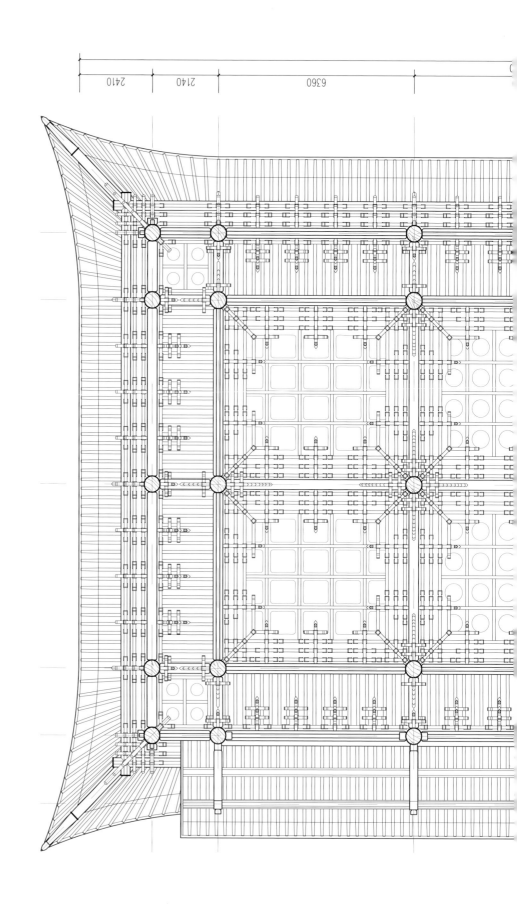

2410

2140

6360

平面图

北

三五 大雄宝殿

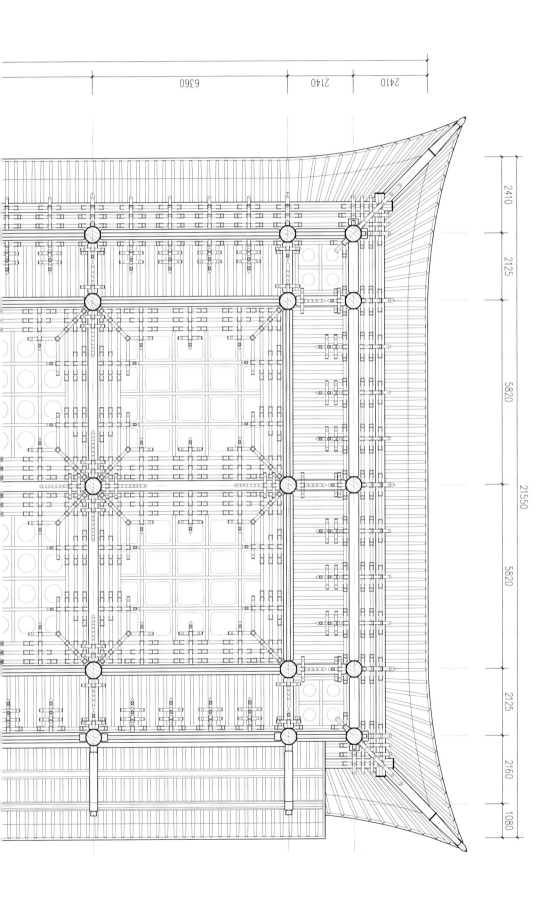

6360
2140
2410
2410

2410
2125
5820
21550
5820
2125
2160
1080

三六　大雄宝殿北立面图

三七 大雄宝殿西立面图

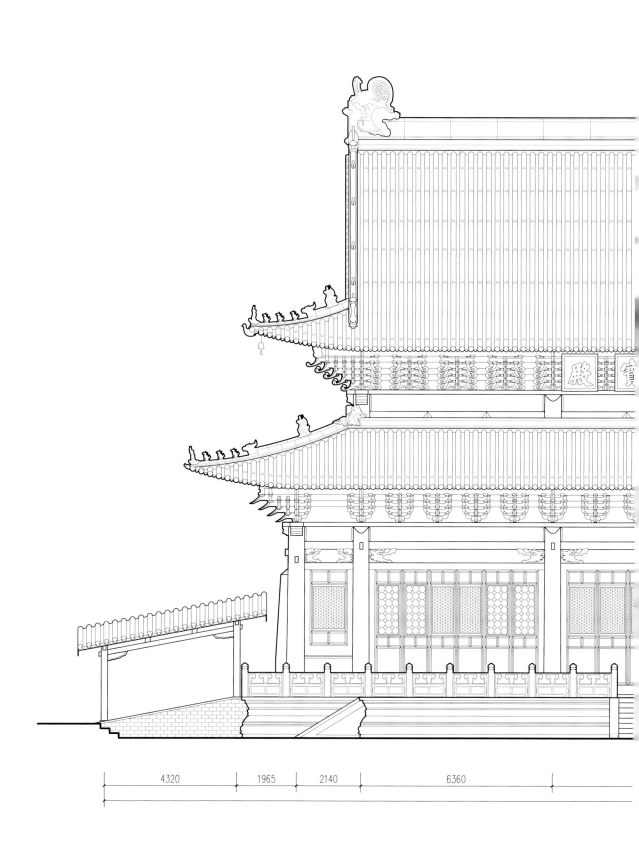

| | 4320 | | 1965 | | 2140 | | 6360 | |

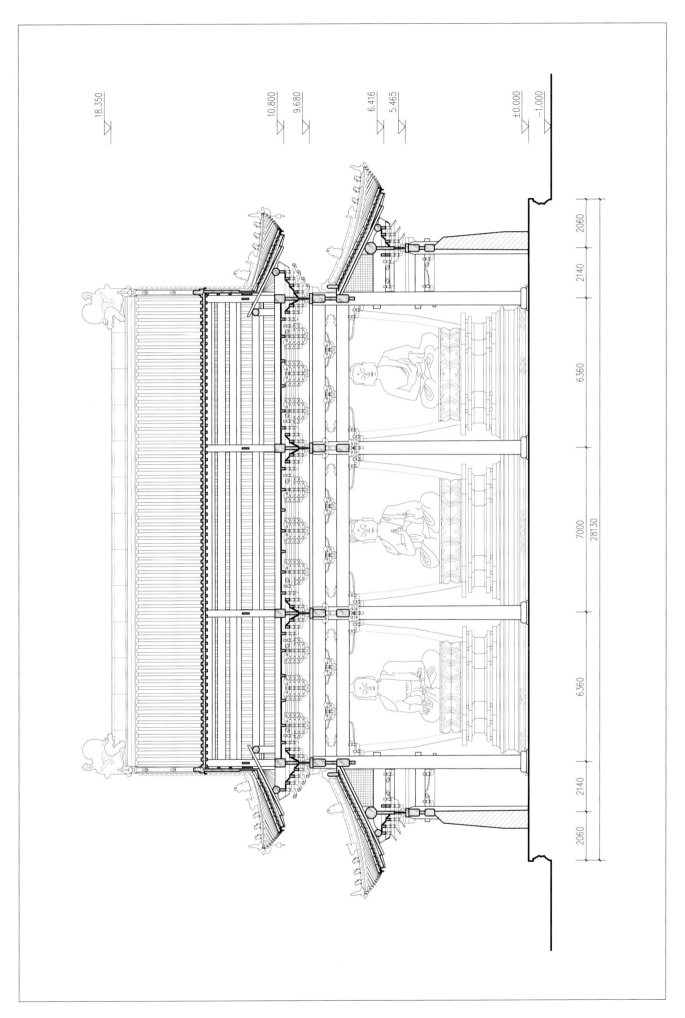

18.350

10.800
9.680

6.416
5.465

±0.000
-1.000

2060
2140
6360
7000
28130
6360
2140
2060

三九　大雄宝殿 A—A 剖面图

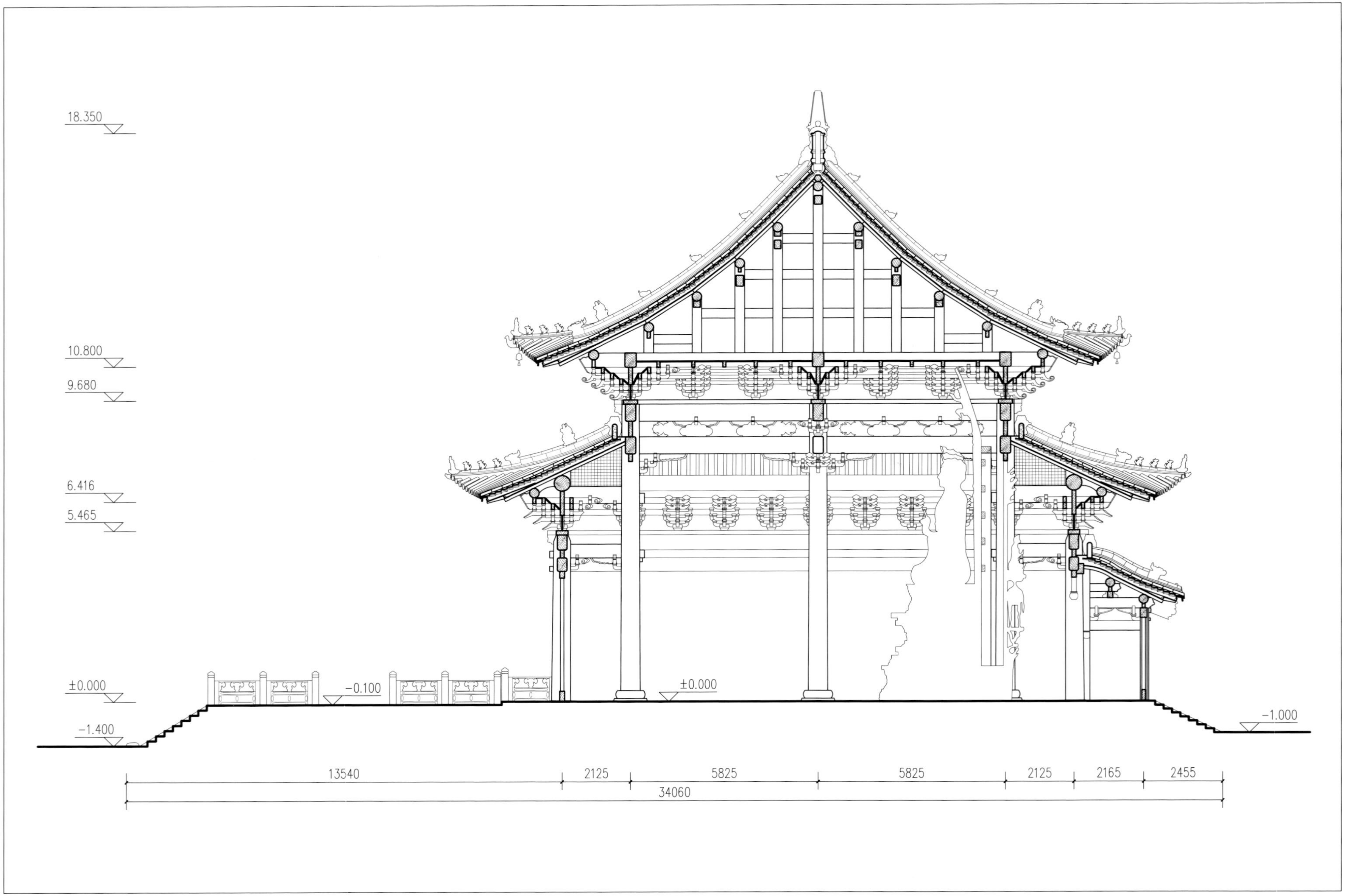

18.350

10.800
9.680

6.416
5.465

±0.000
-1.400

-1.000

2455

2165

2125

5825

5825

2125

±0.000

34060

13540

-0.100

四〇 大雄宝殿 1－1 剖面图

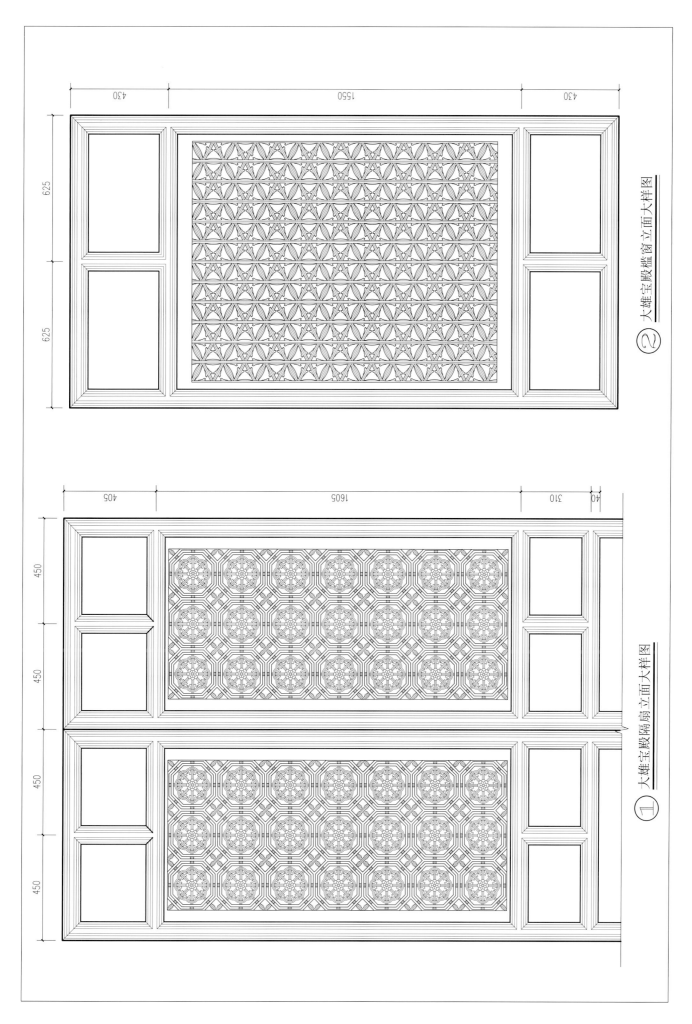

450　450　450　450

1605　　　405　310　40

② 大雄宝殿槛窗立面大样图

① 大雄宝殿隔扇立面大样图

625　625

1550　430　430

四一　大雄宝殿门窗大样图

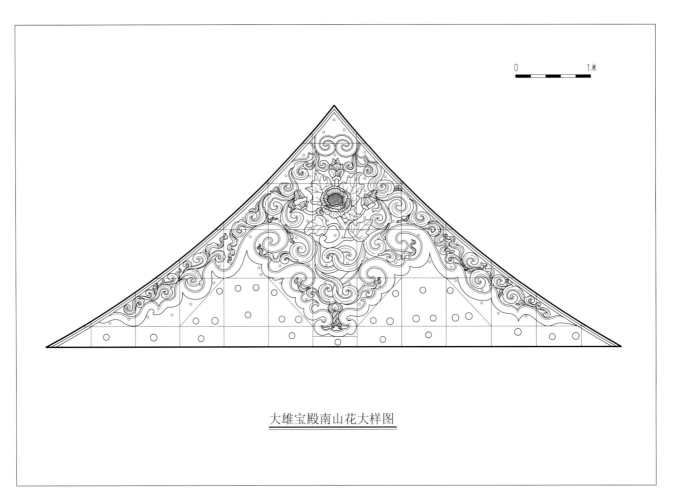

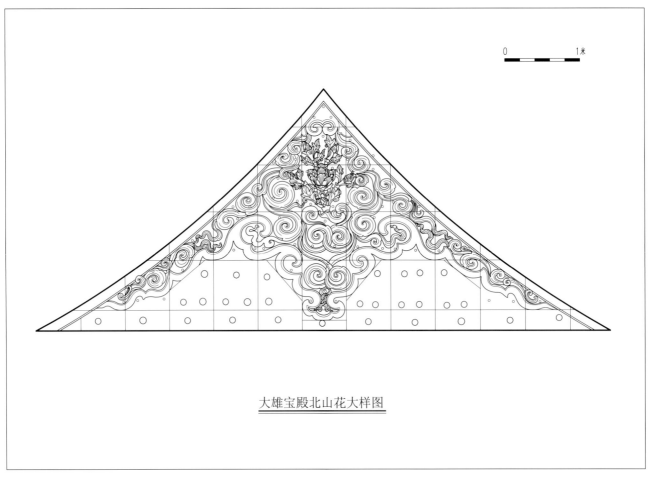

大雄宝殿南山花大样图

大雄宝殿北山花大样图

四二　大雄宝殿山花大样图

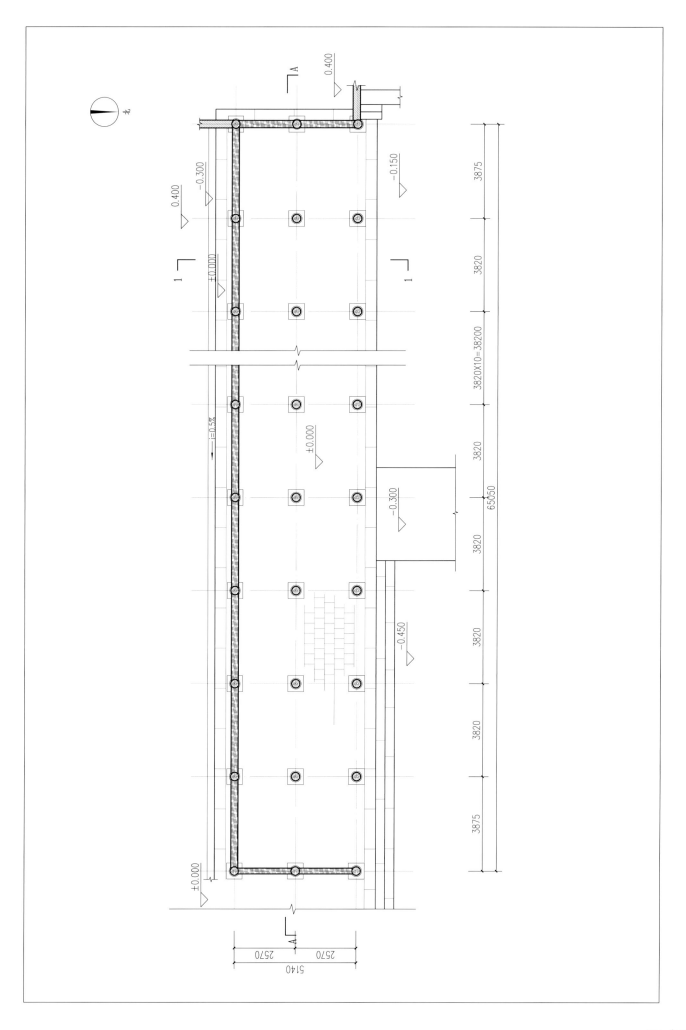

四三 南廊平面图

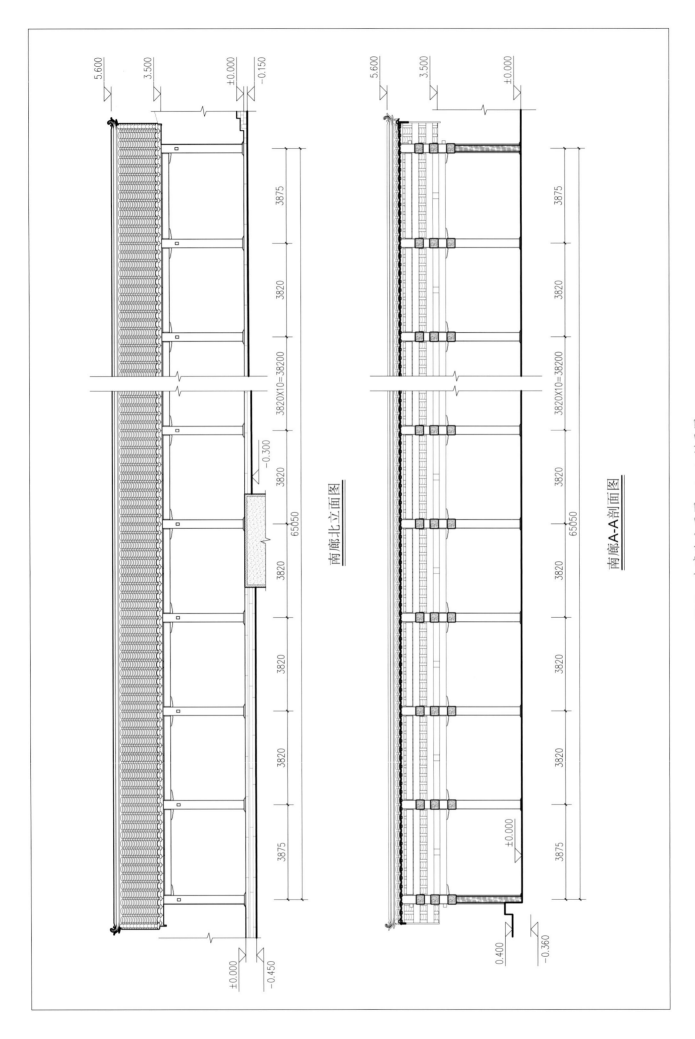

南廊北立面图

南廊A-A剖面图

四四 南廊北立面图、A-A剖面图

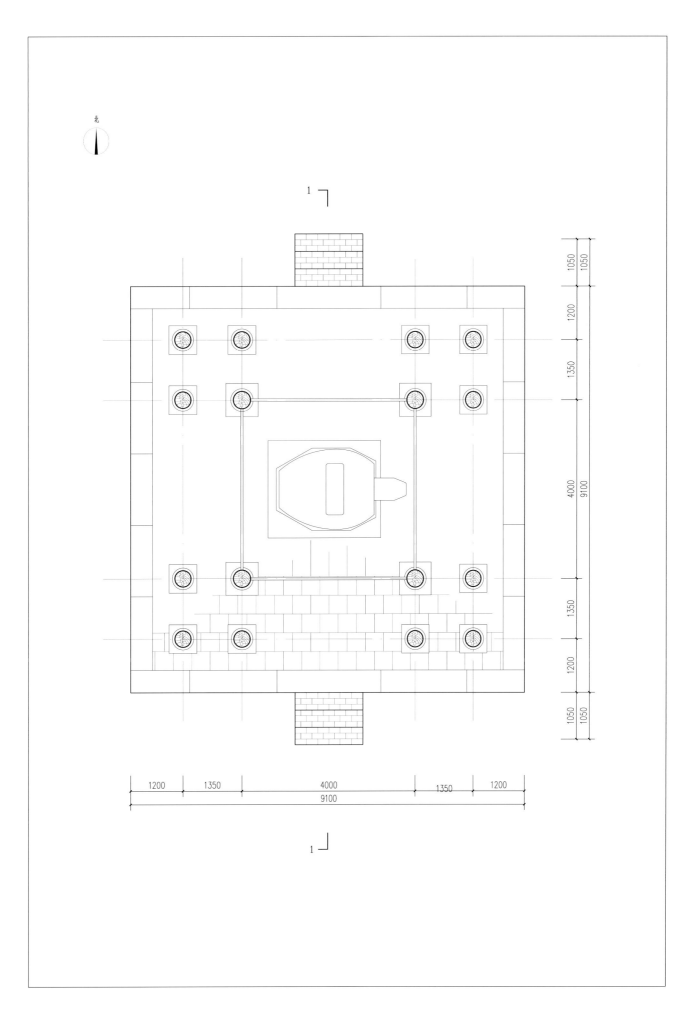

四五 南碑亭平面图

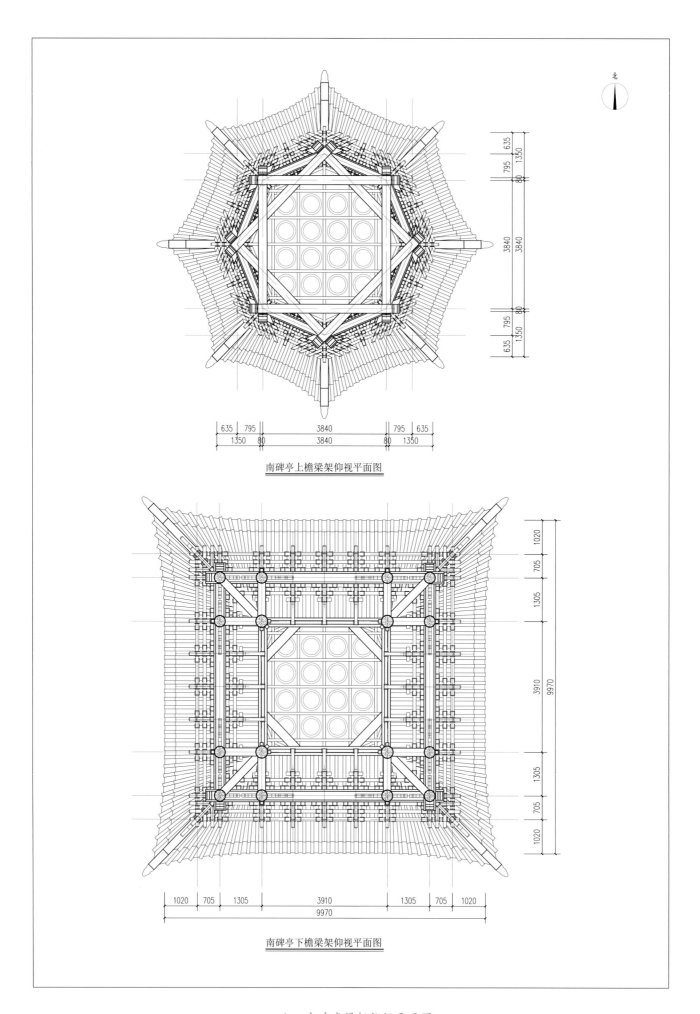

北

南碑亭上檐梁架仰视平面图

南碑亭下檐梁架仰视平面图

四六　南碑亭梁架仰视平面图

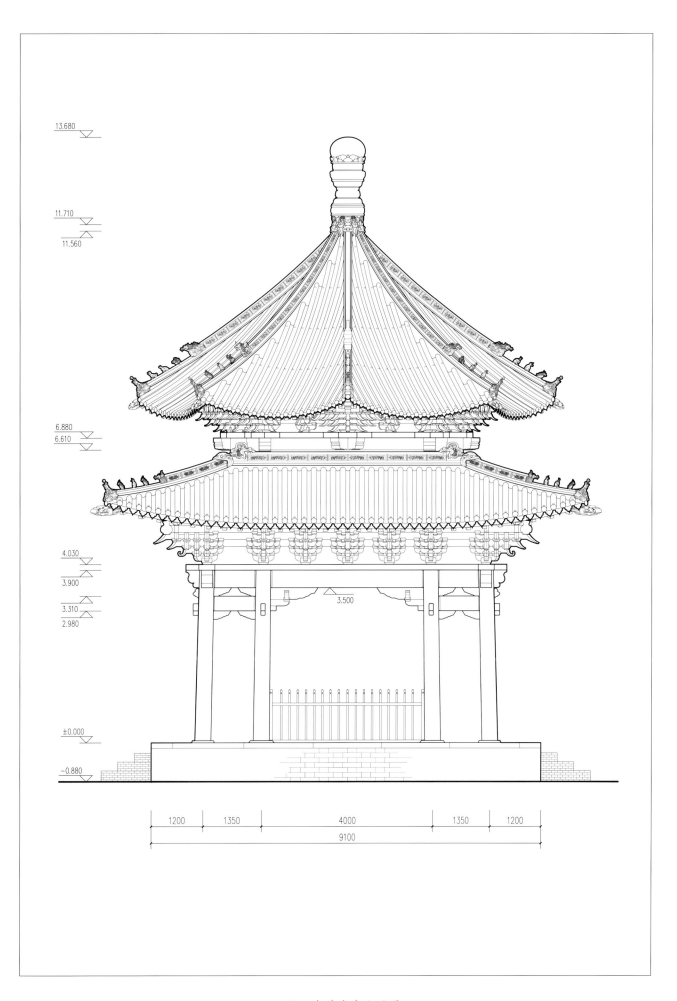

13.680 ▽

11.710 ▽
11.560 ▽

6.880 ▽
6.610 ▽

4.030 ▽
3.900 ▽

3.500 ▽

3.310 ▽
2.980 ▽

±0.000 ▽

−0.880 ▽

| 1200 | 1350 | 4000 | 1350 | 1200 |

9100

四七　南碑亭东立面图

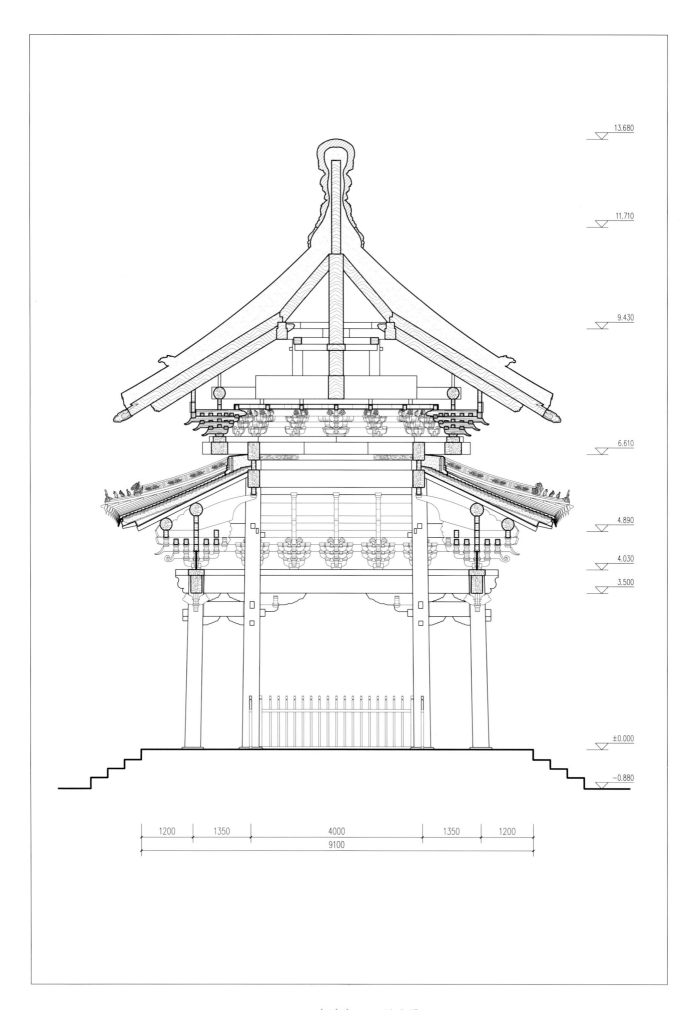

13.680

11.710

9.430

6.610

4.890

4.030

3.500

±0.000

-0.880

| 1200 | 1350 | 4000 | 1350 | 1200 |
9100

四八　南碑亭1−1剖面图

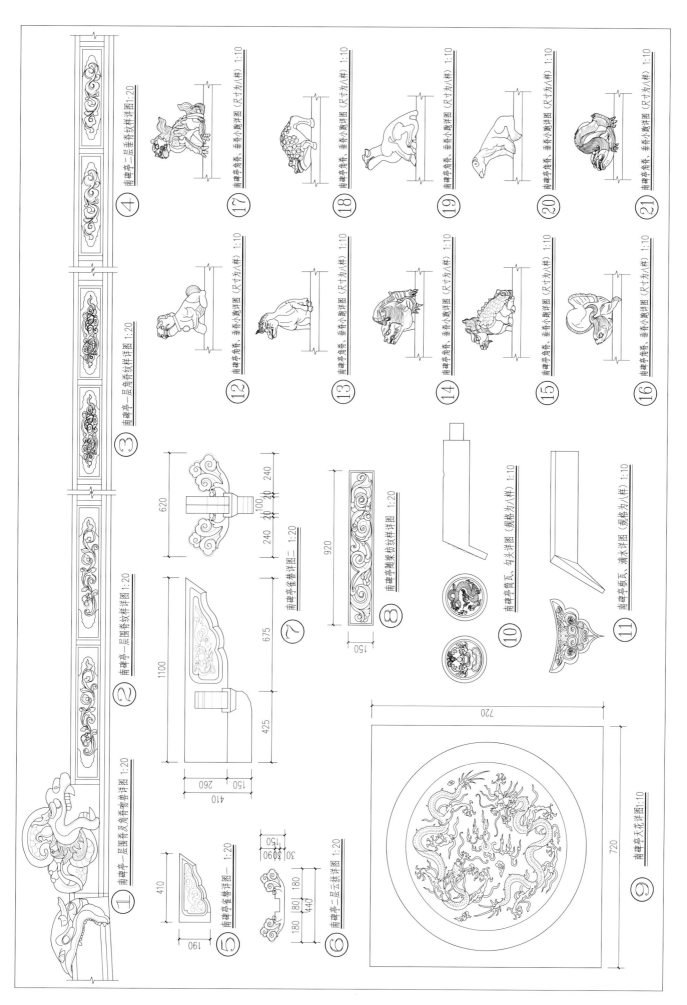

南碑亭一层围脊及角脊吻兽详图 1:20 ①

南碑亭一层围脊卷纹样详图 1:20 ②

南碑亭一层角脊纹样详图 1:20 ③

南碑亭一层垂脊纹样详图 1:20 ④

南碑亭雀替详图一 1:20 ⑤

南碑亭一层云拱详图 1:20 ⑥

南碑亭雀替详图二 1:20 ⑦

南碑亭博脊坊纹样详图 1:20 ⑧

南碑亭天花详图1:10 ⑨

南碑亭筒瓦、勾头详图（规格为八样）1:10 ⑩

南碑亭板瓦、滴水详图（规格为八样）1:10 ⑪

南碑亭角脊、垂脊小跑详图（尺寸为八样）1:10 ⑫

南碑亭角脊、垂脊小跑详图（尺寸为八样）1:10 ⑬

南碑亭角脊、垂脊小跑详图（尺寸为八样）1:10 ⑭

南碑亭角脊、垂脊小跑详图（尺寸为八样）1:10 ⑮

南碑亭角脊、垂脊小跑详图（尺寸为八样）1:10 ⑯

南碑亭角脊、垂脊小跑详图（尺寸为八样）1:10 ⑰

南碑亭角脊、垂脊小跑详图（尺寸为八样）1:10 ⑱

南碑亭角脊、垂脊小跑详图（尺寸为八样）1:10 ⑲

南碑亭角脊、垂脊小跑详图（尺寸为八样）1:10 ⑳

南碑亭角脊、垂脊小跑详图（尺寸为八样）1:10 ㉑

四九 南碑亭细部详图一

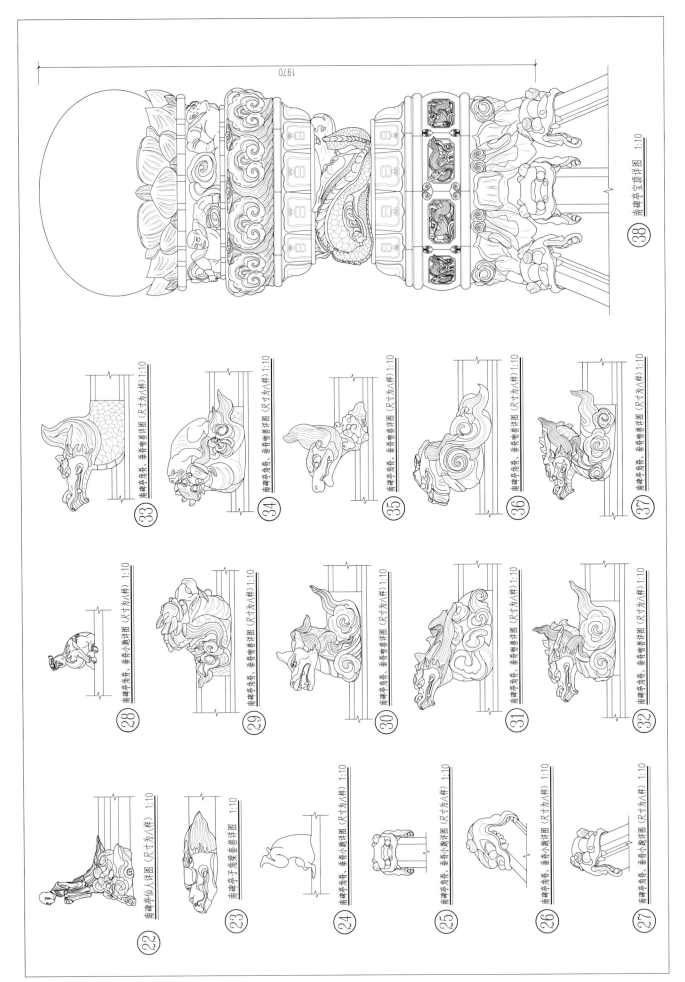

1970

㉒ 南碑亭仙人详图 (尺寸为八样) 1:10

㉓ 南碑亭子角梁套兽详图 1:10

㉔ 南碑亭角兽、垂兽小跑详图 (尺寸为八样) 1:10

㉕ 南碑亭角兽、垂兽小跑详图 (尺寸为八样) 1:10

㉖ 南碑亭角兽、垂兽小跑详图 (尺寸为八样) 1:10

㉗ 南碑亭角兽、垂兽小跑详图 (尺寸为八样) 1:10

㉘ 南碑亭角兽、垂兽小跑详图 (尺寸为八样) 1:10

㉙ 南碑亭角兽、垂兽物兽详图 (尺寸为八样) 1:10

㉚ 南碑亭角兽、垂兽物兽详图 (尺寸为八样) 1:10

㉛ 南碑亭角兽、垂兽物兽详图 (尺寸为八样) 1:10

㉜ 南碑亭角兽、垂兽物兽详图 (尺寸为八样) 1:10

㉝ 南碑亭角兽、垂兽物兽详图 1:10

㉞ 南碑亭角兽、垂兽物兽详图 1:10

㉟ 南碑亭角兽、垂兽物兽详图 1:10

㊱ 南碑亭角兽、垂兽物兽详图 1:10

㊲ 南碑亭角兽、垂兽物兽详图 1:10

㊳ 南碑亭宝顶详图 1:10

五〇 南碑亭细部详图二

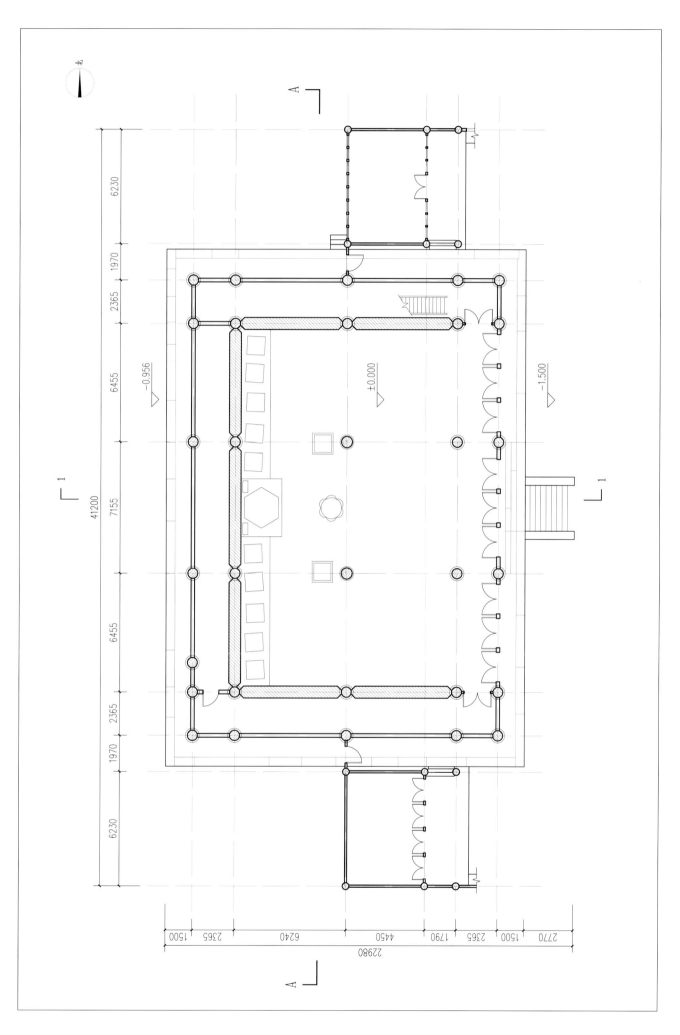

北

A

41200

6230

1970

2365

6455

7155

6455

2365

1970

6230

−0.956

±0.000

−1.500

1

1

A

2770 1500 1500 2365 1790 6240 4450 2365 2365 1500 1500

22980

五一　万佛阁一层平面图

北

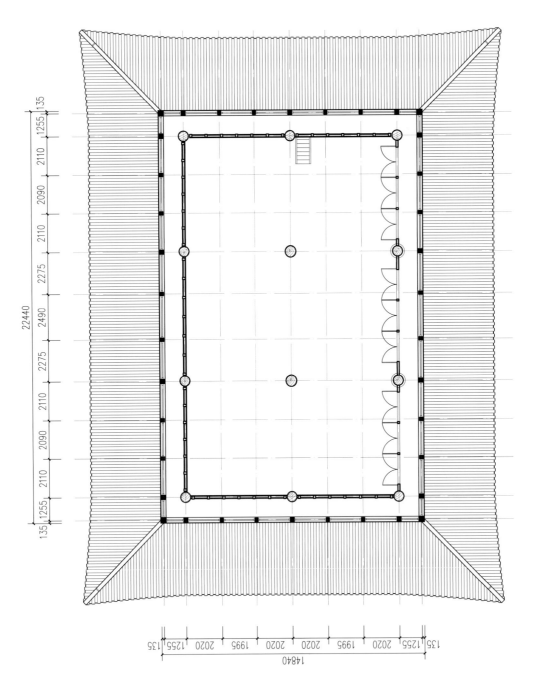

135 | 1255 | 2020 | 1995 | 2020 | 2020 | 1995 | 2020 | 1255 | 135

14840

135 | 1255 | 2110 | 2090 | 2110 | 2275 | 2490 | 2275 | 2110 | 2090 | 2110 | 1255 | 135

22440

五二　万佛阁二层平面图

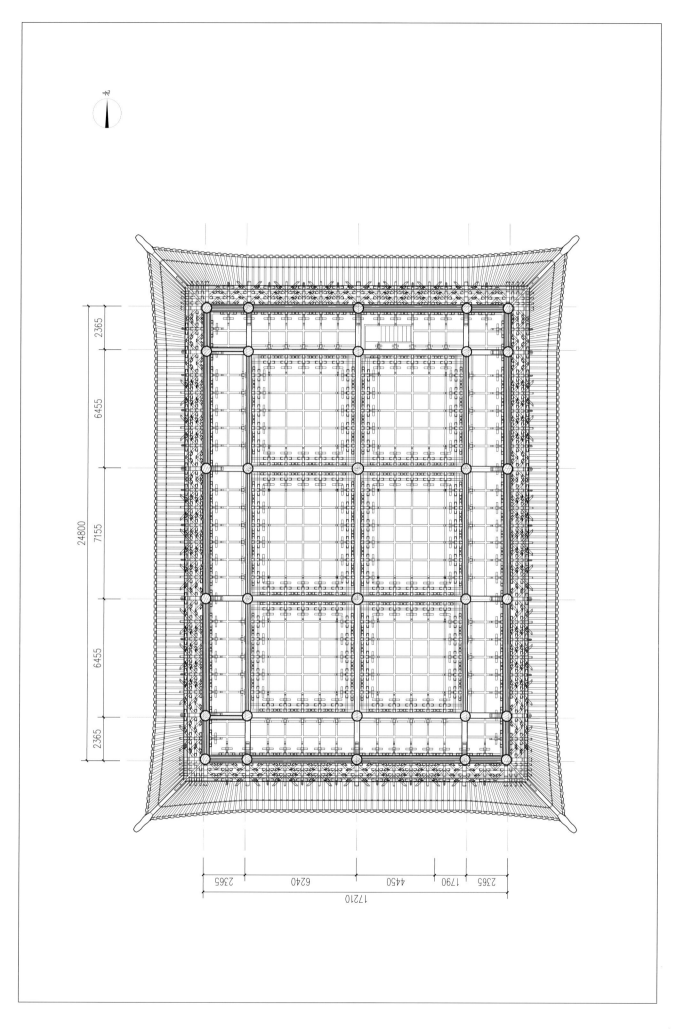

五三　万佛阁一层仰视平面图

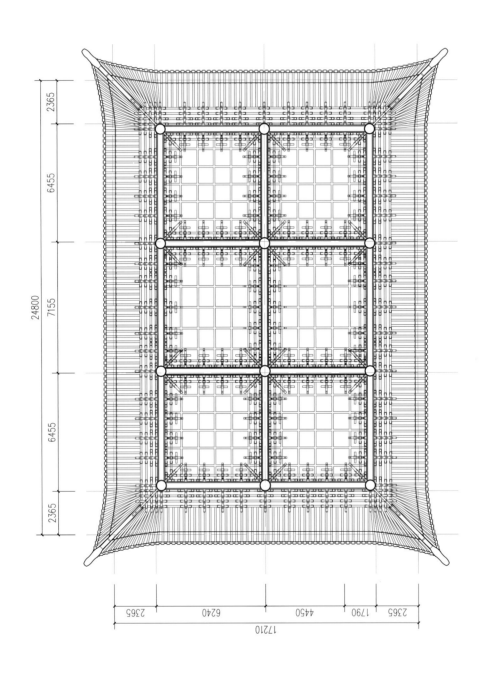

五四　万佛阁二层仰视平面图

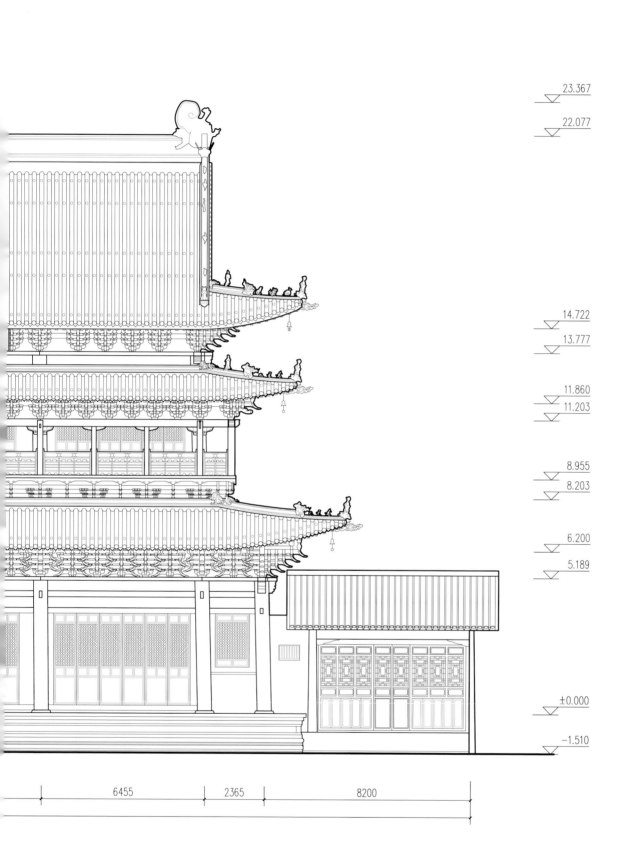

23.367

22.077

14.722

13.777

11.860
11.203

8.955

8.203

6.200

5.189

±0.000

−1.510

| 6455 | 2365 | 8200 |

面图

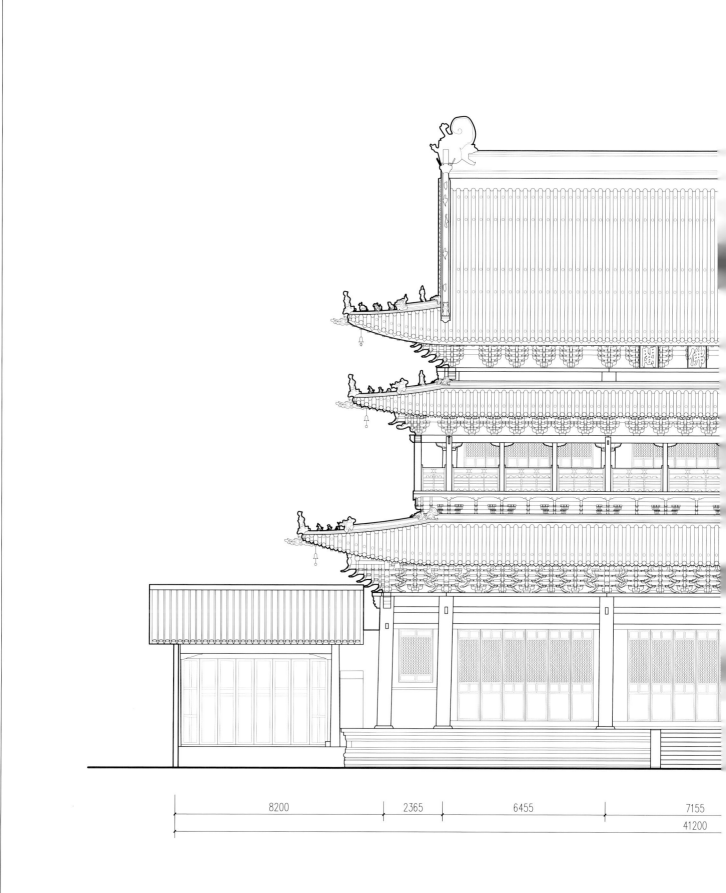

8200	2365	6455	7155

41200

五五 万佛阁

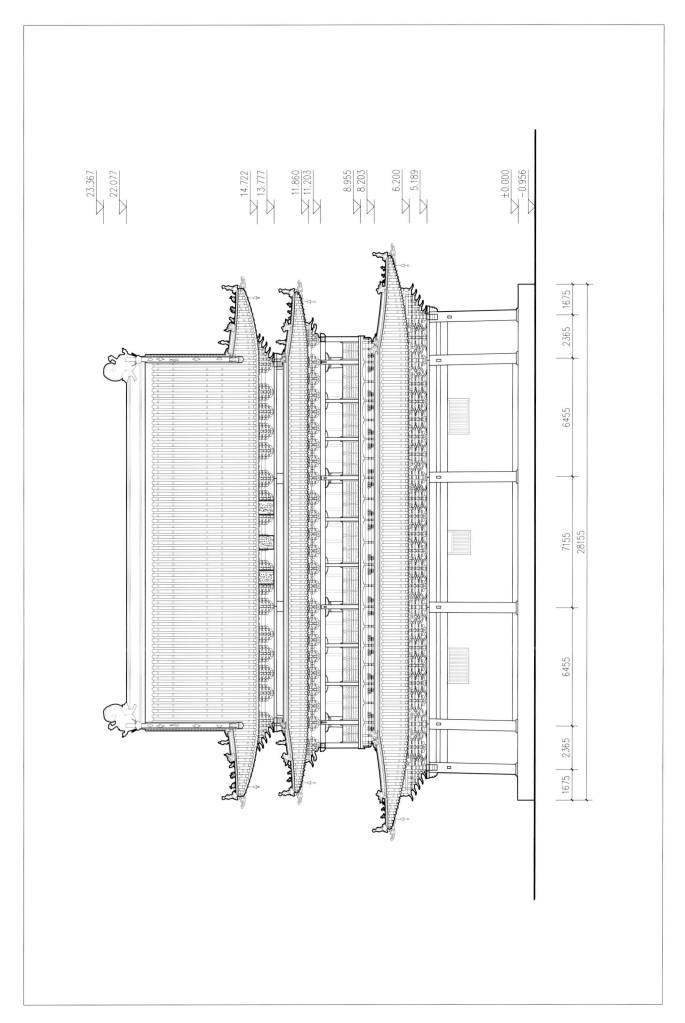

23.367
22.077
14.722
13.777
11.860
11.203
8.955
8.203
6.200
5.189
±0.000
-0.956

1675
2365
6455
7155
6455
2365
1675
28155

五六　万佛阁西立面图

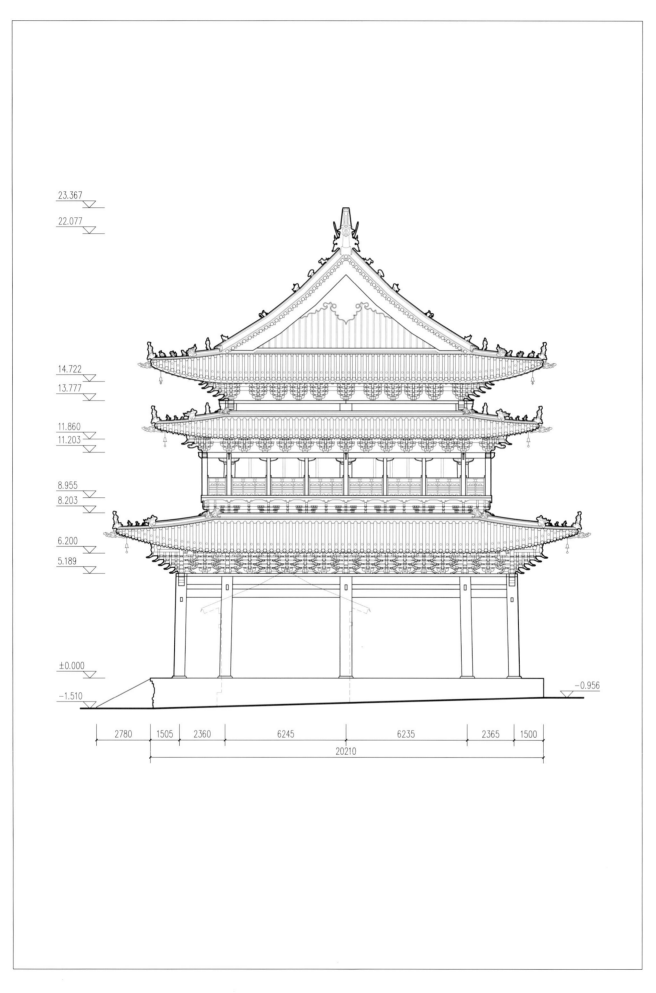

23.367

22.077

14.722

13.777

11.860

11.203

8.955

8.203

6.200

5.189

±0.000

−0.956

−1.510

2780 | 1505 | 2360 | 6245 | 6235 | 2365 | 1500

20210

五七　万佛阁北立面图

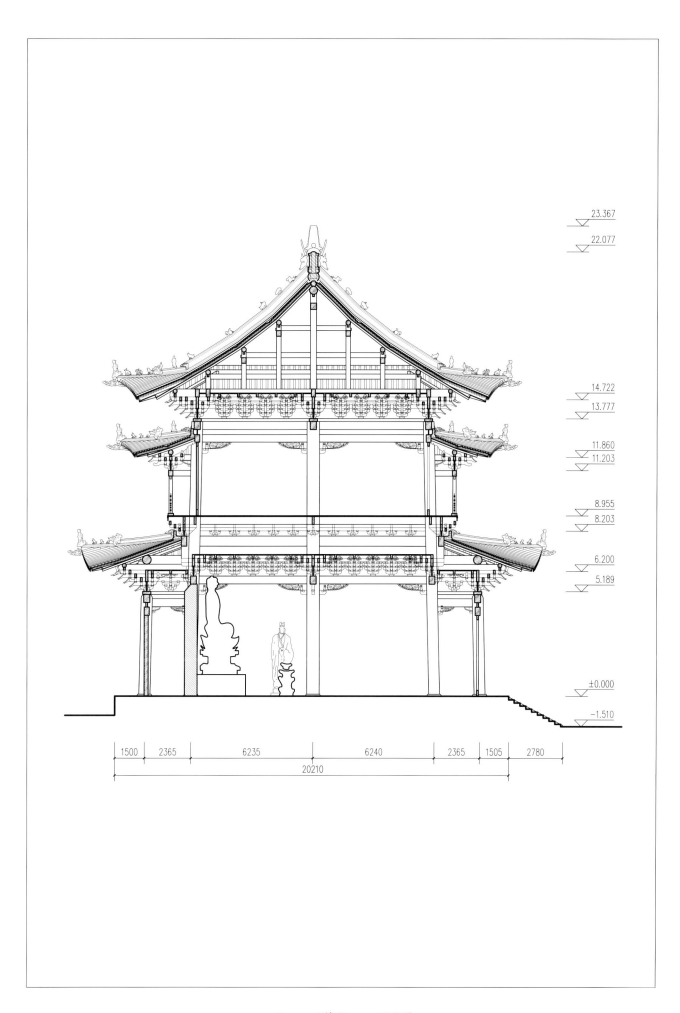

23.367

22.077

14.722

13.777

11.860
11.203

8.955
8.203

6.200

5.189

±0.000

−1.510

| 1500 | 2365 | 6235 | 6240 | 2365 | 1505 | 2780 |

20210

五八　万佛阁1—1剖面图

14.942
13.777

12.085
11.203

8.955
8.203

6.419
5.189

±0.000

1970
2365
6455
7155
6455
2365
1970

28740

五九 万佛阁 A—A 剖面图

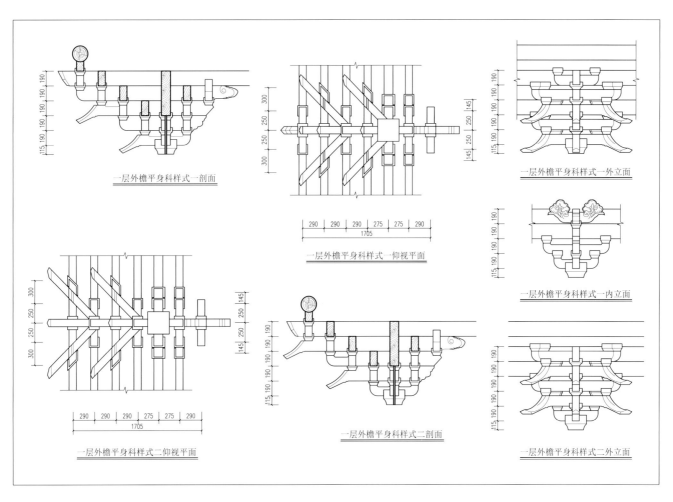

一层外檐平身科样式一剖面

一层外檐平身科样式一仰视平面

一层外檐平身科样式一外立面

一层外檐平身科样式一内立面

一层外檐平身科样式二仰视平面

一层外檐平身科样式二剖面

一层外檐平身科样式二外立面

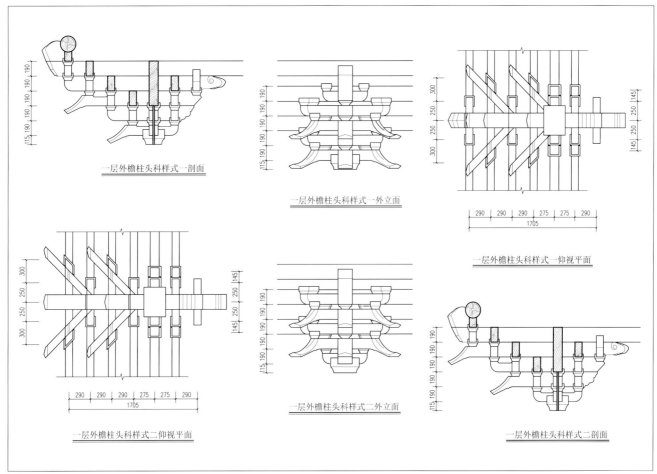

一层外檐柱头科样式一剖面

一层外檐柱头科样式一外立面

一层外檐柱头科样式一仰视平面

一层外檐柱头科样式二仰视平面

一层外檐柱头科样式二外立面

一层外檐柱头科样式二剖面

六〇　万佛阁斗栱详图一

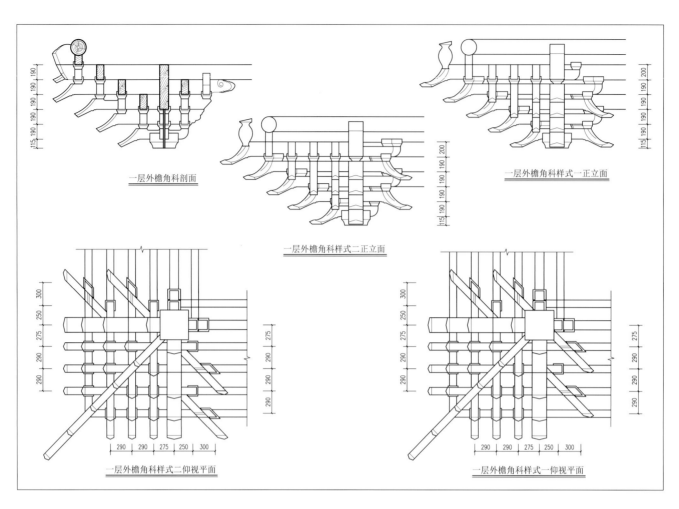

一层外檐角科剖面　　　　　一层外檐角科样式二正立面　　　　　一层外檐角科样式一正立面

一层外檐角科样式二仰视平面　　　　　　　　　一层外檐角科样式一仰视平面

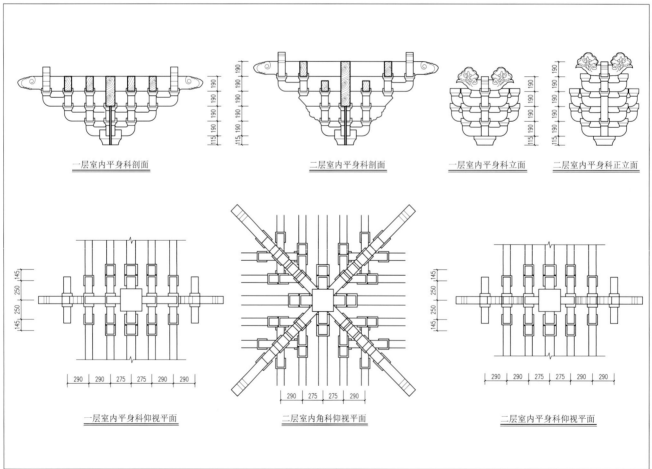

一层室内平身科剖面　　　二层室内平身科剖面　　　一层室内平身科立面　　二层室内平身科正立面

一层室内平身科仰视平面　　　　二层室内角科仰视平面　　　　二层室内平身科仰视平面

六一　万佛阁斗栱详图二

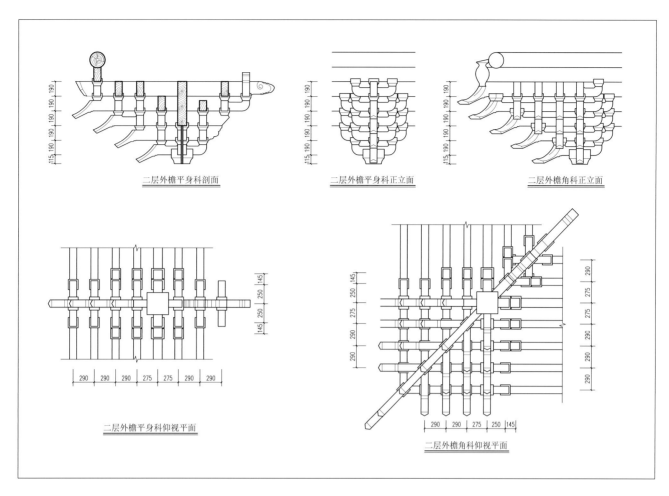

二层外檐平身科剖面　　　　　二层外檐平身科正立面　　　　　二层外檐角科正立面

二层外檐平身科仰视平面　　　　　　　　二层外檐角科仰视平面

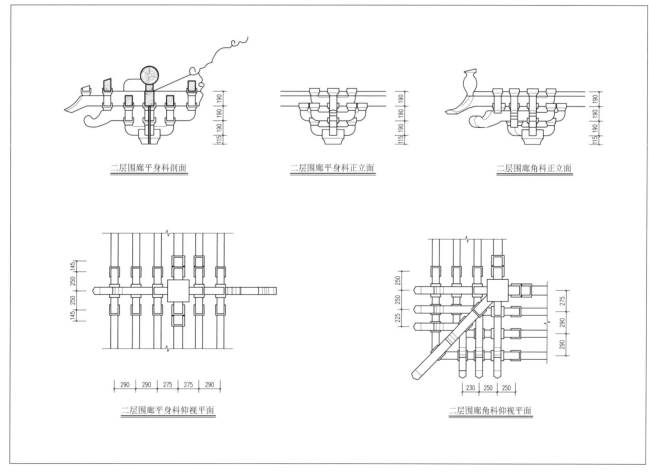

二层围廊平身科剖面　　　　　二层围廊平身科正立面　　　　　二层围廊角科正立面

二层围廊平身科仰视平面　　　　　　　　二层围廊角科仰视平面

六二　万佛阁斗栱详图三

图 版

建筑 & 数字影像

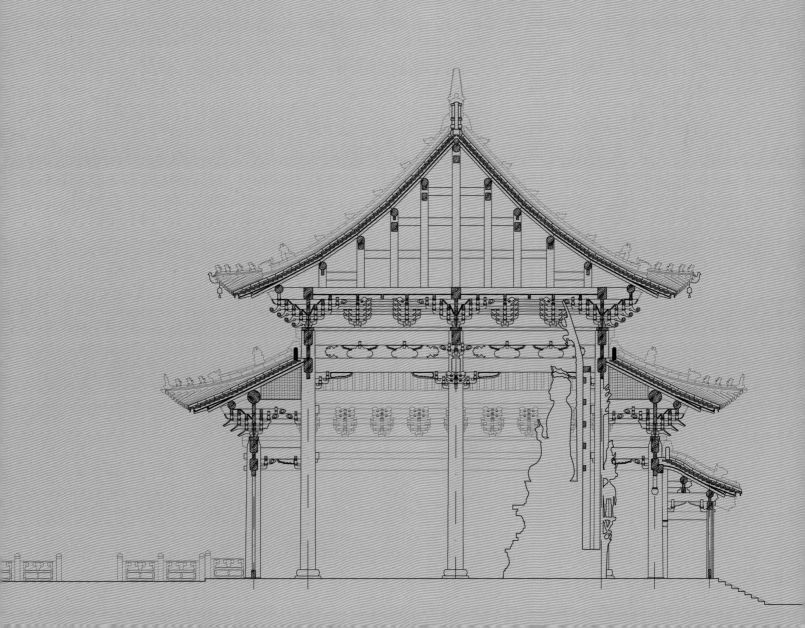

一　报恩寺全景（胡宇摄）

二　山门（东—西）

三　"敕修报恩寺"匾额

四　山门南侧八字墙北段雕花

五　山门北侧八字墙南段雕花

六　山门南侧八字墙南段雕花　　　　　　　　　七　山门北侧八字墙北段雕花

八　山门八字墙须弥座局部

九　山门内（西南—东北）

一〇　山门内金水桥

一一　雄狻猊　　　　　　　　　　　　　　　　一二　雌狻猊

一三 天王殿（东—西）

一四 天王殿（西—东）

一五　天王殿(东南—西北)

一六　天王殿(南—北)

一七 天王殿山花（南—北）

一八 天王殿屋脊装饰

一九　天王殿匾额

二○　天王殿匾额南侧托匾力士

二一　天王殿匾额北侧托匾力士

二二　天王殿室内彩画

二三　天王殿斗栱彩画

二四　从天王殿内看二进院

二五　天王殿内北侧天王像（西方广目天王像、北方多闻天王像）

二六　天王殿内南侧天王像（东方持国天王像、南方增长天王像）

二七　南路石拱桥东北抱鼓石兽　　　　　　二八　北路石拱桥东北抱鼓石兽

二九　石拱桥局部

三〇　钟楼

三一　钟楼屋檐

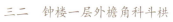

三二　钟楼一层外檐角科斗栱

三三　钟楼一层角部构造及彩画

三四　钟楼一层檐东北脊脊兽

三五　钟楼一层檐西北脊脊兽

三六　华严藏殿（北—南）

三七　华严藏殿（西—东）

三八　华严藏殿东山花

三九　华严藏殿西山花

四〇 华严藏殿斗栱、梁枋

四一 华严藏殿局部构造

四二　转轮藏

四三　转轮藏藏座装饰之一

四四　转轮藏藏座装饰之二

四五　转轮藏藏座装饰之三

四六　华严藏殿石香炉

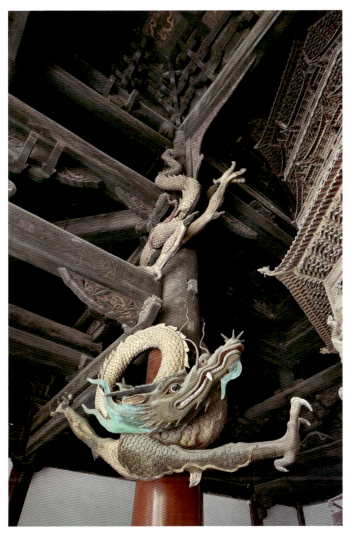

四七　华严藏殿东缝前金柱蟠龙　　　　　　　　　　四八　华严藏殿西缝前金柱蟠龙

四九　大悲殿（南—北）

五〇　大悲殿（西南—东北）

五一　大悲殿（东—西）

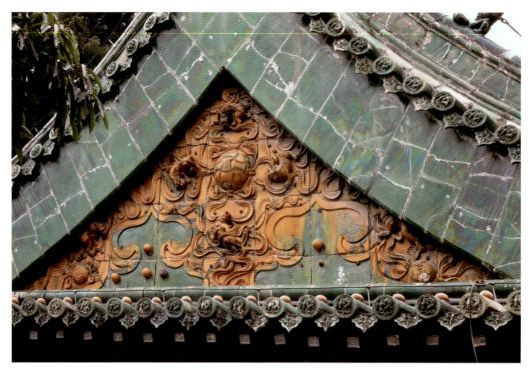

五二　大悲殿东山花

五三　大悲殿西山花

五四　大悲殿下檐脊兽

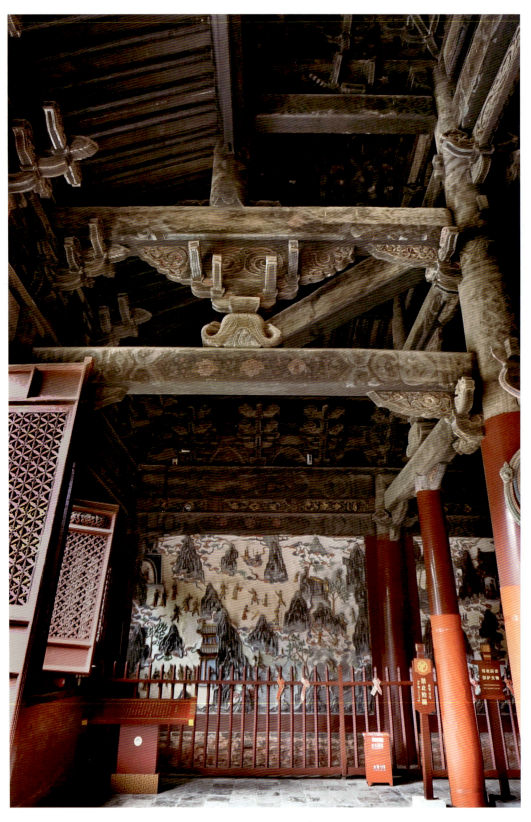

五五 大悲殿內景

五六　大悲殿千手观音像

五七　大雄宝殿院落

五八　大雄宝殿（东北—西南）

五九　大雄宝殿（西—东）

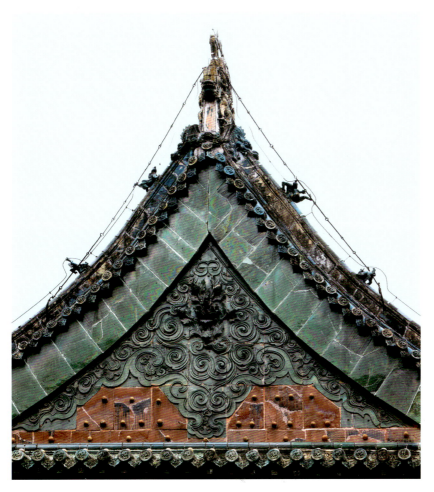

六〇　大雄宝殿北山花

六一　大雄宝殿南山花

六二　大雄宝殿屋顶装饰

六三　大雄宝殿台基装饰

六四　大雄宝殿次间隔扇门

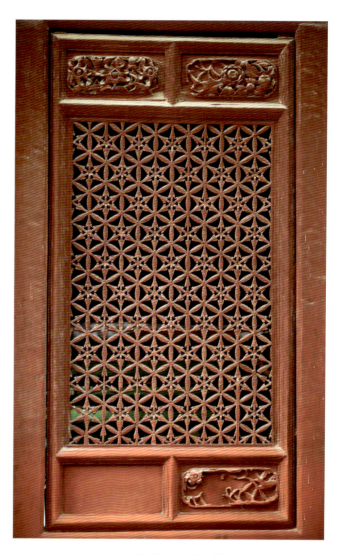

六五　大雄宝殿稍间槛窗

六六　大雄宝殿天花

六七　大雄宝殿地面局部

六八　大雄宝殿内陈设

六九　大雄宝殿内景

七〇　南斜廊（西—东）

七一 北廊（西南—东北）

七二 南廊（东—西）

七三　从万佛阁俯视碑亭（西—东）

七四　北碑亭

七五　南碑亭

七六　碑亭宝顶

七七　碑亭下檐斗栱

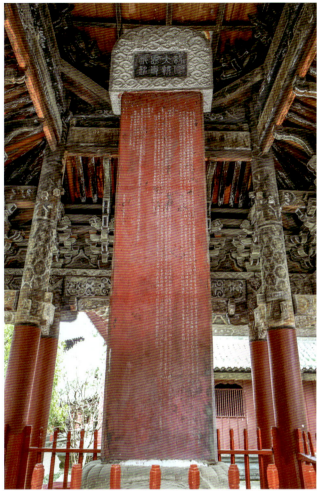

七八　北碑亭之碑正面　　　　　　　　　　　　　　　七九　北碑亭之碑背面

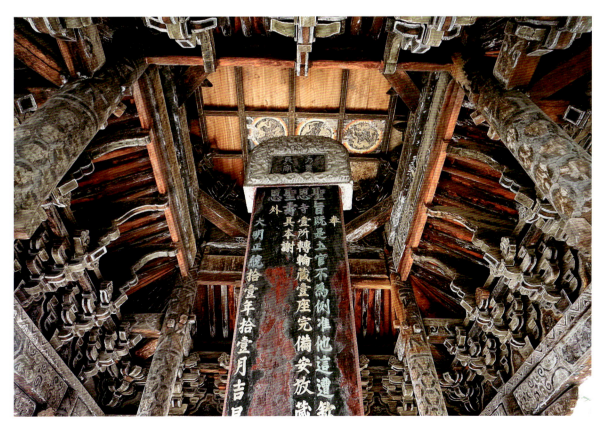

八〇　北碑亭内景

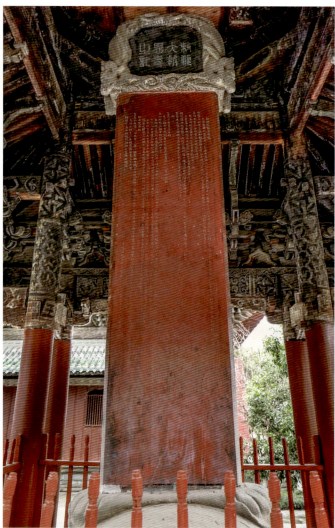

八一　南碑亭之碑正面　　　　　　　　　　　　八二　南碑亭之碑背面

八三　万佛阁（东—西）

八四　万佛阁西南翼角

八五　万佛阁翼角

八六　万佛阁二层外廊　　　　　　　　　　　　八七　万佛阁二层前檐构造

八八　万佛阁下檐角科斗栱

八九　万佛阁一层内景

九〇　万佛阁二层内景

九一　万佛阁二层内景

九二　万佛阁二层天花

九三　万佛阁二层外廊彩画

九四　万佛阁二层斗栱彩画

九六　天王殿南方增长天王像

九五　天王殿西方广目天王像

九七　天王殿东方持国天王像

九八　天王殿北方多闻天王像

九九　大悲殿千手观音像

一〇〇　大雄宝殿三世佛之过去佛（南）

一〇二　大雄宝殿三世佛之未来佛（北）

一〇一　大雄宝殿三世佛之现在佛（中）

一〇三　大雄宝殿三大士之普贤菩萨像　　　　　　　一〇四　大雄宝殿三大士之文殊菩萨像

一〇五　大雄宝殿三大士之观音菩萨像

一〇六　大雄宝殿南墙第二进壁画

一〇七　大雄宝殿南墙第三进壁画

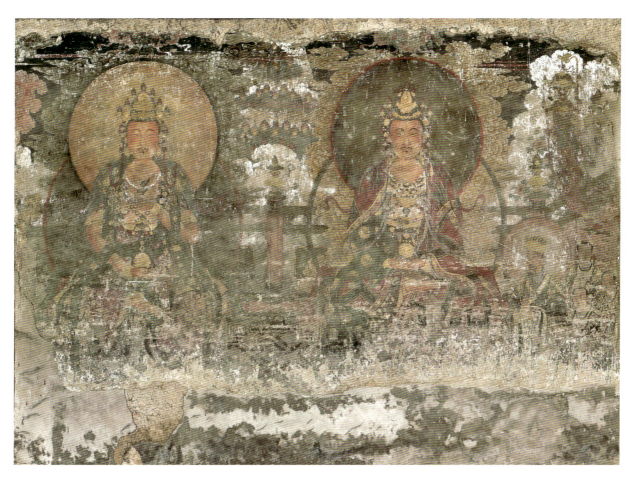

一〇八　大雄宝殿北墙第二进壁画

一〇九　大雄宝殿北墙第三进壁画

一一〇　万佛阁一层北墙壁画

一一一　万佛阁一层南墙壁画

一一二　万佛阁一层后壁正中壁画

一一三　万佛阁一层后壁北次间壁画

一一四　万佛阁一层后壁南次间壁画

一一五　万佛阁二层北墙第一进壁画

一一六　万佛阁二层北墙第二进壁画

一一七　万佛阁二层南墙第一进壁画

一一八　万佛阁二层南墙第二进壁画

一一九　转轮藏立面正射影像

后 记

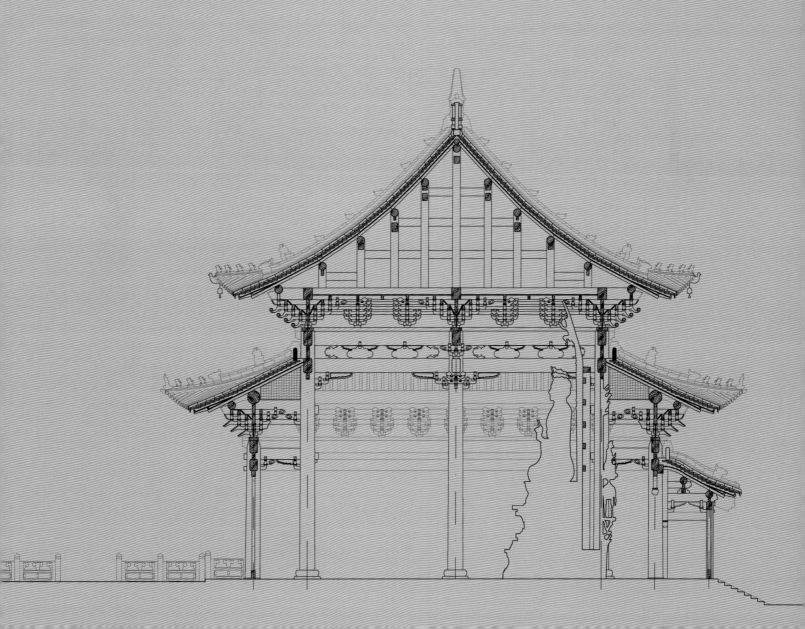

平武报恩寺是我国现状保存最为完好的明代古建筑群，历史迄今已逾六百年，建筑群落规模宏大，造型精美，建筑、壁画、彩塑、木雕、砖雕、石雕等多种文物要素并存，具有极高的文物价值及社会文化价值。报恩寺的保护受到了社会各界广泛的关注与重视，1956年被公布为四川省文物保护单位。而1996年被公布为第四批全国重点文物保护单位，则为报恩寺的保护与利用提供了一个更为专业、开阔的平台。

自2005年开始，我们团队有幸参与了报恩寺一系列持续不断的实践活动，从规划开始，到单体建筑的修缮，到抗震救灾，到与城市发展的衔接，到专项保护工程，再到展陈利用的探索。十余年的接触，伴随着团队自身的成长，也更为深刻地感受到文化遗产保护事业面临的综合性与专业性特点。

报恩寺地处平武县城核心区域，是地方的标识与象征，与城市发展关联密切。寺院年代久远，受到自然灾害和人为影响等多种因素的综合作用，其保护与利用工作必然是多学科的综合性实践。在各级政府及专家学者的支持下，报恩寺的保护与利用工作近年来取得了相当的进展，不但寺院本体有序开展了建筑及彩画彩塑等专项工作，以该寺为核心的平武县旧城区域（原龙安府城）整体城市规划和建设也朝着更为合理、更为科学的方向发展。

当然，平武报恩寺的保护利用是一项长远系统的工作，后续尚有大量的工作需要开展，包括更多文物要素的专项保护与整治，重要文物要素必要的检测监测，因灾害出现的新的病害点修缮，日常的维修保养工作，周边城市功能的优化调整与整治，基于平武县城整体发展的展陈与利用工作的落实等，其保护工作任重道远。

本书从筹划编写到成书，历时近八年，最终得以出版，殊为不易。许多人为此付出了辛勤的劳动，在此一并表示感谢。受限于资料及篇幅，书中所涉也仅是我们团队参与工程项目的部分内容，只代表了平武报恩寺这些年来对于文化遗产保护利用实践探索的一小部分工作。

本书各章节主要编纂撰写情况如下：

第一章，主要参考保护规划团队的相关研究，由孙闯整理及补充；

第二章，一期修缮工作由徐溯凯起草，二期由毕毅起草，灾后抗震抢险工作主要参考《平武报恩寺汶川5·12震后抢险工程》，刘煜、孙闯负责后期整理；

第三章，"彩塑、壁画勘察记录"一节由祁娜起草，"大雄宝殿壁画保护修复设计"一节由惠任起草，"转轮藏勘察与保护实践"一节由孙闯起草，王铂涵负责"彩塑、壁画勘察记录"及"大雄宝殿壁画保护修复设计"两部分内容校核；

　　第四章，参考清华大学建筑设计研究院有限公司文化遗产保护研究所相关规划及设计方案整理；

　　资料汇编，由边如晨编辑整理。

　　刘煜、孙闯、边如晨、王铂涵负责全书整理、校核工作。

　　全书照片、线图、拓片，除特殊注明外，均由相应项目编制团队、CHCC文化遗产保护团队及平武县文物保护管理所提供。

　　每一处文化遗产都有自身价值特点，所面临的环境及问题也不尽相同，加之近年来对于文化遗产保护与利用的认知也在不断深化，社会的进步对此也提出了新的需求，平武报恩寺的诸多实践内容也都是在探索中逐步完善前进。现在回头去看，在这些实践活动中，或多或少存在一些遗憾，也收获许多经验，点滴积累，使得报恩寺后续保护利用的方向愈发清晰。希望本书能够为平武报恩寺及我国文化遗产的保护利用贡献绵薄之力。

　　最后，感谢为本书编纂出版付出努力的同事及伙伴，感谢为各项目顺利推进提出真知灼见的专家学者和辛勤劳作的工作人员，感谢各级领导的支持与帮助。

编　者

2021 年 7 月